中外名家读书法

ZHONGWAI
MINGJIA
DUSHUFA

孙琴安◎著

上海辞书出版社

图书在版编目（CIP）数据

中外名家读书法 / 孙琴安著. —上海：上海辞书出版社，2022

ISBN 978-7-5326-5953-1

Ⅰ. ①中…　Ⅱ. ①孙…　Ⅲ. ①读书方法　Ⅳ. ①G792

中国版本图书馆CIP数据核字（2022）第151203号

ZHONGWAI MINGJIA DUSHUFA

中外名家读书法

孙琴安　著

责任编辑　杨丽萍
助理编辑　王伊艺
装帧设计　王轶颀
责任印制　王亭亭

出版发行　上海世纪出版集团
上海辞书出版社（www.cishu.com.cn）
地　　址　上海市闵行区号景路159弄B座（邮编 201101）
印　　刷　浙江临安曙光印务有限公司
开　　本　890毫米×1240 毫米　1/32
印　　张　10.5
字　　数　227 700
版　　次　2022年11月第1版　2022年11月第1次印刷
书　　号　ISBN 978-7-5326-5953-1/G·1124
定　　价　48.00元

前　言

从目前人类发展的历史状况看,书仍是我们了解历史、传播知识的主要渠道。我们所说的教育,几乎都是从读书识字开始的。学生到学校上课,习惯上都称去读书;老师在教室里上课,习惯上都称教书。

在人类文明进步的道路上,任何一位伟人事业上的成功,都曾得到过书的帮助,并从中汲取过知识的力量。

因此,很多人都对书表示过真诚的感激,把书比为良师、益友、阶梯、钥匙、粮食、知己,做过由衷而热烈的礼赞。

人人都从读书开始,都在同一个起跑线上,为什么有些人能读书有成、事业辉煌,而有些人则半途而废、碌碌无为呢?

实际上,做许多事情都应该掌握一定的方法,读书也是这样。尽管有许多文化名人出于谦虚,或怕贻误他人而不愿谈自己的读书经验和读书方法,但不管是谦虚还是认同,他们每个人几乎都创造了适合于自己的读书方法和独特的读书经验。

从某种意义上来说,这些良好有效的读书方法和读书经验,可以说是人类的无价之宝。如果能把古今中外一些成功者的读书经验,加以归纳和梳理,总结出一些简明扼要、条理清晰的方法,介绍给今天一切仍在学习的人们,那是非常有意义的。

正是出于这样的目的,我选择了七十六位古今中外著名的思想家、文学家、艺术家和科学家,其中包括中国的孔子、朱熹、鲁迅、毛泽东,外国的蒙田、培根、马克思、爱因斯坦等,对他们各自不同的读书方法和读书经验逐一进行了归纳和总结,旨在对今天的人们有所启发和借鉴。如果人们从中能获得一些收益和好处,那也就是我最大的满足了。

始终觉得有点遗憾的是,由于本人的专业和资料所限,书中对文、史、哲类的读书方法介绍得比较多,理、工类的读书方法介绍得比较少。当然,马克思、列宁、巴金、朱光潜等人所谈过的一些他们学习外语的方法和经验,或许对有些人会有一定的参考价值和吸引力。

随着高新技术突飞猛进的发展、世界经济的不断繁荣和文化交流的日益频繁,我们完全有理由说:在当今世界,只有两种人能够生存,这就是学习的个人和学习的群体。

为了祖国的明天,为了人类更美好的未来,也为了你的人生更有价值和意义,在这新世纪开始的时候,让我再一次地向诸位呼吁:

继承前人的读书经验,更有效地学习吧!

孙琴安

目录

中 国 名 家 读 书 法

外　国　名　家　读　书　法

中国名家读书法

孔子读书法

孔子(公元前552—前479)是春秋末期著名的思想家、教育家和儒家学派的创始人。名丘,字仲尼。早年家贫,一生好学。相传他曾将鲁国史官所编的编年体史书《春秋》加以整理修订,又整理《诗》《书》等古代文献。他从三十多岁起开始从事教育,历时约四十余年,弟子满天下。他去世后,其弟子把他平时对他们和别人的讲话内容记录整理成《论语》一书。书中除了有关道德、政治、伦理、立身等问题外,也有不少内容是着重论述读书学习的方法的。初步归纳,共有四点。

第一,认为人生在世,时时处处应好学不倦,方有长进,而少年时的学习尤为重要。

孔子一生好学,据他自己说,他十五岁开始就有志于学业,并说:“少而不学,长而无能。”也就是我们现在所说的“少壮不努力,老大徒伤悲”的意思。正由于他从十五岁起便有志于学业,所以能“三十而立,四十而不惑,五十而知天命,六十而耳顺,七十而从心所欲,不逾矩”。他曾对人说,十室之邑,像我孔丘这样忠信的人必然有,但不会有像我孔丘这样好学的人。有一次,他的学生子贡问他:“夫子圣矣乎?”意思是说,您孔夫子可以称得上是一个圣人了吧?孔子立刻回答说:“圣,则吾不能。我学不厌而教不倦也。”也就是说,他不承认自己是圣人，但对自己一生好学不厌、诲人不倦这一点，还是承认的。有一次，他还认为自己一生的成就仅仅就在学习和教书上。他还说："加我数年，五十以学《易》，可以无大过矣。"凡此，都说明了他对学习的重视，认为一个人只有不断学习，才会不断进步。

第二，认为一个人光埋头苦学并不够，还要多思，将学习与思考结合起来，才会更加有效。

孔子曾经说："学而不思则罔，思而不学则殆。"意思是说：一个人如果只学习而不知思考消化，则茫然一无所得；如果只思考而不知学习，那就更危殆不安了。他以自己亲身体验的例子为证说："吾尝终日不食，终夜不寝，以思，无益，不如学也。"他的意思是说，我曾整天不吃饭，整夜不睡觉，用以思考问题，并没益处，还不如再去学习。还说："弗学何以行？弗思何以得？"意思是说，一个人必先学习然后能行，必先思考然后有所得，以勉励自己的弟子应该注意学习和思考并重，大力提倡学习与思考相结合的学习方法，认为二者不可偏废。

第三，认为对于学过的东西，应该时常加以重新温习。

孔子有一句学习方面的名言，叫做"温故而知新"。意思是告诫和时时提醒自己的学生，只有时常温习过去所学得的知识，并整理而找出头绪，加以巩固，才能不断吸收和了解新的东西。他还说："学而时习之，不亦说乎！"意思是说，一边不断地学习，一边时时加以温习和熟记，这不也是一件很愉快的事吗！在这里，孔子反复强调的是：对于已经学过的东西，要不断温习和加以巩固，不要前学后忘记，只有这样，在原来学过的基础上，才能不断获取新的知识。这种学习方法，不断地为后人所沿用，成为学习上的永恒真理之一。

第四,认为学习一定要谦虚。

由于孔子的学问非常渊博,对于《诗》《书》《礼》《乐》《易》《春秋》等古代的文献、历史都非常精通,有人以为他是天生的。他不同意,说:"我非生而知之者,好古敏以求之者也。"意思是说,我不是天生就知道这些东西的,而是喜好古文献,并以敏锐和全神贯注的精神而追求到的。

不仅如此,孔子还提倡一个人在学习中要多问多听,不懂不要装懂。不论什么人,只要他在某一方面有专长,就应该虚心向他求教。他曾说:"三人行,必有我师焉。择其善者而从之,其不善者而改之。"意思是说,如果有三个人同行,其中必有一个在某一方面胜过自己,自己应该选择其好的方面而学习他,对其不好的则加以改正。他甚至对弟子说,一个人应该"敏而好学,不耻下问",意为要灵敏而好学,不要把请教比自己地位低的人视为耻辱,只有持这样的学习态度,才会不断提高和进步。

孔子是我国历史上非常了不起的教育家,我国私人讲学,就是由他开风气之先的。在他一生的教学生涯中,曾积累了相当丰富的教学经验和学习方法。以上仅是举其数端略加简述而已。他的经验和方法虽然仅是零碎的片言只语,不像后来的朱熹等人那样有系统性,但对我国的教学领域仍产生了极其广泛而深刻的影响。他有许多教学和学习方面的话语,如同格言和警句一般,催人奋进,引人向上,真可谓人生学习道路上的金玉良言和良师益友。

孟子读书法

孟子（约公元前 372—前 289）是战国时期著名的思想家和教育家。名轲，字子舆。由于他的思想学说继承了儒家学说，因而也被视为儒家学说的代表人物，与孔子并称“孔孟”。著有《孟子》一书，是中国古代学生必读的经典著作之一。除了政治学说和人本思想以外，孟子在教育中也很有他的见解，其中也谈到了读书和学习的方法问题。

大致说来，孟子的读书方法约有以下三点。

第一，必须自求自得。

这是孟子很重要的一条读书学习方法，所谓自求自得，就是读书学习完全要靠一个人自己去追求方能得到。他说：

> 求则得之，舍则失之，是求有益于得也，求在我者也。

“求则得之，舍则失之”，这话已经说得很明白了。但一个人是否愿意去追求，那只能靠他自己了。如果一个人愿意去追求，那对于自己的所得总是有益的；如果舍弃，则必然“失之”而无益。所以孟子提倡自求自得。他说：

> 君子深造之以道，欲其自得之也。自得之则居之安，居之安则资之深，资之深则取之左右逢其源。故君子欲其自得之也。

他的意思是说，一个人想要有高深的造诣，还是有办法的，这就是

“自得之”；自己求得的知识能安固而不动摇，逐日加深，以后便能左右逢源，运用自如。所以孟子提倡自求自得。认为学问并不难，“人病不求耳”，如能求之，必能得之。

第二，必须专心致志。

孟子认为学问和知识必须靠自我追求方能得到，但究竟应该怎样追求方能有效呢？他认为首先必须要专心致志，他举下围棋为例：

> 今夫弈之为数，小数也，不专心致志，则不得也。弈秋，通国之善弈者也。使弈秋诲二人弈：其一人专心致志，惟弈秋之为听；一人虽听之，一心以为有鸿鹄将至，思援弓缴而射之，虽与之俱学，弗若之矣。为是其智弗若与？曰：非然也。

孟子的意思是说，下围棋只不过是一门小小的技术，如不专心去学，也学不到手。弈秋是全国著名的围棋高手，派他教两个学生学棋，其中一人很专心地听弈秋讲解，另一人则一边听，一边却总以为有鸿鹄将至，想拉弓射之，结果不如那个专心听讲的学生。难道是他的智力不及那个学生吗？他认为不是的。只是那位棋学得好的学生能专心致志，而棋没学好的学生未能专心罢了。由此推断，孟子认为学问和知识必须自求自得，同时还必须专心致志，才能真正求得。

第三，必须刻苦有恒。

除了专心致志之外，孟子还提倡刻苦有恒。他有一段名言说：

> 故天将降大任于斯人也，必先苦其心志，劳其筋骨，饿其体肤，空乏其身，行拂乱其所为，所以动心忍性，曾益其所不能。

在孟子看来，一个人要想成大事业，包括在学业或其他事业上的成功，都必先“苦其心志，劳其筋骨”，也就是要吃苦耐劳，有恒心和毅力方能实现，如没有这种吃苦耐劳的精神，那任何事业也成就不了，包括求学也是如此。他并以掘井作比："有为者辟若掘井，掘井九轫而不及泉，犹为弃井也。"也就是说，如果一个人掘井，已挖掘到九仞之深，尚差一点儿即可汲得泉水，但他如果中止挖掘，等于自动放弃这口井，也就意味着前功尽弃。同样的，在学习读书上如将达到目标而不坚持下去，那等于是放弃了学习。因而他劝诫人们在求学上一定要刻苦有恒，切不可知难而退，中途而废。

除了以上三点以外，孟子的有些求知思想和学习读书的方法也是值得引起我们注意的，如他说："其进锐者其退速。"意思是：一个人如仅靠一时的锐气猛进了一番，而没有扎实牢固的基础，那么一旦退落下来，其速度也是很快的。也就是劝人们在学习上要渐进有恒，要有扎实的基础，光靠一时的猛冲猛攻或临时抱佛脚是不行的。又如他说："仁者如射……发而不中，不怨胜己者，反求诸己而已矣。"意思是，比如射箭，如没射中，不要去埋怨胜过自己的人，而要反省一下自己为何没射好。同样的，如自己没学好，不要去埋怨超过自己的人，而应从自己身上找一些原因。像这样一些闪光的思想和方法，如能参照到自己的学习中来，必然也是大有益处的。

荀子读书法

荀子(约公元前313—前238)是战国末期著名的思想家和教育家。名况,时人尊而号为"卿"。他对世界、自然的运行法则,以及人性的善与恶、政治上的法治或礼治等,都提出了与前人不同的看法。思想家韩非、政治家李斯等都曾是他的学生。他长期进行游学、教育和著述,学问渊博,并对读书学习有一整套自己的看法。

简要说来,荀子的读书学习方法,主要有三点。

第一,强调学习必须专心致志,要有一种锲而不舍的精神。

荀子著有《荀子》一书,中有《劝学》一篇,以不少篇幅,专门谈论了专心一意对于学习成功的重要性。他说:

积土成山,风雨兴焉;积水成渊,蛟龙生焉;积善成德,而神明自得,圣心备焉。故不积跬步,无以至千里;不积小流,无以成江海。骐骥一跃,不能十步;驽马十驾,功在不舍。锲而舍之,朽木不折;锲而不舍,金石可镂。蚓无爪牙之利,筋骨之强,上食埃土,下饮黄泉,用心一也。蟹六跪而二螯,非蛇鳝之穴无可寄托者,用心躁也。

在这里,荀子虽然引用了大量比喻,但无非想说明这样一个道理和学习原则,即:每个人的学识都不是一下子形成的,而是靠长期积累和"锲而不舍"的专一精神所获得的。一个人的用心专一和用心浮躁,其获得的效果是大相径庭的。

第二,强调实践的重要性。

春秋战国时期的思想家和教育家,几乎都很强调学习和实践的关系,看到了实践对于掌握知识的重要性,认识到了实践在学习中的重要作用。荀子也不例外。他不仅注意到了实践,行其所学,而且看到了一个人在接受知识和学习过程中的各个环节。他在《荀子》中的《儒效》一篇中说:

> 不闻不若闻之,闻之不若见之,见之不若知之,知之不若行之,学至于行而止矣。

他的意思很清楚:听说过的总比没听说过的要好,但听到的不如亲眼见到的;亲眼见到的又不如能够理解的;而理解了的又不如能亲身去做的,学习进入到运用和实践的领域后,才算是完整的,才算是达到了学习的最高境界。他的这种学习观念,就是后人也常提倡的"学以致用""经世致用"的思想。如果一个人能听到、见到、知道和理解了许多知识,能讲得头头是道,但不能运用,那还是空的,不能算学到家,只有学以致用,通明事理,辨是非,齐言行,才算学到了家。

第三,强调只有通过学习,才能具备和达到理解世界和人生的能力。

荀子认为,一个人如果不勤于学习和善于学习,不通过和依靠学习的途径,是很难达到对人生和世界有深刻认识的能力的。他在《荀子》中的《劝学》篇中说:

> 吾尝终日而思矣,不如须臾之所学也;吾尝跂而望矣,不如登高之博见也。登高而招,臂非加长也,而见者远;顺风而呼,声非加疾

也，而闻者彰；假舆马者，非利足也，而致千里；假舟楫者，非能水也，而绝江河；君子生非异也，善假于物也。

在这里，荀子已把读书学习视为人类认识世界和人生的一种工具和必然途径。有些人之所以能把握世界和通明事理，并不是天生就与众不同，而是通过学习才达到的。如果一个人不学习，就是整日整夜地苦思冥想，也无法对世界和人生有深刻的认识。

除了以上三点之外，荀子另有一些学习经验也是值得引起我们注意和重视的。如他说："学不可以已。青，取之于蓝，而青于蓝；冰，水为之，而寒于水。"意思谓，一个人的学习是不能中断的，如果有恒心，能坚持，就一定会出类拔萃，甚至会超过他的老师。

又如他说："君子博学而日参省乎己，则知明而行无过矣。"意思是说，一个人光做到博学还不够，还应该经常把自己所学到的东西用来对照、反省自己的所作所为，倘能这样，则自己所学到的知识就会更加明白无误，所作所为就更能避免过失了。

总之，荀子的教育思想和学习方法，对后世的影响也很大，特别是他的《劝学》篇，可以说是中国历史上阐述学习方法和学习问题重要性的经典之作，其中有关学习必须专心致志、积少成多的论述，尤为后人所赞赏。许多人正是在他"锲而不舍"的精神鼓励下，刻苦攻读而获得事业成功的。

韩愈读书法

韩愈（768—824）是唐代著名的文学家和哲学家。字退之。早丧父母，由兄嫂抚养成人。他自小就刻苦学习，发愤读书，“日记数千百言”，能在没有老师指导的情况下，自己探索着研读六经，博览群书，终于成为一代文豪。有《昌黎先生集》传世。

由于韩愈生前曾数次担任教育方面的职务，又多年从事教育工作，且为自学成才，因此在读书学习方面积累了不少经验，形成了一整套的学习方法。总结下来，主要有三点。

第一，读书一定要勤奋刻苦。

韩愈在学习方面有一段至理名言：

业精于勤，荒于嬉；行成于思，毁于随。

他的意思是说，一个人的学业能达到精良优秀，完全在于勤勉踏实，如果老是嬉戏玩乐，必然会荒废学业；一个人的行为能得以成功，完全在于深思熟虑，如果随随便便，盲目乱做，必毁无疑。韩愈说这番话，是有他的切身体会的，因为他自小就勤奋读书，刻苦求学，才写得一手好文章。因此，他的话既是诲人之言，也是他自身读书学习的真实写照。同时他也奉劝学子们：“诸生业患不能精，无患有司之不明；行患不能成，无患有司之不公。”也就是劝学生们应多从自身的角度来检点自己,而不要去埋怨别人。

第二,读书必须要学会提纲挈领,抓住重点。

韩愈一方面要求学生在读书上要刻苦踏实、勤勉用功,另一方面又希望学生们在勤奋的基础上,能找出重点,抓住要害和关键之处。他在《进学解》中说:

先生口不绝吟于六艺之文,手不停披于百家之编。记事者必提其要,纂言者必钩其玄,贪多务得,细大不捐,焚膏油以继晷,恒兀兀以穷年。

他的意思是说,除了勤奋博览,口中常吟诵六艺之文,手不释卷,经常披阅百家之书,多所了解,细小处宏大处都不废弃,夜以继日、穷年兀兀地刻苦攻读之外,还要学会"记事者必提其要,纂言者必钩其玄"。用现在的话来说,就是所记各种事中必须要提出要点和关键,对于玄妙难懂的地方,必须要把它钩稽和划出,以便日后把它全部搞懂弄通。

应该说,韩愈所提的抓住要点、提纲挈领的读书方法,与第一点所提倡的勤奋刻苦的读书方法,形成了一个问题的两个方面,或者也可说是对第一点的补充,二者缺一不可。

第三,读书必须要明确目的。

除了勤奋刻苦和抓住要点之外,韩愈也很强调一个人读书学习的目的。他在《送陈秀才彤序》中说:

读书以为学,缵言以为文,非以夸而斗靡也。盖学所以为道,文所以为理耳。

他的意思是,读书为学也好,编书为文也好,并不是为了夸饰自己,或为了说明自己的知识如何广博、巨细皆知,而是为了明道知理。当然，他所说的“为道”“为理”，自然是从儒家的立场出发，以尧、舜、禹、汤、文、武、周公至孔、孟的道统为准的。不过，他所说的读书为文不是为了“夸而斗靡”，而是应该有一明确的大目标，这种读书观念还是值得肯定的。

作为中国历史上一位著名的文学家、哲学家和教育家，韩愈的读书经验是相当丰富的，其方法也是多种多样的。以上三点，是概括其主要方面而归纳的。其他如教导学生如何广泛搜集材料、积累知识以便应用，如何选择老师求学，如何解决学习中的疑难问题，等等，也都值得引起我们的注意。在他艰辛的自学过程中，他也不否认拜师学艺的重要性，认为在有条件的情况下，还是应该尽量“从师而学”，拜师求教。但他同时又认为“弟子不必不如师，师不必贤于弟子。闻道有先后，术业有专攻，如是而已”。由此可见，韩愈虽然以崇儒卫道者自居，但他的有些教育思想和读书求学方法还是相当开放的，所以受到当时许多青年学生的欢迎。

张载读书法

张载(1020—1077)是北宋著名的哲学家。字子厚。一般学者又称其为横渠先生。曾任崇文院校书等职。因他曾在关中讲学,故他的学说被称为"关派",以区别于宋儒道学家中以周敦颐为首的"濂派",以程颢、程颐为首的"洛派"和以朱熹为首的"闽派"。可见他在当时的哲学地位甚高。他的学问很广博,全靠刻苦求学所得。就连朱熹也对他的求学精神十分敬佩,曾说:"横渠之学,苦心力索之功深。"其代表作有《正蒙》《经学理窟》《易说》等,后人都编入《张子全书》中。

张载是以刻苦攻读而成为大学问家的,并在他艰苦求学的道路上,形成了自己的读书方法。这里择要加以介绍。

第一,认为一个人的读书求学,志趣一定要远大,否则不易学成。

张载曾在《经学理窟》的《义理》篇中说:

> 人若志趣不远,心不在焉,虽学无成。

他所说的"志趣",主要是指志向的远大和兴趣的浓厚,如无远大志向和抱负,且兴趣低下,学业是无法成功的。因此,他又告诫道:"学者不宜志小,气轻志小则易足,易足则无由进。"进一步说明了志之大小与学业进退之间的关系。

不过,他所说的"志",也不完全是指志向和志趣,有时似乎也包括志气和毅力。如他说:“有志于学者,都更不论气之美恶,只看志如何?‘匹夫不可夺志也’,唯患学者不能坚勇。”这里所说的“坚勇”,分明是指一个人在学习道路上的坚强毅力和勇于开拓的进取精神,与志向、志趣又有所区别。所以,张载在读书学习上所强调的“志”,应该包括志向(志趣)的远大和坚勇的进取精神两个方面。有此,则学业有成;无此,则虽学不成。

第二,强调读书重在理解,而理解又有助于记忆。

张载承认,一个人书读多了,有时无法记清每本书的具体内容,随着读书的增多和年龄的增长,还容易忘记。针对这样的读书状况,他提出了一个十分行之有效的办法,那就是加强对书中基本要义和道理的理解,通过理解来加深记忆。他曾一针见血地指出:

书多阅而好忘者,只为理未精耳。理精,则须记了无去处也。

在《经学理窟》中的《义理篇》里,他还说:“但通贯得大原后,书亦易记。”所谓“通贯得大原”,就是指将全书前后都读懂和贯通,理解了其中的基本原理,书也就容易记住了。因此,他反复强调读书重在理解,说明理解在读书中的重要性,以及理解与记忆之间微妙而密切的关系。

第三,认为读书学习一定要不断提出疑点和问题。

张载在学习中有句名言:“学则须疑。”意思是说,学习者必须要有疑点。他有关这方面的言论很多。如他说:

所以观书者,释己之疑,明己之未达。每见每知所益,则学进矣。于不疑处有疑,方是进矣。

在张载看来,在读书求学过程中,产生疑点、疑惑、疑团,都是很正常的，如没有疑处，反倒不正常了。如把自己的疑处解决掉了，学习和认识便会提高和进步。反之，则不会有进步。他甚至认为："在可疑而不疑者，不曾学。"他还打比方说："譬之行道者，将之南山，须问道路之出自，若安坐，则何尝有疑！"意思说，就好比走路，将往南山，必须要问清出山的道路，如果安闲地坐着，哪里会生出疑惑呢？

他认为求学中有疑至少有两个好处，一个是解决了疑点，弄明白了事理，攻克了堡垒，得到了突破；另一个是，"义理有疑，则濯去旧见以来新意。心中苟有所见，即便札记"。就是说，有时解决疑点，可以濯洗掉陈旧的观点和看法，获得新的见解，从而得到新的认识和提高。

第四，反复阅读，反复思考。

关于读书要勤于思考，学、思兼容的经验，从孔子、荀子开始，便已注意到了，但操作运用起来，各人的具体做法却又很不一样。张载也有自己的经验。他说：

> 不读书则终看义理不见。书须成诵。精思，多在夜中或静坐得之。

依照他的经验，书一定得多读，如不读书，义理之类的基本道理根本就无从谈起。他甚至主张"书须成诵"，而思考则多可以放在夜里或静坐休息之际。实际上，他在晚上也经常读书，而且是边读边思，反复读，反复思考。《宋史·张载传》说他："终日危坐一室，左右简编，俯而读，仰而思，有得则识之，或中夜起坐，取烛以书。其志道精思，未始须臾息，亦未尝须臾忘也。"其刻苦攻读、边读边思的程度，由此可见一斑。

当然，关于张载的读书方法和经验，我们还可以归纳或梳理出一些，如"学不能推究事理，只是心粗""绎旧业而知新"，以及"读书少则无由考校得义精"等，也都有一定的参考价值和借鉴之处，但这些经验前人已时而谈起过，算不得新鲜。而以上所列四点，特别是前三点，却是他反复强调的，而且自成一家，可给人有益的启迪。其中“学则须疑”“书须成诵”“学须有志”等观点和经验，后来直接被朱熹所借鉴，并加以发挥，形成新的体系。我们由此可以看到二者之间的继承关系，同时也可看到张载的读书学习方法对后世的影响。

朱熹读书法

在中国历代文化名人中,对读书方法问题叙述最多、体系最为完备的,恐怕要数朱熹了。

朱熹(1130—1200)是宋代著名的哲学家和教育家。字元晦,一字仲晦,号晦庵。曾在泉州、漳州等地任职,并进行讲学。他的学问非常渊博,对经学、历史、文学、乐律无所不通,甚至在自然科学方面也有所贡献,为宋代理学的集大成者。著有《四书章句集注》《诗集传》《楚辞集注》等多种。后人又辑有《朱子语类》等。他有关读书方法的言论很多,这里扼要作一论述。

归纳起来,朱熹的读书方法大约有以下几点。

第一,读书必先立志。

朱熹非常注意一个人的志向问题,在他看来,"立志不定,如何读书"。也就是说,一个人如先不立志,或在立志上摇摆不定,就根本谈不上读书,也无法读书。所以,他再三强调:"学者大要立志","学者须是立志"。他甚至说:

> 书不记,熟读可记。义不精,细思可精。惟有志不立,直是无著力处。

他的意思是,读书记不住,对书中的要义不能深刻理解,这些都可以通过“熟读”“细思”来得到解决,唯有立志一项,如不加重视,则读了再多,也无处着力。当然,他所说的“立志”主要是指去学尧、舜、孟子等上古圣贤,我们则可理解为对志向的追求和目标的确定。

第二,读书应该循序渐进。

有人曾问朱熹什么叫做“循序渐进之说”,朱熹回答说:就拿《论语》和《孟子》两本书来说,总是应该先读《论语》,然后再读《孟子》,先把前面的一本书读通读懂了,然后再读后一本书。就像我们现在的学校教科书,总是先读小学、初中、高中、大学,而小学中又分一年级、二年级,等等。即使以一本书来说,“则其篇章文句,首尾次第,亦各有序而不可乱也。量力所至,约其程课而谨守之。字求其训,句索其旨,未得乎前,则不敢求其后,未通乎此,则不敢志乎彼,如是循序而渐进焉,则意定理明,而无疏易凌窜之患矣”。他特别强调,对于刚刚开始读书求学的人尤其“不可不知这一方法”。

第三,读书应该态度虚心。

朱熹曾不止一次地谈到虚心态度对于学习的重要性。他在《学规类编》中说:“观书但当虚心平气,以徐观义理之所在,如其可取,虽世俗庸人之言,有所不废。”在《朱子语类》卷十一中又说:“看文字,须是虚心,莫先立己意,少刻多错了。又曰:虚心切己。虚心则见道理明;切己,自然体认得出。”总之,朱熹把虚心看作一个人读书学习应持的基本态度,如态度不虚心,则读书学习难有长进。

第四,读书必须要结合自身。

朱熹虽然是个大学问家,嗜书如命,终生与书为伴,但他并不主张只求书本知识,而是希望能将书本知识与自身体验和实践结合起来。

他曾告诫道：

读书不可只专就纸上求义理，须反来就自家身上推究。

又说：

读书须要切己体验，不可只作文字看，又不可助长。

总之，朱熹非常强调读书与自身体验的结合。他虽然再三说明“读书穷理，当体之于身”，但同时又要人们注意防止偏执和固执己见的倾向。他说：“观书以己体验，固为亲切，然亦遍观众理而合其归趣乃佳。若只据己见，却恐于事理有所不周，欲径急而反疏缓也。”这就是说，读书一方面要结合自身的体验，另一方面也要注意观察到各种道理和说法的合理性，综合起来考察才更为周到。

第五，读书总是先熟读，再精思，才能有所得。

朱熹在《朱子大全》中的《读书之要》里说：

大抵观书须先熟读，使其言皆若出于吾之口；继以精思，使其意皆若出于吾之心，然后可以有得尔。

他这里所说的“熟读”“精思”，实际上也就是孔子所提倡的学、思结合的方法，只不过他说得更为具体，又列出了先后的关系，使学人便于操作和运用。如他说：

读便是学。夫子说“学而不思则罔，思而不学则殆”。学便是读，读了又思，思了又读，自然有意。若读而不思，又不知其意味，思而不读，纵使晓得，终是研飐不安。

他这里所说的读、思关系，实际上就是反复读、反复思，读、思交叉运行的意思，光读光思都不行。诚如他在《学规类编》中所提示的：“读书之法无他，唯是笃志虚心，反复详玩，为有功耳。”

第六,读书必须要仔细。

陶渊明过去说自己读书“不求甚解”,这当然也是一种读法;有些人甚至一目十行,大略翻翻,这也是一种读法。朱熹则不然。也许与他善做学问有关,他主张读书要细心。他说:

读书须是仔细,逐句逐字,要见著落。若用工粗卤,不务精思,只道无可疑处,非无可疑,理会未到,不知有疑耳。

朱熹在不少地方都强调读书要“逐句逐字”地读,要仔细认真,不要贪多求快,把文字搞懂搞通,仔细读熟了,方才说得上文章的要领、主旨,等等。

第七,读书贵专而不贵博。

朱熹一向认为读书学习必须先求专,再求博,不要急于求多、求博,他曾说:

读书之法,当循序而有常,致一而不懈,从容乎句读文义之间,而体验乎操存践履之实,然后心静理明,渐见意味。不然,则虽广求博取,日诵五车,亦奚益于学哉?

在这里,朱熹分明把专一求索看作读书的方法之一,如果不专一,无体验,虽“广求博取”,读得再多,又有什么用呢?所以,他又说:“夫学,非读书之谓。然不读书,则无以知为学之方。故读之者贵专而不贵博。盖唯专为能知其意而得其用;徒博则反苦于杂乱浅略而无所得。”鲜明地提出了“贵专而不贵博”的读书主张。

第八,读书必须学会抓关键,求贯通。

朱熹有一段话很发人深省。他说:

读书须是知贯通处,东边西边,都触着这关捩子方得。而今说已前不曾做得，又怕迟晚，又怕做不及，又怕那个难，又怕性格迟钝，又怕记不起，都是闲说。只认下著头去做，莫问迟速，少闲，自有至处。

他的意思是说，读书一定要学会和知道“贯通处”，而要知道“贯通处”，就一定要设法摸到“关捩子”，也就是关键地方。有些人提出种种困难，他认为都不是理由，只要认识到这一点，埋头去读去做，用不了多少时间，自会掌握关键，能够达到融会贯通的地步。

第九，读书必须聚精会神，一心一意。

朱熹曾诚恳地对学生们说：

读书须将心贴在书册上，逐句逐字，各有著落，方始好商量。大凡学者须是收拾此心，令专静纯一，日用动静间，都无驰走散乱，方始看得文字精审，如此，方是有本领。

他所说的“将心贴在书册上”“专静纯一”，就是我们日常所说的一心扑在书本上、一心一意读书的意思，无论是“动”还是“静”的环境，都不走神或分散精力，便能领会文章的好处，也算是读书本领学到家了。

第十，读书必须抓住本原和纲目。

我们在前面介绍过朱熹主张读书需抓关键、求贯通，关键和本原是两回事，关键主要是为了求贯通而言，一段话、一篇文章中往往有几个关键词，这些词或是概念上的，或是语法上的，如不抓住解决，文理或意思上就无法求得贯通。但这里所说的本原和纲目则与此不同，它是指一本书或一篇文章的根本和要旨，抓住这点，就等于抓住了核心。朱熹说：

读书之法，有大本大原处，有大纲大目处，又有逐事上理会处，又其次，则解释文义。

他的意思很明显，一本书的“大本大原”“大纲大目”应是首先要弄明白的，也是最主要的，“逐事上理会处”则是次要的，“解释文义”则又是其次，其先后的次序排列得很分明。他所说的“学，须先理会那大底，理会得大底了，将来那里面小底，自然通透”，基本上也是这个意思。

第十一，读书必须懂得改进和消化。

有些人读了不少书，却不懂得改变自己，也不知消化，总以为自己是正确的。朱熹对这种学习方法不太赞成，认为这样有碍于自己的进步。他在《性理精义》中提出了一个新的观点：

为学须觉今是而昨非，日改月化，便是长进。

他这里的意思，主要是教人们在读书学习方面不要老是停留在原来的水平上，一个人的认识有一个发展和提高的过程，一个人在读书为学上应该懂得改进和消化，这样才有利于自己的提高和进步。近代著名的学者刘熙载受此影响，特把自己晚年所著的文稿题名为《昨非集》刻印出版，可见朱熹的这一读书主张和方法，在学人中还是有一定影响的。

朱熹是一位大哲学家和学问家，他在读书方面所积累和总结的一系列丰富的读书经验和方法，可以说是一个相当珍贵的宝库，值得我们珍惜和重视。即使我们无法全部运用，只要有选择地借鉴其中的一点两点，或许也会给我们带来巨大的益处。

王守仁读书法

王守仁(1472—1529)是明代著名的哲学家和教育家。字伯安。因曾在故乡余姚阳明洞中筑室读书,世称阳明先生。他在从政之余,便潜心哲学研究和讲学教育,发展宋代陆九渊的学说,反对二程和朱熹的哲学观点,在明代中期以后,影响很大。著有《传习录》《大学问》等,后由其门人辑成《王文成公全书》三十八卷,传于后世。由于他在书中不仅谈哲学,同时也谈到教育和学习方法的问题,所以这里也作一番介绍。

粗粗梳理,王守仁所主张的读书方法主要有以下几点:

第一,读书求学必须要有一个良好的心态。

王守仁曾被人归为唯心主义哲学家,因为他提出"心即理"的口号,认为"心明即是天理",凡天下事物之理,都包含在我心之中,否认心外有理、有事、有物。同样的,对于读书求学,他也强调人的主观性,把"心"提到很重要的位置,认为一个人学习必须与自己的"心"结合起来。如他说:

且如读书时,良知知得强记之心不是,即克去之;有欲速之心不是,即克去之;有夸多斗靡之心不是,即克去之,如此,亦只是终日与圣贤印对,是个纯乎天理之心,任他读书,亦只是调摄此心而已,何累之有!

他的意思是说,在读书学习时,那些勉强所行的死记硬背的"强记之心",或急于求成的"欲速之心",或自我炫耀的"夸多斗靡之心",都不是良好的学习心态,都应该马上加以克服的。如果心态好,达到贤者的心境,那不仅自会聚精会神、专心致志,而且无论读什么书,求什么学,都会有自由自在、无所不通的境界和感觉,只是"调摄此心",根本就不会感到压力负担或累赘疲劳。不过,他所提的境界偏高了一些,不是常人都能达到的。只是他所说的读书求学应有良好的心态,并要克服各种不良的心态和习惯,倒是十分可取的。

第二,读书学习应该根据各人的接受能力逐渐提高。

由于王守仁长期讲学,在教学过程中也发现人的智力和悟性各有差异,而且读书学习能有成就者,也非一朝一夕所致,而是有一个逐渐提高的过程,因此提出了读书求知必须"各随分限所及"的观点,所谓"分限",就是学生接受能力的限度。他说:

> 我辈致知,只是各随分限所及。今日良知见在如此,只随今日所知,扩充到底;明日良知又有开悟,便从明日所知,扩充到底;如此方是精一工夫。与人论学,亦须随人分限所及。如树有些萌芽,只把这些水去灌溉,萌芽再长,便又加水,自拱把以至合抱,灌溉之功,皆是随其分限所及。若些小萌芽,有一桶水在,尽要倾上,便浸坏他了。

他的意思很清楚:我辈求学,都是各随接受能力的限度所及而进行的。今日有所知,理解透彻;明日又有所开通觉悟,再从明日所知来加以理解,日复一日,必有精进。这就好比树苗,每日浇水,方苗壮成长;如一桶水一下子全浇上去,反而会把树苗给浸坏了。因而他认为每个人的接受能力有限,读书求学应该根据每个人的情况有限度地加以灌输,而不要急于求成,这样反会适得其反。

第三,读书学习应该得到消化和运用。

王守仁一向主张学以致用,重视"躬行实践",不喜欢一味读书而不知消化运用的求学方法。有一次,他和弟子一同进餐,说了一段颇有启发意味的话:

> 凡饮食只是要养我身,食了要消化,若徒蓄积在肚里,便成痞了,如何长得肌肤。后世学者,博学多识,留滞胸中,皆伤食之病也。

他的比方虽很通俗,但很能说明问题:如果所学东西都"留滞胸中",不能消化而化为己用,不是成了书呆子,也是纸上谈兵的高手,还不如少读些为好了。

除了以上三点以外,王守仁的有些读书求学方法也是值得参考的。如他说:"为学大病在好名。"又说:"凡学之不勤,必其志尚未笃也。"又说:"为学须有本原,须从本原上用力,渐渐盈科而进。"……由于这些意见在朱熹或其他前辈学者中都已谈起过,意思大同小异,这里就不再赘述。只是他有关对儿童如何进行读书教育的意见,观点十分新颖,而前人甚少谈及,此处则不妨简述一下。

王守仁认为:"大抵童子之情,乐嬉游而惮拘检,如草木之始萌芽,舒畅之则条达,摧挠之则衰痿。"因此,他主张"今教童子,必使其趋向鼓舞,中心喜悦,则其进自不能已"。用我们今天的话来说,就是对小孩读书,要以正面鼓励为主,提高其积极性和兴趣,而尽量少批评,泼冷水,这样才有利于孩子的读书进步。他对当时责打或强迫学生读书的粗暴方法很反感,对学生"鞭挞绳缚,若待拘囚",这样势必使学生

“视学舍如囹狱而不肯入；视师长如寇仇而不欲见”。为此，他提出应该让小孩从小“歌诗”和“习礼”。所谓“歌诗”，就是诱导他们每天诵读诗文，这样可以“发其志意”，“亦所以泄其跳号呼啸于咏歌，宣其幽抑结滞于音节也”。所谓“习礼”，则是让他们懂得一定的礼貌和纪律，这样能“顺导其志意，调理其性情，潜消其鄙吝，默化其粗顽”，使他们逐渐接受教育而健康地成长起来。应该说，他的这些有关儿童读书教育的方法，其精神实质与今人的主张并不相悖，似乎仍有其一定的参考价值。

金圣叹读书法

金圣叹(1608—1661)是明末清初的文学批评家,尤以批书得名。名采,字若采。明亡后改名人瑞,字圣叹。读书中每有心得和体会,便用笔在书中加上评语和圈点。连他自己也没想到,他在书中所加的这些评语和圈点,最后使他成为中国历史上最为杰出的文学评点大师之一,同时也成为中国历史上最优秀的文学批评家之一。他读过的书非常多,评点的范围也相当广泛,小说、戏剧、诗词、古文无不涉猎。其中尤以批阅和评点《水浒传》《西厢记》《杜诗解》《贯华堂选批唐才子诗》《才子必读古文》等为有名。

金圣叹批书如此有名,绝不是偶然的,这与他有着丰富深厚的读书经验和读书方法是有密切关系的。历来都盛赞金圣叹的批书之妙,而很少有人探讨他的读书之法。这里综合他的生平和所批各书,大致归纳了以下三点读书的经验和方法。

第一,读书时喜欢在书上作批语和圈点。

读书时在书中写上一些批语和圈点,并不是从金圣叹开始的,在他之前已有不少名重一时的评点家,如宋代的吕祖谦、刘辰翁,元代的方回,明代的李贽、杨慎、汤显祖、冯梦龙等,都批过许多书,喜欢在书上写批语、画圈点。但是,到了金圣叹,几乎到了每书必批的地步,凡他阅过的书,都在上面加批语和圈点。而且他的批语和前人不一样。在他之前的评点家,如刘辰翁、杨慎、李贽等,都是有了感触才加评语,没有感触和见解就不加,即使加上,也都为三言两语,颇为简单,难得有长篇大论。金圣叹则不同了,他是从头到尾都加批语,即以他批《水浒传》《西厢记》而论,从书名、人物、语言、方法,他都一一加批,评得天花乱坠、头头是道,哪怕是很小的一点点蛛丝马迹,都不放过。除了书前总批,每一章、每一回前都有批语,书中字句间有批语不算,到了每一回或每一出戏的末尾,他也都加批语。像这样详密的批书情况,在他之前是从来没有过的。

第二,读书有胆识和创见,常自成体系。

金圣叹批书,详细具体,周密严谨,虽然有时显得啰嗦一些,但总体上说,他的批语并不是无病呻吟,胡批乱涂,睁眼说瞎话,而都是有自己独特的见解和胆识。如他把正规文人所瞧不起的小说《水浒传》、戏剧《西厢记》,与杜诗、《离骚》、《史记》、《庄子》并列为六才子书,这种见解就相当大胆,可以说是破天荒的事。又如《西厢记》中因《酬简》写到张生和莺莺的交欢,有人便称其为"淫书",但金圣叹却偏偏不这样认为,并为它辩护。在批语中说:"《西厢记》断断不是淫书,断断是妙文。"又说:"细思此一事,何日无之?何地无之?"大胆说出了人人心中明白却又不敢说的话。此外,他在批唐诗、批杜诗、批《诗经》、批《水浒传》、批欧阳修词、批《孟子》,几乎都有其独特的见解与发明,令人耳目一新。

第三,终年累月地刻苦用功,勤奋阅读。

批书作评,看似容易,实际上是很不容易的。如果一个评点家对一种文体没有精深的了解，便无法作评，即使评点了也未必精彩，弄得不好，还会闹笑话，露出浅陋之见。金圣叹批书之所以能如此精彩，吸引人，又有大胆创见，以至于当时的学者把他的书几乎家置一编，顶礼膜拜，这与他渊博的知识和高深的文学修养是分不开的。而渊博的知识和高深的文学修养，与他勤奋刻苦的用功读书又是分不开的。

据《清代七百名人传》记载，金圣叹评点起文学作品，常"宵深不寐，勤心从事。乃伏案三月，未终一卷"。伏案三月，居然一卷都未批阅完，其认真细致的程度，已令人想见。该书又说：

贯华堂中，书如獭祭，心血耗竭，白发星星矣。

"贯华堂"是金圣叹的书房，里面"书如獭祭"，也就是各种各样的参考书本本摊开，逐一排比，鳞次栉比，可见他的批语绝不是轻易下笔，草率从事，而是多方阅读，斟酌再三，酝酿既久，方才郑重下笔的。否则自明以来，批书者不计其数，有几个能像金圣叹这样名满天下，得人惊奇的呢？所以，金圣叹批书的成就，与他平时长期的刻苦攻读是密不可分的。

在中国二千多年的文化教育中，已形成了一套成熟而富有民族特色的读书方法。评点和批书是其中一种较为流行且很普及的传统读书方法之一，自唐宋以来，层见叠出，高手如林，而金圣叹可以说是其中最有个性且最受人欢迎的代表人物。在李贽评点的影响和推动下，曾产生了万历以后明末评点文学的繁荣景象，涌现了一大批追随者；在金圣叹的影响和推动下，又产生了明末清初评点文学的繁荣，也涌现出了一大批追随者，如毛宗岗评点《三国演义》、徐增评点《而庵说唐诗》，以及清初许多人所进行的文学评点，在风格上都明显受到金圣叹的影响。清代小说评点的继续繁荣，显然是与金圣叹的功劳分不开的。因此，在我们总结了金圣叹的三点读书方法以后，他的批书这一最鲜明和最有成就的读书方法首先值得我们肯定和学习。

此外，他读书时敢于思考、敢于探索、敢于发表不同意见的胆量和见识，也是值得我们肯定和学习的。细一追究，中国历史上最有成就的评点家，像刘辰翁、李贽等，几乎都是敢想敢批、敢于独抒己见的人。古人尚且如此，何况今人呢？

我们不妨在读书中也敢于思考，敢于探索，争取超过前人。

王夫之读书法

王夫之(1619—1692)是明清之际的思想家和文学家。字而农,号姜斋,晚年居衡阳石船山,故称船山先生。他在明亡后,抗清不成,就隐居深山,刻苦攻读著述,学术成就很高,对天文、历法、数学、地理都有研究,尤精通于经学、史学和文学,著有《读通鉴论》《读四书大全说》《周易外传》等,均有影响,后人编有《船山遗书》。

毫无疑问,王夫之学术成就的取得,学识之广博,思想之丰富,与他长期积累的学习方法和读书方法是分不开的。经初步归纳和总结,其在学习方面的观点和方法主要有以下三点。

第一,不要急于求成。

求成心切,在生活中几乎人人都会碰到的,而在读书求学上急于求成,更是普遍存在。古代有,现代似乎更多。为应试一门外语,为取得一张文凭和资格证书,或者为了出国和工作,猜题目,走捷径,甚至各种速成班等,比比皆是。这样一种心态或具体情况,自然都可以理解。但在王夫之的眼光里,这都不是一种良好的学习方法,甚至是不可取而应该加以摒弃的。他在《俟解》中说:

> 庶物之理,非学不知,非博不辨。而俗孺怠而欲速,为恶师友所锢蔽,曰何用如彼,谓之所学不杂。其惑乎!

他的意思是，一般事物的道理，不学不知道，知识不渊博也难以辨认。而有些平庸的学子想偷懒，又想速成，反认为师友们学那么多有何用，自认为自己“所学不杂”，这正是他迷惑不解的地方。

不仅如此，他还对南宋哲学家陆九渊、杨简等人的学习观点进行了责难。说：“欲速成之病，始于识量之小。识量小，则谓天下之理，圣贤之学，可以捷径疾取而计日有得。陆象山、杨慈湖以此诱天下，其说高远，其实卑陋苟简而已。”意思是说，学习上想速成的弊病，是由于识见与度量太小而造成的，实际上“天下之理，圣贤之学”是不可能有捷径可走的，陆九渊、杨简等人的观点貌似高远，其实则“卑陋苟简”。所以，他劝诫别人在学习读书上千万不要急功近利，只为眼前一事一利而学，这样未免“识量”太小，而应该放眼远望，做得大学问，方能有大成功、大前途、大出息。

第二，要具体掌握学习的规律和顺序。

每个人的读书情况和学习现象的确是千差万别的，有些人开始觉得艰难，后来反觉容易了；有些人开始觉得很容易，后来反而觉得困难了。不说别的，就拿学外语来说，不同的语种学起来的感觉就是不一样。如中国人学英语，开始觉得不适应，后来掌握规律，弄通语法，反倒顺了，感到并不难；学日语则不同了，开始时很容易，但越学到后面，越深入，就越感到难度大，不容易学好。所以有“学英语是哭着进去，笑着出来，日语是笑着进去，哭着出来”的说法。其实古代的各种学科，也有各种差异。王夫之看到了这一点，并指导说：

有初学难而后易者，有初学易而后难者，因其序，则皆可使之易。

他的意思是，有的人、有些学科是初学难而往后容易，有的人、有些学科则是初学容易而往后困难。为此,他主张读书学习的人应该摸清各门学科的不同特性,掌握它们各自不同的规律,如能灵活地做到这一点,那么每门学科都不会感到困难,学习就会顺利一些。

第三,要学好知识,必须要花力气。

王夫之自己的读书学习是很刻苦的,根据他的体会,仅要做到读书学习是容易的,但要学好却是不容易的,用他的话来说,就是"学易而好难"。因此,他认为一个人要真的学好一样东西,读通一本书,就一定要精勤不懈,持之以恒,"故学者以去骄去惰为本,识自此而充"。

除此之外,王夫之在读书方法和经验的传授上还有不少值得注意的地方。如在学习和思考的关系问题上,他在前人的基础上,又进一步理清了二者之间的密切而又合理的关系,认为"致知之途有二:曰学,曰思。……学非有碍于思,而学愈博则思愈远;思正有功于学。而思之困则学必勤"。意思是说,学习不会有碍于思考,而学习越广博,思考的问题也会越深远。思考对学习是有利的,一个人如思考中碰到困惑,其学习必定更加勤奋。从孔子到张载、朱熹等人,都曾谈到过学与思的关系,但似乎都未有王夫之的辩证观点来得全面。又如他所提出的志向与学习的关系,虽然是从张载的读书观点上引申过来,但又有不少新的内容和发挥,较张载的原意又有所发展,然而由于这些方面前人论述已比较多,算不得新鲜。至于以上所提出和归纳的三点读书方法,特别是不要急于求成和掌握每门学科的规律与顺序两点,倒是他所反复强调的,的确值得我们借鉴。

曾国藩读书法

曾国藩(1811—1872)是清代著名的官吏。字伯涵,号涤生。曾任内阁学士、兵部侍郎、两江总督等职,在治政、治家、治学、治财、治军等方面,都有一整套见解和看法。这里主要介绍他在读书求学方面的主张和方法。

曾国藩对于读书求学方面的方法和经验,主要都集中在他的家书中,比较琐碎。这里择要归纳五点。

第一,读书必须要专一。

读书求学一定要注意专一,这是曾国藩一再强调的。并且把这列为“于读书之道,有必不易者数端”之首。可见其重视的程度,这里不仅是指读书心思之专,而且也是指读书范围之专。如他读书,读得最多的是经、史。但对经、史这类书,他仍强调要专门阅读,不可拉杂。正像他在给兄弟的信中说:

> 穷经必专一经,不可泛骛。

意思是说,如要彻底穷究弄通经学的道理,必先专究一经,不要再分心其他东西。

在另一封信中他谈到读《史记》时又说:“尔既看《史记》,则断不可看他书。功课无一定呆法,但须专耳。”意思是说,你既然看《史记》,就不要看其他书。功课是没有一定成法的，只是必须专心罢了。并指出：“弟三月之信所定功课太多，多则必不能专，万万不可。”

不仅是读经、史，即使是读诸子百家和文学作品，也要有个专一的态度和方法。他在给六弟的信中说：

> 若夫经史而外，诸子百家，汗牛充栋。或欲阅之，但当读一人之专集，不当东翻西阅。如读昌黎集，则目之所见，耳之所闻，无非昌黎。以为天地间，除昌黎集而外，更无别书也。此一集未读完，断断不换他集，亦专字诀也。六弟谨记之。

当时他的六弟正在学诗，并准备从元好问编选各家诗作的《中州集》入手，曾国藩在给他的回信中虽不反对，但以他的目光来看，还是认为读一人的专集为好。他说：“学诗从《中州集》入亦好。然吾意读总集，不如读专集。”他甚至还提出了“经则专守一经，史则专熟一代”的主张。

第二，读书要有恒。

除了专一以外，曾国藩强调的另一个读书方法，便是有恒，也就是要有恒心。他认为一个人每天读书不在于过多、过猛，而在于有恒。他这个观点在教人学书法时曾谈起过，在教人读书方法时也一再强调。他在给六弟的信中说：

> 每日习字不必多，作百字可耳。读背诵之书不必多，十页可耳。看涉猎之书不必多，亦十页可耳。

在另一封给诸弟的信中，他还讲到一个“耐”字，实际上“耐”即“耐心”，也是劝人读书应有韧性和恒心之意。他说：“读经有一耐字诀。一句不通，不看下句；今日不通，明日再读；今年不精，明年再读。此所谓耐也。”在又一封给诸弟的信中，他在谈了近几个月来所读书的同时，又劝告道：“学问之道无穷，而总以有恒为主。……虽极忙，亦须了本日功课，不以昨日耽搁而今日补做，不以明日有事而今日预做。”他在给儿子的信中，也曾劝他从少壮读书起，“即从有恒二字痛下工夫”。

第三，读书要从头到尾，不要随意乱跳乱翻。

曾国藩虽政务繁忙，但他还是尽量抽出时间读书，他无论读《后汉书》或《王荆公文集》，都是日复一日地从头到尾地看，从不间断，也从不跳跃。他在给六弟的信中说：

无论何书，总须从首至尾通看一遍。不然，乱翻几页，摘抄几篇，而此书之大局精处茫然不知也。

第四，读书要求明白理解。

除了对书要从头至尾通读一遍外，曾国藩认为还不够，还应该求得明白和理解，方为读过。他在给儿子的信中说：

尔读书记性平常，此不足虑。所虑者第一怕无恒，第二怕随笔点过一遍，并未看得明白。此却是大病。若实看明白了，久之必得些滋味，寸心若有怡悦之境，则自略记得矣。尔不必求记，却宜求个明白。

如果简要一些说，曾国藩认为读一本书，能求个明白，得个理解，比记住一些内容还重要。对于读古代的诗文，不仅要识其貌，而且要观其神。他在给儿子的另一封信中说：

凡大家名家之作，必有一种面貌，一种神态，与他人迥不相同。譬之书家羲、献、欧、虞、褚、李、颜、柳，一点一画，其面貌既截然不同，其神气亦全无似处。……诗文亦然。若非其貌其神迥绝群伦，不足以当大家之目。……尔以后读古文古诗，惟当先认其貌，后观其神，久之自能分别蹊径。今人动指某人学某家，大抵多道听途说，扣盘扪烛之类，不足信也，君子贵于自知，不必随众口附和也。

曾国藩所谓的在诗文上要“先认其貌，后观其神”，也就是要他的儿子读文学作品不仅要从字面上看，更要从艺术性上加以提高和认识，求得更深的理解。

第五，读书要看、读、写、作四者皆备。

这种说法很少听到，但曾国藩在给他儿子的信中却提出来了。他说：

读书之法，看、读、写、作，四者每日不可缺一。看者，如尔去年看《史记》、《汉书》、韩文《近思录》，今年看《周易折中》之类是也。读者，如四书、《诗》、《书》、《易经》、《左传》诸经，《昭明文选》，李、杜、韩、苏之诗，韩、欧、曾、王之文，非高声朗诵则不能得其雄伟之概，非密咏恬吟则不能探其深远之韵。

至于“写”，他是指的书法写字，认为看、读以后能像练书法似的加以摘要抄写，则最好；至于“作”，是指练习一类的习文作诗，把看、读、写（做笔记）列为读书方法，前人尚可看到，而曾国藩把“作”（作文习诗）也列为读书方法中的一个环节，却是很新鲜的。不能不说是他的一个发明。

曾国藩虽然不是一个纯粹的文人，但自幼读书习文，深知读书的重要，也有一些读书的经验，再加上他的名气大，因而他有关读书方法和治学之道的家书，对后人影响不小。平心而论，他所提出的一套学习方法，虽然仍有浓厚的传统色彩，但其中所说的读书贵专一和有恒，特别是强调深刻理解和“看、读、写、作”四者不可缺一的读书方法，对我们今人仍是有一定启发意义的。

梁启超读书法

梁启超(1873—1929)是近代著名的文学家和学者。字卓如,号任公,又号饮冰室主人。光绪举人,早年曾与康有为主张“变法维新”,人称“康梁”。1898年入京,奉命办京师大学堂和译书局。戊戌政变后逃亡日本。北洋军阀时期曾任司法总长、财政总长等职。所编《新民丛报》等影响甚大。晚年在清华学校讲学,著述甚丰,后合编为《饮冰室合集》。

梁启超是一个有影响的近代历史人物,不仅在当时政界有地位,在学术界和文学界也有影响,且学问渊博,弟子甚多。他曾在不少著作或文章中都谈到过读书问题,并传授过不少方法和经验,如《国学入门书要目及其读法》《中国历史研究法》《最低限度之必读书目》《治国学杂话》等。

因梁启超的读书方法和经验体系庞大,不是分成几点就能归纳清楚的,我们还是就他几种影响较大的有关读书问题的文章分别论列。

先谈《国学入门书要目及其读法》。

此文是专谈国学入门的,也就是要学好国学,该如何入门,先读些什么书,怎么读法。这是梁启超在1923年为回答《清华周刊》记者所提的问题而写的。其中他把中国国学入门的要目书籍分为五类:

一、修养应用及思想史关系书类；

二、政治史及其他文献学书类；

三、韵文书类；

四、小学书及文法书类；

五、随时涉览书类。

在第一类书中，梁启超首列《论语》和《孟子》，“希望学者熟读成诵，即不能，亦须翻阅多次，务略举其辞，或摘记其身心践履之言以资修养”。

接下所列则有《易经》《礼记》《老子》《墨子》《庄子》《荀子》《尹文子》《韩非子》《吕氏春秋》《春秋繁露》《近思录》《明儒学案》《日知录》《文史通义》，乃至康有为《大同书》、章太炎《国故论衡》、梁漱溟《东西文化及其哲学》、胡適《中国哲学史大纲》(上卷)等。并说明哪些宜精读或浏览等。

在第二类书中，梁启超首列《尚书》，其后则有《左传》、《战国策》、《资治通鉴》、《续资治通鉴》、《文献通考》、二十四史、《廿二史札记》、《读史方舆纪要》、《史通》等，并也逐一说明哪些宜浏览，哪些宜精读。如在《资治通鉴》后写道：

> 此为编年政治史最有价值之作品，虽卷帙稍繁，总希望学者能全部精读一遍。

话虽不多，却很扼要地说明了该书的价值及其读法。其他各书也多如此。

在第三类书中，梁启超首列《诗经》《楚辞》《文选》三书，其后则有《乐府诗集》、王安石《唐百家诗选》、吕留良《宋诗抄》等。六朝人诗，他只推了六家：曹植、阮籍、陶渊明、谢灵运、鲍照、谢朓。唐宋则有李白、杜甫、韩愈、柳宗元、王维、白居易、李商隐、苏轼、元好问、陆游等。宋词则推周邦彦、欧阳修、苏轼、柳永、秦观、朱敦儒、辛弃疾、刘克庄、姜夔、王沂孙、吴文英等十一家。元明曲本则有《西厢记》《琵琶记》《牡丹亭》《桃花扇》《长生殿》五部。并在书目后说明：

> 本门所列书，专资学者课余讽诵，陶写情趣之用，既非为文学专家说法，尤非为治文学史者说法。故不曰文学类，而曰韵文类。

第四类书中，梁启超首列段玉裁《说文解字注》，其后则有朱骏声《说文通训定声》、王引之《经传释词》、阮元《经籍纂诂》等，并说明：

> 文字音韵，为清儒最擅之学，佳书林立，此仅举入门最要之数种，若非有志研究斯学者，并此诸书不读，亦无妨耳。

在第五类书中，梁启超首列《四库全书总目提要》，其后则有《世说新语》《徐霞客游记》《梦溪笔谈》等。不过，他也说明："右所列不伦不类之寥寥十余种，随杂忆所及当坐谭耳。若绳以义列，则笑绝冠缨矣。"意思是说自己随意开列的，读者不必当真。

在开列了以上国学入门的五大类书目及其读法后，梁启超觉得现在学校学生读书科目甚多，不像古代学子专攻国学，故现在学生未必全能通读，于是又开列了一份《最低限度之必读书目》。书目如下：

> 四书、《易经》、《书经》、《诗经》、《礼记》、《左传》、《老子》、《墨子》、《庄子》、《荀子》、《韩非子》、《战国策》、《史记》、《汉书》、《后汉书》、《三国志》、《资治通鉴》(或《通鉴纪事本末》)、《宋元明史纪事本末》、《楚辞》、《文选》、《李太白集》、《杜工部集》、《韩昌黎集》、《柳河东集》、《白香山集》，其他词曲集，随所好选读数种。

然后他又说明：

以上各书，无论学矿、学工程学……皆须一读，若并此未读，真不能认为中国学人矣。

不过，这也是梁启超根据他那个时代的情况所要求的，如果以现在学生的学习情况来看，以上诸书又不必通读了。所以，梁启超的这一最低限度的国学必读书目，也只能供今天的学子们参考罢了。

谈了《国学入门书要目及其读法》一文，接下来再谈梁启超的《治国学杂话》。

此文虽不长，但却有着梁启超不少的读书方法和经验在内，不得不谈。归纳起来，大约有四点。

第一，养成每日读书习惯，最好精读与涉览相间。

梁启超一向主张书有精读、浏览之分，有些宜精读，有些则不必精读，宜浏览。这个方法几乎贯穿在他所有的有关读书经验介绍的文章之中。在此文中又一次谈到。他说：

每日所读之书，最好分两类，一类是精读的，一类是涉览的，因为我们一面要养成读书心细的习惯，一面要养成读书眼快的习惯，心不细则毫无所得，等于白读，眼不快则时候不够用，不能博搜资料。诸经、诸子、四史、《通鉴》等书，宜入精读之部，每日指定某时刻读他，读时一字不放过……另外指出一时刻，随意涉览，觉得有趣，注意细看；觉得无趣，便翻次页。

第二，读书时遇有重要文字，可摘抄下来。

梁启超说："大抵凡一个大学者平日用功，总是有无数小册子或单纸片。读书看见一段资料，觉其有用者即刻抄下。"当然，他也承认，

“这种工作，笨是笨极了，苦是苦极了，但真正做学问的人，总离不了这条路”。

在梁启超看来，抄资料是研究学问的必要前提，正像研究动物学或植物学的人，不采集标本怎么行呢？因此，他主张并鼓励读书时注意抄录和搜集资料。他说：

发明的最初动机在注意。抄书便是促醒注意及继续保存注意的最好方法。当读一书时，忽然感觉这一段资料可注意，把他抄下，这件资料，自然有一微微的印象印入脑中，和滑眼看过不同。经过这一番后，过些时碰着第二个资料和这个有关系的，又把他抄下，那注意便加浓一度。经过几次之后，每翻一书，遇有这项资料，便活跳在纸上，不必劳神费力去找了，这是我多年经验得来的实况，诸君试拿一年工夫去试试。

这个方法可以说是他的亲身体会，说得甚详，也容易操作，读者不妨真可一试。

第三，课堂教学之外，最好读点课外书。

梁启超很重视学生的课外阅读。他在《治国学杂话》一文的开头就说：

学生做课外学问是最必要的，若只求讲堂上功课及格，便算完事，那么你进学校，只是求文凭，并不是求学问，你的人格，先已不可问了。

当然，他也承认，课外学问，不一定专指读书，如试验、观察自然等都是极好的方法，“但读课外书，最少要算课外学问的主要部分”。

第四，中国书、外国书都得读。

由于新文学的兴起，西洋文化的大量涌入，中国封建文化的腐朽性是显而易见的,因此当时有许多文化名人都不主张或少读中国书,就连鲁迅也曾说过少读甚或不读中国书的话。这当然是有其具体的时代背景的,梁启超虽然有维新思想,又周游过欧洲,也注意吸纳西方的现代文明,但他既然是谈国学,所以他认为国学也不能就此废弃,只读外国书。正确的方法应该是中国书和外国书都要读。他说:

> 读书自然不限于读中国书,但中国人对于中国书,最少也该和外国书作平等待遇,你这样待遇他,他给回你的愉快报酬,最少也和读外国书所得的有同等分量。

除了以上两篇有关读书的文章外,梁启超尚有《要籍解题及其读法》《评胡適之的〈一个最低限度的国学书目〉》等文,前者对国学要籍加以评说,并说明如何读法,后者则对胡適所开的《一个最低限度的国学书目》表示不赞成。虽也涉及一些读书方法问题,但与我们前面所述的已大同小异。

梁启超所说的读书要目,多为中国古代的经、史、子、集四部,也就是我们常说的国学或国文。古人分四大类,他却分五大类,别出心裁,也独有创见。所说的读书方法,也以传统的方法居多,但他又把自身的读书经验,以及现代的一些学习情况结合了进去,所以与中国古代的读书方法又略有区别。他虽然说的都是国学,但与我们今天的学习仍有相关之处,因为我们今天仍有古汉语或古诗文的课;他所说以做学问的方法居多,但今天的古代史、古代文学、古代哲学的研究仍在继续。所以,梁启超尽管是针对那时的学生所说的国学读书方法,但在今天尚未失去他的意义,仍具有相当的参考价值。

王国维读书法

王国维(1877—1927)是近代著名的文史学家和词人。字静安、伯隅,初号礼堂,晚号观堂。早年攻读中国历史、英语和日语,并对西方哲学、美学产生兴趣,后转向词学和戏曲研究,辛亥革命后则专心于古典学术,在中国古史学、文字音韵学、西北史地等领域皆有突出贡献。曾在清华研究院、北京大学等校任教。所著《观堂集林》《静安文集》《人间词话》《宋元戏曲史》等,在学术界皆负盛名。

由于王国维在中国学术界享有很高的地位,不少人甚至带有崇拜的心理,所以了解和梳理他的读书方法和求学经验尤显必要。

经略加梳理,王国维的读书方法或经验,大约有三点。

第一,先学好语言和国学,为今后的治学打好坚实的基础。

有不少大学问家,似乎都是先从学好语言开始的,古代的朱熹、顾炎武、戴震等人是这样,近世的陈寅恪等人也是这样。不过,王国维并不是祖传家教,而是他的人生经历无意中使他得到了这种训练和教育。

王国维曾自称出身在一个中产人的家庭,一年所得“略足以给衣食”,但家中有书五六箧,每天从私塾放学归来,便用晚上时间随意泛览。十六岁时,因见友人读《汉书》而悦之,便把幼时所积蓄的钱到杭州去买了一套前四史,即:《史记》《汉书》《后汉书》《三国志》,每天阅读，颇有兴味，自谓“是为平生读书之始”。以后又赴日留学，攻读英语和日语，在学得外语的同时，又大开眼界，获得了不少西洋和东洋知识，为他今后学贯中西的治学道路奠定了基础。而他后来无论是谈哲学还是搞文学，撰论文还是做考证，都能左右逢源，无不通达，这与他青年时打下良好的语言基础是大有关系的。

第二，每遇读不懂的地方，搁置一边，过一段时间或通过阅读其他书，再将其攻破读懂。

王国维在二十多岁时，曾到上海东文学社读英文，刚读了一年半，读到第三册时，因庚子之变，学社解散。他无奈之下，只得买了第四、第五册，回到海宁老家自学。他当时规定：“日尽一二课，必以能解为度，不解者且置之。”后至日本，在读日文的同时，继续攻读英文，把昔日搁置一边的疑难点再行搞懂。

最有趣也最有代表性的例子是，有关他读德国哲学家康德哲学著作的事。早在二十二岁时，有一天，他在东文学社看到田冈佐代治（当时社里的日本教师）的文集中引有康德和叔本华的哲学话语而对哲学产生很大的兴趣，但由于是日文，他无法全部看懂和理解，感到十分遗憾，“自以为终身无读二氏之书之日矣”。后来由于他学了日文，便去找来日文版的康德《纯粹理性批判》一书，兴致勃勃地读起来。可读到《先天分析论》时，几乎全都不懂，如堕雾里。于是，他干脆“更辍不读，而读叔本华之《意志及表象之世界》一书”。在读了叔本华的著作以后，再读康德之书，昔日不懂之处，逐渐得以理解。他在三十多岁时所写的《自序》中曾深有感触地回忆道：

叔氏之书，思精而笔锐。是岁前后读二过，次及于其《充足理由之原则论》、《自然中之意志论》，及其文集等。尤以其《意志及表象之世界》中《汗德哲学之批评》一篇，为通汗德哲学关键。至二十九岁，更返而读汗德之书，则非复前日之窒碍矣。嗣是于汗德之《纯理批评》外，兼及其伦理学及美学。至今年从事第四次之研究，则窒碍更少。

引文中所说的“叔氏”即德国哲学家叔本华，“汗德”即康德，“《纯理批评》”即现在所通译的《纯粹理性批判》，系康德名著。康德的哲学著作，素以晦涩难懂著称，有人甚至称为“天书”。王国维在读不懂的情况下，却将其放下，从其他人的书中摸其门径，终于将其攻破，颇有点像兵战中的“迂回战术”。这一方法和经验，应该引起我们的注意。

第三，坚持每天读书，认为长此以往，必有收获。

王国维十分好学，自幼喜欢读书。至青年以后，几乎养成了每天读书的习惯。即使留学日本期间，仍复如此。他回忆道：

故抵日本后，昼习英文，夜至物理学校习数学。留东京四五月而病作，遂以是夏归国。自是以后，遂为独学之时代矣。

当他在北京教书治学之时，仍没忘记每天读书，只是时间有长有短：

顾此五六年间，亦非能终日治学问，其为生活故而治他人之事，日少则二三时，多或三四时，其所用以读书者，日多不逾四时，少不过二时。过此以往则精神涣散，非与朋友谈论，则涉猎杂书。唯此二三时间之读书，则非有大故，不稍间断而已。

接着，他又以自己生活条件的有限和身体的衰弱，由此及彼地启示大家：

夫以余境之贫薄，而体之孱弱也，又每日为学时间之寡也，持之以恒，尚能小有所就，况财力精力之倍于余者，循序而进，其所造岂有量哉！

他的意思是说，以自己有限的家庭条件和孱弱的身体条件，尚可“小有所就”，而比自己条件好的，并能每天“持之以恒”地读二至四小时的书，“循序而进”，必将会有更大的成就。

纵观王国维的一生，仍都以自学为主。他以自己的亲身经历和切身体会，提出了人生成大事业、大学问者必定经历的三种境界。他说：

古今之成大事业、大学问者，必经过三种之境界：“昨夜西风凋碧树，独上高楼，望尽天涯路。”此第一境也。“衣带渐宽终不悔，为伊消得人憔悴。”此第二境也。“众里寻他千百度，蓦然回首，那人却在，灯火阑珊处。”此第三境也。此等语皆非大词人不能道。

当然，对于王国维三种境界的含义，各人领会不同，这里也不作详解，说了有时反会束缚人的思想，还是留点空间给读者好。但是，他其中所说的第二境界，一般人都理解为对事业、理想的一种刻苦执着的追求和努力，其中自然也包括读书在内。

鲁迅读书法

鲁迅(1881—1936)是中国现代著名作家。原名周树人,字豫山,后改字豫才。思想丰富,小说、杂文、旧体诗等皆十分擅长,《呐喊》《彷徨》《准风月谈》《朝花夕拾》《华盖集》等小说、杂文集尤负盛名。此外,他在学术研究上也颇有成就,特别是《中国小说史略》《古小说钩沉》等,至今仍为学界所重视。不仅如此,他还翻译和介绍了大量外国文学作品,对绘画、木刻、书法等艺术也颇精通,可见其涉猎之广。

大家都知道,鲁迅博览群书,学识渊博,古今中外,无所不通,特别是他的杂文,什么都谈,几有百科全书之称。这种成就的取得,自然与他的读书学习有关。许广平说鲁迅从小记忆力就特强,善背书。这只说明了鲁迅读书的一个方面的情况。其实,鲁迅在其创作、治学、教育的道路上,早已形成了一整套特有的读书方法。概括说来,主要有四点。

第一,反对读死书,建议读书与社会现实相结合。

鲁迅一向反对读死书。他在《读几本书》的文章一开头就告诫人们:“读死书会变成书呆子,甚至于成为书橱。”在文章的末尾又提醒道:“读死书是害己,一开口就害人;但不读书也并不见得好。”

他的意思是,读死书固然不好,不读书也不好。那么怎样才能避免读死书呢?鲁迅认为,首先必须与社会现实相结合,甚至自己能投身到社会活动中去,不能只读书不问社会。他明确地说:“专读书也有弊病,所以必须和实社会接触,使所读的书活起来。”其次,鲁迅又针对中国明清以来尊孔读经、喜作八股文的弊端,认为中国传统的封建教育和读书方式已束缚了人的性灵,给人套上了精神桎梏,因此,不提倡青年学生只读中国书,而提倡并希望他们多读反映近代世界文明的部分外国书。1925年,当北京《京报副刊》征求他的意见,哪些应为青年必读书时,鲁迅实事求是地回答道:“从来没有留心过,所以现在说不出。”不过,他在接下的“附注”一栏中,却写下了以下一段话:

但我要趁这机会,略说自己的经验,以供若干读者的参考——

我看中国书时,总觉得就沉静下去,与实人生离开;读外国书——但除了印度——时,往往就与人生接触,想做点事。

中国书虽有劝人入世的话,也多是僵尸的乐观;外国书即使是颓唐和厌世的,但却是活人的颓唐和厌世。

我以为要少——或者竟不——看中国书,多看外国书。

少看中国书,其结果不过不能作文而已。但现在的青年最要紧的是“行”,不是“言”。只要是活人,不能作文算什么大不了的事。

在这里,鲁迅并不是崇洋媚外,看不起中国书,而是他通过自己切身的旧式教育,对已分明看到了的中国数百年来尊孔读经的弊端的鞭挞。诚如他在《古书与白话》一文中所说的:“菲薄古书者,惟读过古书者最有力,这是的确的。因为他洞知弊病。”正因为如此,他才提倡多读些外国书。这样以便于“与人生接触,想做点事”,也就是能多参与一些社会生活,不要一味地浸泡在书斋里读死书。

第二,建议文、理科的书,专业内、专业外的书互看。

1927年夏,鲁迅在广州知用中学的一次题为《读书杂谈》的讲演中,曾把人们通常所读的书分为两种:“一是职业的读书,一是嗜好的读书”。他接着解释道:“所谓职业的读书者,譬如学生因为升学,教员因为要讲功课,不翻翻书,就有些危险的就是。”但职业的书,不管你喜欢不喜欢,总得读,“否则,不能毕业,不能升学,和将来的生计便有妨碍了”。所谓嗜好的读书,鲁迅解释道:“那是出于自愿,全不勉强,离开了利害关系的。”就如爱打牌一样,天天爱读,手不释卷。

在这样的情况下,鲁迅认为青年人可以在学专业、读职业书籍以外,也看些其他书。他说:

> 我现在是说,爱看书的青年,大可以看看本分以外的书,即课外的书,不要只将课内的书抱住。……即使和本业毫不相干的,也要泛览。譬如学理科的,偏看看文学书,学文学的,偏看看科学书,看看别个在那里研究的,究竟是怎么一回事。这样子,对于别人,别事,可以有更深的了解。

不过,鲁迅也说明,他所说的读职业书以外,也可读些其他书,并不是说“在国文讲堂上,应该在抽屉里暗看《红楼梦》之类”,或是在上专业课时就偏读嗜好之书,而是“应做的功课已完而有余暇,大可以看看各样的书”。也就是对职业之书与嗜好之书,在阅读的时间上有一个适当的安排。

第三,建议可以养成“随便翻翻”的读书习惯。

鲁迅曾说有些朋友与他闲谈之后,都说他读书很多。其实他也不过是随手翻翻,并未细读。由此,他专门写了一篇《随便翻翻》的文章,介绍了自己“随便翻翻”的读书方法及其好处。所谓“随便翻翻”,主要是指一些消闲的书。在鲁迅看来,在职业的书看得累了,或在其他工作疲劳之余,可以看些消闲的书。对于这些书,大可不必像孔子所说的"温故而知新",也不必像朱熹所说的"当循序而有常",而完全可以自由一些,想看多少就多少,中间开花,本末倒置,一目十行,哪怕翻个目录看一下扔掉,再换一本,都可以。总之,没人来管你,你想怎么看就怎么看,随心所欲,全凭自己兴趣。他甚至说到这样的程度:"讲扶乩的书,讲婊子的书,倘有机会遇见,不要皱起眉头,显示憎厌之状,也可以翻一翻; 明知道和自己意见相反的书,已经过时的书,也用一样的办法。"

这个"随便翻翻"的读书主张,很容易遭人反对,不过鲁迅也早有思想准备。他说:

> 这里只说我消闲的看书——有些正经人是反对的,以为这么一来,就"杂"!"杂",现在又算是很坏的形容词。但我以为也有好处。

其实,鲁迅的这个"随便翻翻"的主张,与马克思利用休闲时间来读文学作品和解析数学的消遣方法差不多,都是以一种读书的形式来进行休息和调剂大脑,这样既可获得许多新知识,又得以消闲,岂不一举两得?

第四,也可采取先泛览、后选择的读书办法。

历来的学者,不论中外,如中国的朱熹、外国的塞涅卡,几乎都主张学生开始学习时读书不要太滥太宽,贪多求博并无好处,应该专攻一样,在专的基础上再求广博,等等。而且这样的主张在今天也常能听到。但鲁迅的主张却恰好相反,他认为完全可以先泛览,在泛览的基础上再作选择。这一点,他在《读书杂谈》中说得最明白:

总之，我的意思是很简单的：我们自动的读书，即嗜好的读书，请教别人是大抵无用，只好先行泛览，然后决择而入于自己所爱的较专的一门或几门。

他的意思是说，如果你要选择你所喜爱的专业或学科，根本不必去请教别人，即使请教了也无用，完全可以自己先广泛浏览，然后在广泛阅读的基础上，再选择自己所喜爱的“较专的一门或几门”。这种读书方法和专业选择，似乎也有其一定的合理性。

除了以上四点以外，鲁迅谈及的读书经验还有很多。如对于书的删节现象，他就不止一次地表示反感，认为完全没有这个必要；又如对于读古代的选本和个人专集的利弊选择，对于搞文学的人究竟应该看些什么书，等等，他都结合当时的社会情况，发表过一些很好而又风趣的意见。

总之，鲁迅在读书方面是一个比较通达的人。即使他本人受过严格正规的教育和读书训练，但他也未必希望别人也重走他这样的路。他固然有一整套的读书方法，但也未必就一定希望人们照他的方法去做。他也从不自诩自己有什么方法。他比较注重实际，总希望每个人根据自己的情况设计自己的读书方法。但他的文、理通读和互补，随便翻翻，以及防止读死书等一系列读书经验，还是很值得我们借鉴的。

吕思勉读书法

吕思勉(1884—1957)是现代著名的历史学家。字诚之。曾在光华大学、华东师大等校任教。生平著述甚多,如《先秦史》《秦汉史》《两晋南北朝史》《隋唐五代史》《中国民族史》《先秦学概论》《中国文字变迁考》《理学纲要》《中国制度史》等,在学术界均有影响。其能如此博学而有成就,除了家庭的熏染和父母的指教以外,与他本人合理有效的读书方法也有一定关系。总括起来,其读书方法主要有三点。

第一,从少年时就养成读书必须从头至尾读完的习惯。

由于吕思勉出身于书香门第,因而他自小就有良好的读书环境。据他回忆,当他刚能识字读书时,父亲就教他读《四库全书总目提要》;稍大一点,又教他读顾炎武的《日知录》、赵翼的《廿二史札记》,另外还有《经世文编》等。母亲则为他讲《纲鉴正史约编》。但是,他自己也承认,当时只是泛泛而读,仅仅知道了一些学科概况,“集部仅读其半耳”。不过,从十六岁开始,他却一改旧习,养成了认真读书并总把一本书全部读完的习惯。他说:

> 至十六岁,始能认真读书。每读一书,皆自首讫尾。此时自读正续《通鉴》及《明纪》。

以后,他又爱好读报,也是有头有尾。正由于他自少年起就养成读书必“自首讫尾”的习惯,而且认真通读,所以为他的治学根底打下了坚实的基础。如中国的二十四史卷帙浩繁,很少有人通读一遍的,而吕思勉却通读了七遍,每遍都有新的体会,并总有所得和一些新的发现。

第二,读书必须专一,有一主攻方向。

吕思勉虽然有家学渊源,但他年轻时,与现在的许多青年人一样,也曾学过许多东西,有过各种兴趣爱好。就读书求学来说,他就曾经对经济、科技、水利工程、军事等学科先后有过兴趣。但他最后权衡再三,想到小时候所读的各种史书,加上自己也喜欢考证,所以决定专攻历史学了。他回忆道:

> 初从水利工程悟入,后推诸军事,尤见为然,又予论政治利弊,好从发展上推求其所以然,亦且性好考证,故遂逐渐走入史学一路。自二十三岁以后,即专意治史矣。

有了这一定位以后,吕思勉后来读书便有了一个主攻方向,即使读其他书,也为他的史学研究服务。由于历史涉及范围广,他所读过的经学、小学、文学诸书,均在其历史研究范围内派上用处;而研究历史必定会涉及当时的政治、经济、军事、科技等领域,因而他青年时对这些学科所发生的兴趣,也被派上用处,没有白学。因为任何一个学科,总要有其他学科的知识相辅助而成,否则就无法深入。

第三,主张书本知识与实践知识相结合。

吕思勉虽然胸中藏有百万书卷,学富五车,一生与书为伴,且教人读书,但他深知仅有书本知识是不行的,而书本知识也是有一定局限性的,必须与事实体验相结合,才较完全。他自己的学问做得极好,但他仍反对从书本到书本、为学术而学术的论调。他的理由也很简单:“人能作实事者多,擅长理论者少,且易错误。历来理论之发明,皆先从事实上体验到,然后藉书本以补经验之不足,增益佐证而完成耳。故致力于书本,只是学术中一小部分,专以此为学术,于学术实未有知也。”

正因为如此,所以吕思勉开宗明义、旗帜鲜明地指出:

> 予虽教人读书,并不主脱离实际。且恒戒学者:学问在空间,不在纸上,须将经验与书本,汇合为一,知书上之所言,即为今日目击之何等事。此点自问,不致误人。

除了以上三点读书方法以外,吕思勉还著有《中国史籍读法》《历史研究法》等书。不过,那是专讲如何读史籍和研究历史的。然而,即便如此,吕思勉读书能够“自首讫尾”认真通读,以及专攻一项、强调书本与经验相结合的三点方法,也已经足够供我们参考和借鉴了。特别是对于那些读书喜欢半途而废或仅读一半的人,更有一种警示作用。

周作人读书法

周作人(1885—1967)是现代著名的文学家。字星杓。尤以散文驰名。早年赴日本留学,归国后曾先后在北京大学、燕京大学等校任教,提倡新文学。又创办《语丝》周刊。抗战爆发后,在日伪时期曾任北京大学图书馆馆长、文学院院长,伪华北政务委员会教育总署督办等。生平著述甚多,如《谈龙集》《谈虎集》《雨天的书》《自己的园地》《知堂回想录》等。他在写散文的同时,也写新诗,写文学批评,曾介绍过许多外国文化,显示出其知识面的广博。这自然与他的读书是分不开的。

与其他一些文化名人一样,周作人也说:"我自己读书一直是暗中摸索,虽然后来找到一点点东西,总是事倍功半,因此常想略有一陈述,贡其一得。"不过,由于文风所系,周作人不喜欢长篇大论一本正经地谈读书经验,而喜欢以小品文的形式,轻松地随意而谈。即便如此,我们从他的小品文中仍可大致归纳出三点读书方法和经验。

第一,读书首先要"通",如弄"通"了,什么书都可读而无碍。

由于新文学运动的兴起,五四运动的爆发,以及大量外国文学的输入,对中国传统的旧文化和古诗文显然带来了重大的冲击,包括鲁迅在内的许多文化名人都不主张学生整天钻在线装书中,甚至认为中国书应尽量少读或不读。一时间,古书可读与否居然也成了争论的焦点问题之一。关于这一点,周作人也写了一些文章,参与议论。他在《古书可读否的问题》一文中的态度是明确的,开篇第一句便说:

我以为古书绝对的可读,只要读的人是“通”的。

但何谓“通”,怎样才能“通”,周作人认为这就要看读者自己的本事了。他说:

读思想的书如听讼,要读者去判分事理的曲直;读文艺的书如喝酒,要读者去辨别味道的清浊;这责任都在我不在它,人如没有这样判分事理辨别味道的力量,以致曲直颠倒清浊混淆,那么这毛病在他自己,便是他的知识趣味都有欠缺,还没有“通”(广义的,并不单指文字上的作法),不是书的不好。

由此可见,周作人所谓的“通”,不单是指文字能否读通、读懂的问题,而是指对各种书籍是否具有鉴别、品赏和判断的能力,如有,则为“通”,如无,则尚未“通”。在未通的情况下,他是不主张读新书,也就是新思想、新观念之类的书,认为这样反而“要弄出毛病来的”。只有“通”了,方能读。所以他说:

我们第一要紧是把自己弄“通”,随后什么书都可以读,不但不会上它的当,还可以随处得到益处:古人云,“开卷有益”,良不我欺。

第二,自己的读书门径是从杂览中摸来的,点点滴滴汇聚而成。

与同时代的人一样,周作人从小也是在读四书五经的文化教育中长大的,但他自认这些书并没教会他读书的门径,说来有趣,其真正的读书门路,却是从后来的杂览和读闲书中得来的。他在《读书的经验》一文中说:

想起自己读书的经验,深感到这件事之不容易,摸着门困难,而指点向人亦几乎无用。在书房里我念过四书五经、《唐诗三百首》与《古文析义》,只算是学了识字,后来看书乃是从闲书学来。《西游记》与《水浒传》,《聊斋志异》与《阅微草堂笔记》,可以说是两大类。……总之,这些都是点点滴滴的集合拢来,所谓粒粒皆辛苦的,在自己看来觉得很可珍惜,同时却又深知道对于别人无甚好处,而仍不免常要饶舌。

这种经验的确是十分罕见而又特别的,因为一般说来,人们总是先从正规的书下手阅读,打下基础,然后再由此扩大到闲书或非正规的书,譬如历史,总是先读《史记》《汉书》,然后再读野史如《赵飞燕外传》《开元天宝遗事》之类。而周作人却恰恰相反,偏从野史逸书到正史经书,这种读书方法和经验,倘要他人来学,似乎还得有点胆量和别才方行。

第三,读书总要有些取舍的。

读书得有些选择或取舍,不论中外,有经验的文化名人几乎都会谈到这一点。周作人也不例外。在谈读中国古书时,他一方面承认"我爱杂览",但一方面也承认"知道一些别择"。在谈到读外国书时,他又说到了选择和取舍问题。他说:

外国书读得很少,不敢随便说,但取舍也总有的。

他所说的"取舍",也是就自己所能找得着、借得到的书而言的,如果所得书有限,也就只能在有限的范围内选择了,有时甚至连取舍的余地都没有,只能得着什么书就读什么书了。

以周作人自己所得书的范围来取舍,在外国文学方面,他所读的文学批评是丹麦的勃兰戴斯，乡土研究的书是日本的柳田国男，文化人类学是英国的弗雷泽，性心理学是英国的蔼理斯。然后他说：

> 这都是世界的学术大家，对于那些专门学问我不敢伸一个指头下去，可是拿他们的著作来略为涉猎，未始没有益处。只要能吸收一点进来，使自己的见识增深或推广一分也好，回过去看人生能够多少明白一点，就很满足了。

实际上，他所选择和取舍的这几部书，对他后来的影响很大，他所写的不少议论文和读书札记，都可看出他的思想来源和所得益之书。

除了以上三点之外，关于周作人的读书方法和经验，以及对书的态度，我们还可以举出一些。例如，他反对禁书，认为“禁书，无论禁的哪一种的什么书，总是最愚劣的办法”。当郁达夫的小说《沉沦》、汪静之的情诗集《蕙的风》遭到社会上一部分人攻讦的时候，他都挺身而出，站出来为他们辩护。另外，对于读书的环境选择等问题，也发表过一些议论。而就以上所列的三点方法而论，如对书能有所取舍，并能像周作人那样读“通”、弄“通”，也就是第一和第三点方法的有机结合，那对我们已经受益良多了。

夏丏尊读书法

夏丏尊(1886—1946)是现代著名的作家和教育家。名铸,字勉旃。尤以散文著称。1901年考取秀才,后去日本留学,回国后在杭州第一师范学校任教。后任暨南大学中文系主任、开明书店总编辑等。著有《平屋杂文》《人间爱晚晴》等书,译著则有《爱的教育》等。其道德文章,在文学界和教育界均为人所共仰。在《我之于书》等文中,也曾讲述过他的读书方法。其要点有三。

第一,读书时爱加圈画。

夏丏尊是从旧式传统教育中走出来的知识分子,因此读书时也难免受传统读书方法的影响。如中国古代的评点和圈画,即是常见并很普遍的方法之一。夏丏尊虽然没有像王国维、陈寅恪等人那样写眉批、加评语,却很喜欢在书上圈圈画画,把重要的地方标示出来。他在《我之于书》一文中说:

> 我虽爱买书,而对于书却不甚爱惜。读书的时候,常在书上把我所认为要紧的处所标出。线装书大概用笔加圈,洋装书竟用红铅笔画粗粗的线。经我看过的书,统体干净的很少。

因为书读得一多,容易忘记和混淆,对于成年人和上了年龄的人尤其如此。夏丏尊这样用笔加圈或画线有个好处,就是能把一本书中重要的地方勾勒凸现出来,即使多年以后重阅此书,重要的地方也都能一目了然,甚至能重新唤起记忆。

第二,对于不同的书有不同的读法。

夏丏尊的教育认真严谨、一丝不苟,但他对于读书,却颇有点魏晋人的风度,并不像有些学者文人那样规规矩矩、一本正经,而是对各种不同的书,采取不同的读法,显得比较自由。他说:

> 书籍到了我的手里,我的习惯是先看序文,次看目录。页数不多的往往立刻通读,篇幅大的,只把正文任择一二章节略加翻阅,就插在书架上。除小说外,我少有全体读完的大部的书,只凭了购入当时的记忆,知道某册书是何种性质,其中大概有些什么可取的材料而已。什么书在什么时候再去读再去翻,连我自己也无把握,完全要看一个时期一个时期的兴趣。关于这事,我常自比为古代的皇帝,而把插在架上的书譬诸列屋而居的宫女。

夏丏尊是位极其诚恳的学者和教育家,但说起自己的读书方法,却这样轻松自在,又非常实事求是、朴实简单。上面所说的皇帝、宫女之比,与马克思所说的书是他的奴隶之比,都是差不多的意思,都是为了说明自己才是书的主人和主宰,书必须要为自己所用,为自己的需要所服务。

第三,建议读文科书时要注意文法、修辞。

由于夏丏尊曾长期从事语文教育(当时称国文),因此对国文的阅读十分重视,除在课堂上讲授以外,还建议学生可安排些课外阅读,并创办《中学生》杂志,评说学生的作文,等等。据他的学生、著名作家欧阳文彬回忆,夏丏尊认为读国文必须要注意书或文章中的文法和修养，这几乎已成为他的读书习惯和方法，并建议学生也应注意。欧阳文彬在《朗月照长风》一文中回忆道：

> 夏先生还认为国文是语言文字的学科，必须帮助学生掌握文法、修辞的基本规律，养成良好的学习习惯。

为了弥补当时教育制度和学校教育的不足，夏丏尊还和叶圣陶合编了《国文百八课》，每课包含文话、文选、文法或修辞、习问四项，各项打成一片，不仅编法新颖实用，而且使学生读了可以了解并注意到书中的文法和修辞。

对于夏丏尊以上所列的三点读书方法，似乎都有一定特色，而以第二点，即对于不同的书应有不同的读法一项尤显特色。当然，对于学校中开列的必读课及其教材，切不可“任择一二章节略加翻阅”，还得认真通读，这也是不同的书应不同对待，切不可曲解。

王云五读书法

王云五(1888—1979)是现代著名的出版家和目录学专家。名鸿桢,字日祥。曾先后在中国公学、中国大学等校任教,又曾任商务印书馆总经理。曾主编《万有文库》,又编有《王云五大字典》等,并发明四角号码检字法。撰有《岫庐文选》。他熟悉中西语言,长期在图书馆工作,对中国图书工作的管理和分类贡献尤多。他的学问很渊博,并形成了一整套读书方法。

第一,从少年时就养成了一种有书赶快读的习惯。

王云五并不是出身在书香门第,其大哥早逝后虽留下几部旧书,却存放在广东的老家里,在上海的家中只有父亲购藏的一部同文书局出版的二十四史。他只是在十七岁时开始跟英国人布茂林学英语,后才开始大量读书。布茂林有一个私人图书馆,里面有不少藏书。王云五便常常在他的图书室一一翻阅所藏图书,把他的每一本书都翻阅一下。遇到来不及看时,便征得布茂林同意把书借回家。有时又怕布茂林自己要用,所以凡借来的书,他总是抓紧时间阅读,不敢耽搁过久。这样,由于他常借常还,很守信用,既得到了布茂林的信任,又使他源源不断地从书本中获得了许多知识。而更重要的是,由于日积月累,使他“养成了一种赶快读书的习惯”。这种习惯又使他能及时掌握知识,利用知识。后来，他在《我的图书馆生涯》中，曾谈起过他当时如何抓紧时间赶快读书的情景：

好在每天下午是我自由随班听讲的时候，第一班的功课我或已读过，或觉得自己阅读比听讲快得多，倒不如利用这些时间自己补读，可以腾出较多的时间，去读每次向布先生借取范围远较广泛与程度高深的书籍。因此，在每日下午布先生独自上课的时候，我不是躲在他的书室里，把用不着借回家去或者不便借回家去的书籍作闪电式的阅读，便是在家里把借回来的书细细阅读，夜以继日，有时还开夜车读至十二时才睡，而其中一部分的读书时间却是躺在床上，渐渐也就养成上床后不读书不能入睡的习惯。

当然，我们不必学他"不读书不能入睡的习惯"，但他这种巧于安排时间，见缝插针，利用一切空余时间抓紧读书，有书便赶快读完的习惯，还是值得我们学习的。因为在我们的生活中常常有这种情景，一本借来的书，本想好好阅读，结果因所谓"忙"或"没时间"，还没读成又原原本本地还给了别人，有的甚至在自己的学习中也出现这种因"忙"而废的情况，长此以往，对学业就有不小的损失。对照之下，像王云五这种有书抓紧读、赶快读的习惯，还是十分可取的。

第二，通过读外文或中英对照、中日对照的方式来了解中国。

王云五小时候读过将近三年的私塾，自认"对于国学既没有根底，对于国文也还不很通顺"，但他后来却念起了英文，少年时在学校所读和校外自修，都限于英文和新的基本学科，而把中国的国学和文史抛在了脑后。家中虽有父亲留下的一套同文书局版的二十四史，但由于量大面广，真不知如何下手去读。即使随手翻阅，也摸不着头脑。那时他手头正好有一部日文汉译的《支那通史》，又买了一部《通鉴纪事本末》，通过这两部书的阅读，对中国古代的历史才算得到了一些线索。

更有趣的是，他对中国历史的兴趣，是从读英文版的《中国》开始的，由此他才想到去翻中国的二十四史，去读中国的《史记》。除此以外，他对中国不少文史知识的了解，都是通过读英文或中外文的对照本来获得的。这样有个好处，就是既了解了中国的文史知识，又学习和巩固了外语，可说是一举两得。只是后来他“因思中国人读中文不能如外国文之容易，实属可耻，遂决意多读中国古籍，以雪此耻”，那当然是后话了。但其了解中国文史的动机和途径却是因外文图书的激发，完全是一种很特殊的读书方法。他自己也觉得“殊值得毕生的回味”。

第三，坚持刻苦自学。

王云五虽然曾师从布茂林学英文，但他渊博的知识主要还是靠自学。他曾说：“本来我之读书没有一定目的，又除在同文馆任教生之一段时期外，并没有得人指导；因此便随一己的兴趣与求知欲之浓厚，而且个人由于自修的磨炼，理解力也颇强，对于任何一项新的科目在入门之始都不感什么困难。”

有关他刻苦自学的事例可以举出许多，这里仅举一例。在他近二十岁时，商务印书馆西书部有可以先取书后分期付款的购书方式。他当时被一套装潢华美、印刷精良的三十多巨册的《大英百科全书》所吸引，便狠狠心搬回家来，天天坚持阅读。他后来回忆道：

> 而这部《大英百科全书》得来并不容易，且系按月付款，无时不使我重视其代价，于是我从那时起接连约二年之内，几乎每日都把这部书翻读二三小时，除按各册顺序翻阅一下外，对于前后相关的条文更

就索引所指示，依类阅读无误。结果，除了许多人名地名无关重要者略而不读外，所有重要条文几乎都曾涉猎。

我们只听说过有些人在学外语时翻破辞典的事，而对于一套三十多巨册的《大英百科全书》能作这样认真阅读的人，恐怕连英国人中也难找，其刻苦自学的毅力，于此可以想见。后来王云五虽然认为“这样的读书方法，博而不专，原是很愚拙的”，不希望别人步其后尘，学他的样，但他从中还是获得了许多有益的知识。

除了以上三点以外，王云五还喜欢买书、藏书，自己分类，便于利用，还对如何利用图书馆的图书资源等都作过许多阐述，发表过许多很好的意见，甚至对中国现代图书馆和图书事业的建设和发展都作出过不小的贡献。不过，这多少有点游离于读书方法之外了。但他总结的有书赶快读、喜欢通过读外文来了解中国的文史知识等经验，对于今天的青年学子似乎仍值得一试。

陈寅恪读书法

陈寅恪(1890—1969)是现代著名的学者和文史专家。字鹤寿。早年在国外留学,归国后曾先后在清华大学、西南联大、中山大学等校任教。学贯中西,博洽古今,颇为学界所敬仰。生平著述极多,有《隋唐制度渊源略论稿》《唐代政治史述论稿》《寒柳堂集》《元白诗笺证稿》《金明馆文集》初编和二编等多种。

在中国现今的学术界,陈寅恪与王国维都是公认且当之无愧的国学大师。而陈寅恪本人却极少撰文谈自己的学习道路和治学门径。不过,我们从其师友的回忆文章中,多少能了解到一些他的读书情况和治学经验,并概括成四点读书方法。

第一,从语言学入手,刻苦攻读多种语言,打下了坚实的语言基础。

陈寅恪出身于书香门第,父亲陈三立是近代著名诗人。随着西风渐进,中国学子也多走出国门,出外留学。陈寅恪在日本留学以后,深知语言学对于学术文化研究的重要性,于是在青年时期便刻苦攻读各种外语。曾先后在德国柏林大学、瑞士苏黎世大学、法国巴黎大学等校求学,掌握英、德、法等多种语言。后又入美国哈佛大学攻读梵文、希腊文、巴利文等。1921年,32岁的他又离开美国再赴德国柏林大学研读藏文等东方古文字,并在《与妹书》中希望国内的兄妹为他代购语言类的书籍。他说：

> 我今学藏文甚有兴趣，因藏文与中文，系同一系文字。如梵文之与希腊、拉丁、英、俄、德、法之同属一系。……如以西洋语言科学之法，为中藏文比较之学，则成效当较乾嘉诸老更上一层。……又蒙古、满洲回文书，我皆欲得。可寄此函至北京，如北京有满、蒙、回、藏文书，请大哥五哥代为收购，久后恐益难得矣。

我们从此信中不仅可以看到陈寅恪当时热切的求知欲望，更可以看出他涉及语言种类之多。据不完全统计，在35岁以前，他就掌握和涉及了日、英、德、法、梵文、希腊、巴利、俄、拉丁、蒙古、藏等十余种文字和语种。为他日后治学打下了坚实而广博的基础，从而使他的史学研究能将中西文化贯通起来，进行综合而完整的思考。

第二，打通文、史，“以诗证史”。

古人说：“文、史不分家。”这话说起来容易，做起来却相当困难。因为文学类的书和历史类的书都浩如烟海，能把其中某一种类的书读遍弄通，便已不易；如把另一大类的书再读遍弄通，这就更难了。所以，对于大多数的人来说，只能专攻一类，倘二者打通，为文史兼通者，自古以来便寥若晨星。陈寅恪却是其中灿烂的一颗。历来研读唐诗的，多从艺术性上加以品味赞赏，很少有人从唐诗的角度去考察唐代的历史、风俗、政治和典章制度。而陈寅恪却从有“诗史”之称的杜甫的诗中获得启发，不但从新旧《唐书》中去考察唐代历史，而且从《全唐诗》中挖掘和发现了大量的材料，来进一步考察唐代的社会和历史，为历史研究打开了一个全新和广阔的天地，并纠正了历史文献中一些错误的记载。这种独特的读书角度和方法，给后人以极大启发，步其后尘者甚多。有人甚至把"以诗证史"视为陈寅恪一生治学的主要业绩。

第三,主张看原书,要有独立思考的精神和自由的思想。

近世以来,随着中西文化的交汇和撞击,学术界基本上有两大派别,一派以传统方法为主,为"旧派",他们多引证材料;另一派以新潮方法为主,所谓以"科学方法整理国故",多为留外学生,重理论。陈寅恪认为"旧派失之滞","其缺点是只有死材料而没有解释";而"新派失之诬",认为"新派虽有解释,然甚危险。……此种理论,不过是假设的理论"。因而,他觉得二者各有偏颇和缺陷,"而讲历史重在准确,不嫌琐细",所以,他提倡读原书,要有自己的思想。据他的弟子记载,陈寅恪在开设《晋至唐文化史》的课程时曾说:

本课程的学习方法,就是要看原书,要从原书中的具体史实,经过认真细致、实事求是地研究,得出自己的结论。一定要养成独立精神、自由思想、批评态度。

这种学习方法和读书方法,几乎贯穿了他的一生,即使"文化大革命"开始后在他遭受批斗和磨难的困境中,他也没有动摇过。

第四,读书时喜写批语。

与许多老知识分子一样,陈寅恪读书也喜欢写批语,把自己的读书心得和体会随时写在书上,并成为他重要的读书方法之一。不过,他的评点和批注不是简单的三言两语,而往往是密密麻麻地写满书页的天头地脚,有眉批、旁批、夹批等多种形式。他的弟子蒋天枢在《陈寅恪先生传》中回忆先生早年的研读情况时说:

是时先生授课之余,精研群籍,史、集部外,并及佛典。早年居金陵,与支那内学院邻近,已泛涉佛典,至是更进而为译本佛经之研究,以高丽藏本校梁慧皎《高僧传》，眉间细字密行，间注梵文、巴利文，盖欲为之笺证而未成也。

据说他在读白居易和元稹等人的诗集时，也是密密麻麻地写满了许多批语。可见他长期以来已养成了读书时写批语的习惯。久而久之，也便成了一种读书方法。

除了以上四点以外，陈寅恪的读书方法还有一些，例如他的融会贯通，又如他的勤奋研读等，都足以供我们学习和参考。就以上四点而论，其中的从语言学入手攻读外文，以及文史打通，"以诗证史"和独立的思考精神三点，尤其显示其独特性，并形成了他自身的读书风格，是最值得我们参考和借鉴的。

陶行知读书法

陶行知(1891—1946)是现代著名的教育家。原名陶文濬。擅写诗与散文。早年赴美留学,回国后曾在南京高等师范学校任教务主任,继任中华教育改进社总干事,推动平民教育运动,最早注意到乡村教育问题,并要求教育与实际相结合,为人民大众服务。先后创办晓庄学校、生活教育社、育才学校和社会大学等,毕生致力于中国的文化教育事业。生平著述甚多,有《中国教育改造》《古庙敲钟录》《斋夫自由谈》《行知诗歌集》等,后人辑有《陶行知全集》。

作为一名卓越的教育家,陶行知对读书问题也很重视。他的读书方法和经验,大致可分为三点。

第一,读书首先要选好书。

陶行知是一位教育家,考虑问题往往从学生的角度出发,非常重视对于书的选择。他认为世上的图书有两种:"一种是吃的书;一种是用的书。" 所谓"吃的书",主要是指文学等一类非应用型的书,而"用的书",则主要是指一些能指导读者动手操作一类的理工类书,而"中国是吃的书多,用的书少"。而在"吃的书" 当中,也有好有坏,"有的好比是白米饭,有的好比是点心,有的好比是零食,有的好比是药,有的好比是鸦片"。在这种情况下,从教育的目的出发,陶行知认为要把书读好,首先得把书选

好。他觉得一本书是好是坏,可以拿三种标准来加以衡量、判断:

(一)我们要看这本书有没有引导人动作的力量,有没有引导人干了一个动作又干一个动作的力量。

(二)我们要看这本书有没有引导人思想的力量,有没有引导人想了又想的力量。

(三)我们要看这本书有没有引导人产生新价值的力量,有没有引导人产生新益求新的价值的力量。

第二,强调读书和用书之间的关系,认为读了书要善于运用。

陶行知尽管自己也喜欢文学,还写诗与散文,但他毕竟首先是个教育家。根据他多年从事教育的经验和自身的体会所得,读书一定要与用书相结合,要想法把所读书中的知识,尽可能地运用到自己的实际生活中去。他在《读书与用书》一文中曾强调:

书只是一种工具,和锯子、锄头一样,都是给人用的。我们与其说"读书",不如说"用书"。书里有真知识和假知识。读它一辈子不能分辨它的真假;可是用它一下,书的本来面目就显了出来,真的使用得出去,假的使用不出去。

为了说明读书与用书的关系,他还专门写了一首打油诗作比喻:

用书如用刀,不快就要磨。

呆磨不切菜,怎能见婆婆。

他甚至认为,如果三百六十行,人人都知道用书,行行都有用书的人,那么一些空读书或以读书混饭吃的人就混不下去了。

第三,读书不可尽信书,有不懂或怀疑处就得多问、多钻研。

孟子说:"尽信书,则不如无书。"陶行知很赞赏这句话,并认为"在书里没有上过大当的人,决不能说出这一句话来”。因此,他提倡学生们在读书时不要盲目相信书,对于书中的错误和疑问,要敢于提出问题,要敢想、敢问。他鼓励学生们说:“书既不可以全信,那么,应当怀疑的地方就得问。”并以清代哲学家戴震小时候的故事来开导大家。

戴震小时候口讷,到十岁时才能开口说话。那时少年读书都是读的四书五经,其中《大学》里有经一章,传十章,有一条注解说,这一章经是孔子的话,由曾子写的;那十章传是曾子之意,由他的门徒记下来的。戴震便问老师怎么知道是这种情况。老师说:“朱文公(熹)是这样注的。”戴震问朱文公是何时人。老师说:“是宋朝人。”戴震又问孔子和曾子是何时人。老师说:“是周朝人。”戴震紧问不舍:“周朝离宋朝有多少年?”老师想了一下:“差不多二千年了。”戴震越发好奇了:“那么,朱文公怎么会知道呢?”老师一时答不出,但见这个毛头小孩竟能寻根究底,敢于提问,不禁赞叹道:“这真是个不寻常的孩子呀!”

后来,戴震果然不信前人定论,敢于怀疑圣人之言,写出《原善》《原象》等文章和著作,成为我国历史上著名的哲学家和学者。

陶行知就是这样以戴震等人的故事来启发学生,希望学生们在读书时不要死读书,要敢想敢问,开动脑筋,这样读书才更有收获。

除此之外,陶行知对平民教育、自学成才、教学相长等各种问题,凡涉及读书的,也都发表了十分贴切和切实可行的意见。但其读书方法的基本要点,仍在以上三处。特别是他在第一点所强调的读书和选书的关系问题,他所说的选书的三个判断标准,以及第二点所强调的读书与用书的关系,是一般学者不很强调的,也可以说是陶行知富有个性特色的读书方法和经验的集中体现,即使在今天,似乎仍有相当的指导意义。

胡适读书法

胡适(1891—1962)是中国新文化运动的倡导者,现代著名的学者和作家。字适之。曾提倡写新诗和白话文,有新诗《尝试集》,散文《胡适文存》,学术著作则有《中国哲学史大纲》(上卷)、《白话文学史》(上卷)、《戴东原的哲学》、《先秦名学史》等。曾与鲁迅、李大钊等共编《新青年》杂志,又曾任北京大学教授、校长,抗日战争时期,还担任过驻美国大使等职务,在海内外都产生过一定影响。

平心而论,与鲁迅、林语堂、梁实秋诸家比较起来,胡适倒是比较愿意多谈一些自己的读书经验的。他在《读书》《一个最低限度的国学书目》《四十自述》《我的信仰》等一些文章和著作中,都曾直言不讳地谈起自己的读书经历和读书感想。据他自己说,他是早慧的,不满八岁,就能自己念书。母亲也支持他念书,每天天还未亮,就把他叫醒,催他上学。据他在《我的信仰》一书中的回忆,他在家乡村塾里共读了九年书,"我读习并记诵了下列几部书":

1.《孝经》:孔子后的一部经籍,作者不明。

2.《小学》:一部论新儒教道德学说的书,普通谓系宋哲朱熹所作。

3.四书:《论语》《孟子》《大学》《中庸》。

4.五经中的四经:《诗经》《尚书》《易经》《礼记》。

由此可见，胡適小时候所接受的，是传统的旧式教育，这为他的国学根底打下了扎实的基础。与此同时，他喜欢读史书和看小说，《资治通鉴》《三国演义》《水浒传》《红楼梦》《聊斋志异》《儒林外史》等，都是在这时读的。他说："看小说还有一桩绝大的好处，就是帮助我把文字弄通顺了。"他还说："《周颂》《尚书》《周易》等书都是不能帮助我作通顺文字的，但小说书却给了我绝大的帮助。"

以后，他又到上海读书，接受新教育，阅读新学科，大开眼界，不久又赴美留学，中西交汇，使眼界更为开阔，为他今后的治学以及获得宽广的学术视野，都带来了说不尽的好处。

不过，尽管如此，胡適仍在勤奋读书的道路上形成了自己的方法和风格。他自己也曾加以总结过，因为比较琐碎分散，这里作一个重新归纳。

根据胡適自己的体会和经验，读书有两个要素，这就是：第一要精；第二要博。而"精""博"的读法各有不同。先谈"精"的读法。

胡適说他小时候读书，每个同学几乎都有一书签，上写十字，"读书三到：眼到，口到，心到"。他在 1925 年时仍认为这三种方法并不过时，依然有效，并认为"读书三到是不够的，须有四到"。所谓四到，即"眼到，口到，心到，手到"。而"手到"则是他自己发挥而加进去的。他对"四到"的读书方法各作了一番解释，大体如下。

第一，眼到。

胡適所谓的眼到，用我们现在的话来说，就是要看。用他的话来说，就是"要个个字认得，不可随便放过"。他说："这句话起初看去似乎很容易，其实很不容易。……书是文字做成的，不肯仔细认字，就不必读书。"并强调："眼到对于读书的关系很大，一时眼不到，贻害很大，并且眼到能养成好习惯,养成不苟且的人格。”

第二,口到。

胡適所说的口到,用我们现在的话来说,就是要开口、要朗读、要多念。用他的话来说,则是有的要背,有的要读,有的要熟读。他在这方面的议论非常精彩而具体,我们不妨一引:

> 口到是一句一句要念出来。前人说口到是要念到烂熟背得出来。我们现在虽不提倡背书,但有几类的书,仍旧有熟读的必要;如心爱的诗歌,如精彩的文章,熟读多些,于自己的作品也有良好的影响。读此外的书,虽不须念熟,也要一句一句念出来,中国书如此,外国书更要如此。念书的功用能使我们格外明了每一句的构造,句中各部分的关系。往往一遍念不通,要念两遍以上,方才能明白的。读好的小说尚且要如此,何况读关于思想学问的书呢?

第三,心到。

胡適解释道:“心到是每章每句每字意义如何?何以如是?这样用心考究。”用古代的话来说,要会思,学会思考;用现在的话来说,就是要用心,要开动脑筋,会想问题。不过胡適还说明,心到并“不是叫人枯坐冥想,是要靠外面的设备及思想的方法的帮助”。也就是要有几个条件,具体如下:一、要有字典、辞典、参考书等工具书,尽量完备,就是一时办不到,也应当到图书馆去找;二、要做文法上的分析,他认为“要懂得文法构造,方才懂得它的意义”;三、有时要比较参考,有时要融会贯通。

胡適认为,只有做到以上三点,方能说是已做到“心到”。

第四,手到。

这是胡适根据自己的体会添加进去的一个具体方法,用他的话来说,“手到就是要劳动劳动你的贵手。读书单靠眼到、口到、心到,还不够的;必须还得自己动动手,才有所得”。他还对手到的操作作了几点提示,具体如下:

(1)标点分段,是要动手的。

(2)翻查字典及参考书,是要动手的。

(3)做读书札记,是要动手的。札记又可分四类:

(a)抄录备忘。

(b)作提要,节要。

(c)自己记录心得。张载说:“心中苟有所开,即便札记,不则还塞之矣。”

(d)参考诸书,融会贯通,作有系统的著作。

胡适还就“手到”的问题提醒大家:“无论是看书来的,或是听讲来的,都只是模糊零碎,都算不得我们自己的东西。自己必须做一番手脚,或做提要,或做说明,或做讨论,自己重新组织过,申叙过,用自己的语言记述过,——那种知识思想方才可算是你自己的了。”

应该说,胡适的这番话是很有道理的,也是他的经验之谈。倘心到之后,又能及时动手把它记下,或整理一下,那印象就更深了,也就有了消化。至于是否就“可算是你自己的了”,那要看用什么标准来衡量,属于另外一个问题了。

也许“手到”一项是他自己提出的补充,也许“手到”是他读书的切身体验,因此胡适对此特别强调,认为“手到是心到的法门”。并特别提醒:“至于动手标点,动手翻字典,动手查书,都是极要紧的读书秘诀，诸位千万不要轻轻放过。”他甚至说：“没有动手不勤快而能读书的，没有手不到而能成学者的。”

以上是胡适对读书要“精”的具体要求和方法，下面我们谈胡适对读书要“博”的具体要求和方法。

胡适提出读书要“博”，主要有两个理由，用他的话来说，就是：

第一，为预备参考资料计，不可不博。

第二，为做一个有用的人计，不可不博。

所谓“为预备参考资料计”，胡适的意思其实很简单，就是当你知识很浅薄，刚起步时读一本经典书，未必都能理解，也未必都懂；当你博览群书，有了深厚广博的知识面，再来读这本经典书，那就完全不同了，理解的程度也就很不一样了。他还举《墨子》一书为例：

即如《墨子》一书在一百年前，清朝的学者懂得此书还不多。到了近来，有人知道光学、几何学、力学、工程学等……，一看《墨子》，才知道其中有许多部分是必须用这些科学的知识方才能懂的。后来有人知道了伦理学、心理学……等，懂得《墨子》更多了。读别种书愈多，《墨子》愈懂得多。

他的结论是：“读一书而已则不足以知一书。多读书，然后可以专读一书。”

胡适所谓的“为做一个有用的人计”，是指如果从做一个对社会有用的人来考虑，也应该有广博的知识为宜。他举例说：如果一个人只专不博，“专工一技一艺的人，只知一样，除此之外，一无所知。这一类的人，影响于社会很少”。就好比一根旗杆一样，虽高而孤单可怜。反之，如果一个人只博不专，广泛博览而一无所长，“虽可以到处受一班贱人的欢迎,其实也是一种废物”。

所以,根据以上理由,胡適认为,无论是从攻读一门专业来说,还是从做人的角度和对社会的影响和作用来说,一个人读书求学,都需要“精”和“博”,要又“精”又“博”,而只专不博或只博不专都是不可取的。为此,他专门拟了两句诗,来作为读书的目标——

为学要如金字塔,
要能广大要能高。

胡適虽然学贯中西,精通中、英文,但他治学的主要精力,多花在中国文学和哲学的研究上,他对如何学英文和外语,没有发表太多的文字,但对如何学汉学,在国学入门上,却是有一些文章的。例如在他的《胡適文存二集》中,至今还有一篇《一个最低限度的国学书目》的文章,那是1923年他应清华学校四位学生的要求而拟的书目,其中包括工具书、文学、哲学等几个方面。我们从中可以看出他读书的基本途径。后来这几位学生来信,说他们因将外出留学,胡適所开的书目,他们实在没有太多的时间看完,希望他能另拟一个最低的国学书目。于是,胡適便又拟了一个“实在的最低限度的书目”给了他们。并给这些书目加了圈,以示重要。书目如下:

《书目答问》　《法华经》《左传》
《中国人名大辞典》《阿弥陀经》《文选》
《九种纪事本末》《坛经》　《乐府诗集》
《中国哲学史大纲》《宋元学案》《全唐诗》
《老子》　《明儒学案》《宋诗抄》
四书　《王临川集》《宋六十家词》

《墨子闲诂》　《朱子年谱》　《元曲选一百种》
《荀子集注》　《王文成公全书》《宋元戏曲史》
《韩非子》　《清代学术概论》《缀白裘》
《淮南鸿烈集解》《章实斋年谱》《水浒传》
《周礼》　《崔东壁遗书》《西游记》
《论衡》　《新学伪经考》《儒林外史》
《佛遗教经》　《诗集传》　《红楼梦》

胡適的这个最低限度的国学书目，虽然当时有些人并不同意，今天时过境迁，有些人也未必赞成，但却代表了他的看法，我们从中可以看到他的求学门径和读书经验，不妨可作参考。

除此之外，胡適还写过《读经平议》《治学的方法与材料》《所谓"中小学文言运动"》《治学方法》等文章，其中虽然也涉及一些读书的心得和体会，但多与治学有关。

郭沫若读书法

郭沫若(1892—1978)是现代著名的诗人、剧作家、历史学家、古文字学家和书法家。字鼎堂。早年留学日本,与郁达夫等成立创造社。1926 年参加北伐战争,任国民革命军总政治部副主任。生平著述甚富,有诗集《女神》《星空》等,剧作则有《屈原》《虎符》《棠棣之花》《蔡文姬》等,另有《中国古代社会研究》《甲骨文字研究》等著作多种。现有《郭沫若全集》行世。中华人民共和国成立后曾任中国科学院院长、全国文联主席、政务院副总理兼文化教育委员会主任、全国人大常委会副委员长、全国政协副主席等。

在中国现代作家中,郭沫若不仅素以才子著称,而且又以博学闻名。不过,他的才华和博学不是天生就有的,而是与他的刻苦学习和勤奋读书分不开的。由于郭沫若既搞创作,又搞研究,社会科学和自然科学兼而有之,所以他的读书方法也与众不同。他认为:“读书的方法要看自己是为了什么目的,有为学习而读书,有为创作而读书,有为研究而读书,有为教育而读书。假如目的不同,方法上也就不免有些小异。”下面就以他所说的几种读书目的和方法略作论述和介绍。

第一,为学习而读书。

在郭沫若看来,为学习而读的书那是最基本的,不管你愿意不愿意、喜欢不喜欢都非得阅读。他在《我的读书经验》一文中曾郑重其事地说：

为学习而读书，可以说是每一个人的基本要求。一个人自发蒙以来，到学成一种技艺，养成一种人格为止，所受的教育，都是为了这个目的，各级学校的课程，大体上都是带着强迫性的东西，非读不可。进步的国家要养成一个健全的国民，一定有周密的国民教育课程，每个人都必须经历。

然后，他又以自己学医的经历为例，说明自己当时既然学了医，“则解剖学，生理学，病理学，药理学，细菌学以及各种临床或应用医学的教科书，便非读不可，不读你便不能成为医学家。即使学校毕了业学业也不能毕业”。这是一个很实际的问题，至于志趣转向等，那是另一回事。

第二，为研究而读书。

郭沫若称其“这或许正是狭义的真正读书”，并直率地介绍了自己为研究而读书的具体方法：

大抵在研究而读书上我的方法是：(一)直探本源不受前人的约束；(二)搜罗一切资料尽可能使无遗憾；(三)对于资料毫无容情地、毫不惜力地加以清算，必须彻底，绝不放松。这样去读书，我相信研究是会有成绩的。

他的《十批判书》《中国古代社会研究》等书，也许正是这种读书方法下的产物。

第三，为创作而读书。

郭沫若几乎对所有的文艺形式都进行过创作。他说：“为了养成文艺的写作能力，我曾耽读过古今中外一些名人的作品。这样的读书，自可以说是为创作而读书。”那么，具体说来，这种“为创作而读书”的方法又是怎样进行的呢？郭沫若说：

> 我自己在写作上每每有这样的一种准备步骤。譬如我要写剧本，我是便先把莎士比亚或莫里哀的剧本读它一两种，要写小说，我便先把托尔斯泰或福楼拜的小说读它一两部。读时也不必全部读完，有时候仅仅读得几页或几行便可以得到一些暗示，而不可遏止地促进写作的兴趣。

然后他又说：“别的朋友有没有这种习性，我不知道，但我感觉着这的确是很有效的一种读书方法。”由此可见，郭沫若所采取的这种为创作而读书的方法，实际上是一种很实用的读书方法。他能奏效，移用于他人是否能奏效，则一时难知，需要靠各人的实践来证实。

第四，为教育而读书。

哪些是属于为教育而读书的呢？郭沫若说：

> 例如大学教授为准备讲义而渔猎，或小学教师为教育生徒而改课卷之类。这是一种义务。

他所说的这种方法，实际上与他所说的为创作而读书的方法差不多，都比较实用。平心而论，教师上课，特别是大学教师上课，在备课中的确需要搜集许多相关的资料和书籍，自行摘录和梳理以成讲义。但你不得不承认这也是一种读书方法。有些大学教授的著作，就是这样天长日久长年积累而成的。

从以上的情况看，郭沫若的读书方法确有点与众不同，有些人未必全部赞同，但它确实具有一定的现实意义和实用价值，这里不妨聊备一格，对有些莘莘学子或许会有一定的帮助和启发。

毛泽东读书法

毛泽东(1893—1976)是中国无产阶级革命家、理论家、军事家,中华人民共和国的主要缔造者和领袖。字润之。生平喜欢读书,尤喜文史和哲学,旁及经济、军事、教育等。著作和诗词编入《毛泽东选集》《毛泽东诗词集》《毛泽东文集》等书。在他一生的读书生涯中,也形成了一整套的读书方法。概括起来,大约有七点。

第一,读书时勤写笔记。

毛泽东自幼喜欢读书,但在乡下读书时仅是阅读,并没有作笔记的习惯。真正使他养成读书作笔记习惯的,还是他到省城读书后受到老师徐特立的影响所致。当时徐特立有个读书习惯,就是“不动笔墨不看书”。也就是看书时必须要动笔写札记。这个习惯对青年毛泽东的启发和教育很大,并马上付诸实践。以后他在读书时,必认真勤作笔记。他在长沙第一师范学校求学的几年里,写下的各种读书和听课笔记就装满了好几网篮。1987 年出版的《毛泽东早期文稿》,其中涉及古代文史方面的称为《讲堂录》,内有相当一部分实际上就是当年他上课读书时所作的课堂笔记。其读书勤作笔记,于此也可见一斑。

第二,读书时喜欢在书上作评点、写批语。

写读书笔记与在书上写批语、作评点有其相似之处，但严格说来也有区别。写读书笔记，当然也可包括在书上批写评语和感想，但它主要还是指另外用纸写成的文字甚或文章小札，其中也包括一些重要内容的摘抄。在书上作评点、写批语，主要是指写在书上的话语和标记，一般多为三言两语或片言只语，也不作摘抄，对于重要的段落或话语，则用笔在书上勾画圈点即可，这样可免去抄写。为了具体说明毛泽东的读书方法，我们在此特意把他勤写读书笔记和在书上作评点与批注的方法分开来，作为两种方法来讲。

相比较来说，毛泽东早年以写读书笔记为多，晚年则以在书上作评点和批注为多。而后者的方法更古老一些，它直接是从古代李贽、金圣叹这一传统的方法延续下来的，毛泽东则进行了比较全面的继承。

我们知道，毛泽东喜欢读二十四史、《资治通鉴》、《唐诗别裁集》、《唐诗三百首》等书，在阅读过程中，偶有所感，便批在书的眉端或字里行间，批语或长或短，参差不齐，实以短语居多。但对一些特别重要而他本人又尤为下力的著作，他的批语就相当详密，如蔡元培所译的《伦理学原理》一书，总共不过10万多字，而毛泽东在书上用毛笔写的批语和提要却多达12 100多字，是毛泽东早年读书中批阅较多的一部书。可以说是从头到尾、逐字逐句加批的。此外，由苏联西洛可夫、爱森堡等著，李达和雷仲坚合译的《辩证法唯物论教程》，也是毛泽东批阅甚多的一部书，从1936年11月至1937年4月，短短半年时间，他用毛笔、红黑蓝铅笔在此书的眉端和其他空白处，就写下了近13 000字的批语。

除了写批语，毛泽东还喜欢在书上作勾画和圈点，以示醒目。如他在蔡元培所译的《伦理学原理》一书中，就用笔画了圈、点、单杠、双杠、三角、叉等各种符号；在李达和雷仲坚合译的《辩证法唯物论教程》一书中，也画满了直线、曲线、曲线加直线、二直线、圈点、双圈、三圈等符号。实际上，这些各种不同的符号和标记，都注明了不同的含义。这样，即使过了10年、20年，毛泽东再打开这部书，凭着这些符号就能清清楚楚、一目了然地了解书的重点内容。据田松年回忆：

> 毛泽东在所读的书上还留下了许多符号，它们有：△、○、—、×、√、斜线、方框、竖的波浪线、单杠线、双杠线甚至三杠线，还有顿点和问号。这些符号往往也反映出他在读书当中的某种意图和倾向，对于理解他的思想是有帮助的。特别是问号，直接显示了他对某个观点的怀疑或反对、深思与不解。……有些问号已被他用短斜线划去，这表示他后来已理解或肯定了书上的说法。

所以，从这些方面来说，直接在书上写批语，用各种符号做标记，与另外用纸写读书笔记，是有较大的差别的，意义也各有不同，因而把它单独作为一种读书方法分列开来，还是很有必要的。

第三，对于重要的书，会反复研读。

毛泽东对于他所喜欢或自认为重要的书，会不厌其烦地反复阅读，而且在此过程中总不断会有新的发现、思考和收获。如他对《共产党宣言》、《鲁迅全集》、艾思奇的《大众哲学》、列宁的《共产主义运动中的"左派"幼稚病》等书，都是反复研读的。

大约在1937年底或1938年初，身在延安的毛泽东收到了李达寄来的《社会学大纲》，这是李达撰写的一部巨著。毛泽东得此书后非常高兴，并马上认真地研读起来。不久，在延安召开的一个小型座谈会上，他便对郭沫若等人说："李达同志给我寄了一本《社会学大纲》，我已经看了十遍，我写信请他再寄十本来，让你们也可以看看。"

一本近千页的书在短期内便已看了十遍，这数字已相当惊人了。老实说，能反复看五遍，也已不错，何况十遍？再说，他所说的十遍，绝不是走马观花、敷衍草率地看，而是一边作圈点批注、一边阅读的。这就更不容易了。

李达继此书之后，又撰写并出版了《经济学大纲》一书，并又寄给了毛泽东一本。毛泽东接书后，又像研读《社会学大纲》似的认真阅读起来。并在延安的一次小型会上推荐说："李达还寄我一本《经济学大纲》，我已经读了三遍半，也准备读它十遍。"

毛泽东对社会科学类著作能认真反复地研读，而对一些他所认为重要的文史著作，也会反复研读。如他对中国文学名著《三国演义》和《水浒传》，除小时候阅读以外，在以后各个时期也曾阅读过。对于《红楼梦》，他至少读了五遍。1964 年 8 月 18 日，他在北戴河的一次与哲学工作者的谈话中说：

> 《红楼梦》我至少读了五遍……。我是把它当历史读的。开始当故事读，后来当历史读。

说到历史，毛泽东对于中国的各种历史书籍，特别是二十四史和《资治通鉴》等大型历史书，也是反复认真研读的。所以，对于重要书籍的反复研读，无疑也成了毛泽东重要的读书方法之一了。

第四，强调书本知识与实践知识的结合、理论与实际的结合。

毛泽东本人虽然读过许多书，但他通过多年以来的工作实践和革命实践，切身体会到一个人光有书本知识是不行的，还得有社会实践的知识，书本知识应与社会实践的知识相结合，这样所获得的知识才比较深刻可靠。他在中国共产党的会议和一些场合强调学习的时候，总要强调书本知识与实践知识相结合、理论与实际相结合的重要性。如他在《中国共产党在民族战争中的地位》一文中写有《学习》一节，专谈学习和学习方法的问题，其中还特别谈到了有关理论学习的问题。他说：

马克思、恩格斯、列宁、斯大林的理论，是“放之四海而皆准”的理论。不应当把他们的理论当作教条看待，而应当看作行动的指南。不应当只是学习马克思列宁主义的词句，而应当把它当成革命的科学来学习。不但应当了解马克思、恩格斯、列宁、斯大林他们研究广泛的真实生活和革命经验所得出的关于一般规律的结论，而且应当学习他们观察问题和解决问题的立场和方法。

在《整顿党的作风》一文中，毛泽东又说：

对于马克思主义的理论，要能够精通它、应用它，精通的目的全在于应用。如果你能应用马克思列宁主义的观点，说明一个两个实际问题，那就要受到称赞，就算有了几分成绩。被你说明的东西越多，越普遍，越深刻，你的成绩就越大。

总之，强调书本知识与实践知识的结合，理论与实际的结合，是毛泽东一贯的读书方法和学习方法。他甚至还说过这样的话：“读书是学习，使用也是学习，而且是更重要的学习。”其对实践和应用的重视，由此又可见一斑。

第五，读书态度要谦虚，要实事求是。

毛泽东一贯主张要有实事求是和谦虚认真的读书态度，他在《改造我们的学习》《反对党八股》《整顿党的作风》等许多文章中都指出过这一点。如他在《中国共产党在民族战争中的地位》一文中说：

学习的敌人是自己的满足，要认真学习一点东西，必须从不自满开始。对自己，“学而不厌”，对人家，“诲人不倦”，我们应取这种态度。

在《改造我们的学习》一文中，他对那些“夸夸其谈”“华而不实，脆而不坚。自以为是，老子天下第一”的人找了一副对子：

墙上芦苇，头重脚轻根底浅；

山间竹笋，嘴尖皮厚腹中空。

然后，他又借这副对子分析道：

对于没有科学态度的人，对于只知背诵马克思、恩格斯、列宁、斯大林著作中的若干词句的人，对于徒有虚名并无实学的人，你们看，像不像？如果有人真正想诊治自己的毛病的话，我劝他把这副对子记下来；或者再勇敢一点，把它贴在自己房子里的墙壁上。马克思列宁主义是科学，科学是老老实实的学问，任何一点调皮都是不行的。我们还是老实一点吧！

端正学风，必须要有谦虚认真、实事求是的读书态度，毛泽东对此曾不止一次地谈到过，并多次强调如果不虚心，我们就难以学到东西。所以，虚心不仅是个读书态度问题，而且也已成为毛泽东取得良好读书效果的经验之一。

第六，对于古代的文化和书籍，主张批判地继承，古为今用，洋为中用。

毛泽东曾读过许多古书，他并不主张全部摒弃，也不主张全盘模仿和硬搬，而是主张批判地继承，剔除其糟粕，吸取其精华，古为今用，洋为中用。这个思想和方法，早在 1942 年的《在延安文艺座谈会上的

讲话》中就已说得很清楚了:

> 我们必须继承一切优秀的文学艺术遗产,批判地吸收其中一切有益的东西,作为我们从此时此地的人民生活中的文学艺术原料创造作品时候的借鉴。有这个借鉴和没有这个借鉴是不同的,这里有文野之分,粗细之分,高低之分,快慢之分。所以我们决不可拒绝继承和借鉴古人和外国人,哪怕是封建阶级和资产阶级的东西。

直到1960年12月,他在对两个外国代表团的谈话中仍说:“古典著作多得很,现在是分门别类地去整理,重新出版,用现代科学观点逐步整理出来。”

又据长期在毛泽东身边任秘书的逄先知的观察和回忆,以及根据大量的文献资料的记载,认为毛泽东读古书有两个显著的特点:一是用历史唯物主义的观点阅读和解释中国古书的内容,我在这里把它称作“古籍新解”;一是汲取古书中的精华,有的还赋予新的含义,为现实斗争服务,这就是我们常说的“古为今用”。

第七,主张有选择地读一些书。

说也奇怪,毛泽东虽然自己读了许多书,知识渊博,古今贯通,并一再建议人们多读书,多学习,知识面要宽一些,但有时却又建议别人书不要读得太多,只要读一些有用、重要或必要的书,并能进行消化即可。如他在1964年2月13日的春节座谈会上就说:

> 书不一定读得很多。马克思主义的书要读,读了要消化。读多了,又不能消化,也可能走向反面,成为书呆子,成为教条主义者、修正主义者。

因此,毛泽东经常根据党和国家以及社会主义事业的需要,选出几本马列的书来，建议大家都来读。如 1945 年，他在中共七大会议上就特别提出读 5 本马列主义的书，如《共产党宣言》《社会主义从空想到科学的发展》等。到了 1949 年，在中共七届二中全会上，他与中共中央又列出了《国家与革命》等 12 本马列主义著作，他还在书目前特意加上“干部必读” 四个字。到了 1963 年，他又主张大家要读 30 本马列主义的著作。

当然，毛泽东一生爱好读书，与书为伴，关于他的读书方法，我们还可以罗列出一些，如他长期一直有读报的习惯，《人民日报》《光明日报》《文汇报》《大公报》等几乎每天必看，经常看的杂志有《哲学研究》《历史研究》《新建设》等；在外出巡视工作途中或临睡之前，都有看书的习惯；遇有不懂的地方，常喜欢查工具书和辞典，一部《辞源》，一部《辞海》，不知翻阅了多少年、多少次；他对自然科学原先并不特别感兴趣，但由于工作的需要，他在中华人民共和国成立以后也常阅读一些自然科学方面的书，甚至土壤学、冶金工业学等，并一再对周围的人说：一个人的知识面要宽些；到了60 岁以后，还请人来指导他学英语；他还爱好书法，所以在工作之余，又喜欢读碑帖，并与读英语交替进行，作为一种特殊的休息方式，换换脑筋，正像马克思喜欢在休息时解数学题和读文学书籍一样。此外，他还喜欢与别人一起讨论书中的一些问题，这也成为他独特的读书风格。

总之，有关毛泽东读书的话题，我们还可以列举一些，但这里主要总结了以上七点，其读书的个性和方法大致已囊括其中。我们也不妨根据自己的情况和需要，来加以参考和选择。

顾颉刚读书法

顾颉刚(1893—1980)是现代著名的史学家和考古学家。原名诵坤,字铭坚,号颉刚。曾在燕京大学、北京大学、复旦大学等校任教。早年主编的《古史辨》在学术界和史学界影响甚大,成为疑古思潮的领袖人物。著有《古史辨序》《汉代学术史略》等书多种,共数百万字。他之所以在史学领域内有这么大的成就,是与他独特的读书方法分不开的。

概括起来,顾颉刚的读书方法主要有三点。

第一,注意图书的书目和目录。

顾颉刚之所以能成为杰出的史学家,这一方面与他的家学渊源有关,另一方面与他从小注意图书目录有关。因为历史学的范围极广,不仅要阅读许多古籍和文献,而且还要了解和熟悉许多书目类的图书,以便于检索和查找,掌握最新的学术动向。他回忆说:

> 当时上海最大的书店商务印书馆每月出版一本《图书目录》,我是每期必看的;报纸上刊登的各家书店出版的新书目录,我不但要仔细看,还把它剪了下来(那时的剪报现在家中还保存着一部分)。

他不但随时注意当时的图书目录,还经常注意以前的木刻线装图书的书目,其中有三部书目类图书是他经常翻阅的,而且还说明了这三部书目类图书的不同用法:

第一部是《四库提要》,这是乾隆时四库馆臣辑修的,他们对每部书都作了一篇仔细的内容介绍和评论,是为我读书时的指导。第二部是《汇刻书目》,即丛书目录(把一类书或多种书汇编在一起),有家刻本,亦有坊刻本,使我懂得要看哪一部有价值的书时,该到哪一部丛书中去找。第三部是张之洞(实际上是缪荃孙)编的《书目答问》,这里面把一切常用的和有价值的书都罗列了,而且说明了某一部古书以哪一个版本为最好。这些书虽不能一一买来,也不能一一找到,但由于我经常地翻阅这些书目,也就学会了需要什么书时就到哪儿去找。

这实际上也牵涉到了一个工具书的运用问题,因为学外语有学外语方面的工具书,同样的做学问、治史学也有这方面的工具书,如果对这方面的工具书熟悉并知道如何查找,这不仅是一个基本功的问题,说到底也是一个读书方法和求学方法的问题。顾颉刚在史学的天地里之所以能纵横捭阖、畅通无阻,与他对这些图书目录和书目的掌握是很有关系的。

第二,敢于大胆怀疑。

古人说:"尽信书,则不如无书。"意思是说:对于古代的书,不能全部相信。而对于治史的人来说,还有一个辨别真伪的问题,因为古代托名假造的书不少,而实有其人所著的书,其中也有一个是否符合当时历史真实的问题。顾颉刚在治学的过程中,也碰到了不少困惑,结果,他从宋代历史学家郑樵和清代学者姚际恒、崔东壁的学说中受到了启发,敢于大胆怀疑前人,勇于对前人的著述提出疑问,其中包括前人著作的真伪,等等。到后来,他甚至敢于怀疑古代的经典著作和经学。他说:

> 我的学术工作,开始就是从郑樵和姚(际恒)、崔(东壁)两人来的。崔东壁的书启发我"传、记"不可信,姚际恒的书则启发我不但"传、记"不可信,连"经"也不可信。郑樵的书启发我做学问要融会贯通,并引起我对《诗经》的怀疑。所以我的胆子越来越大了,敢于打倒"经"和"传、记"中的一切偶像。

正由于他的大胆怀疑,又以他广博的知识融会贯通、缜密思考,才使他在古代史,特别是在上古史方面获得了一系列的创见。

第三,书本知识要与历史实物相结合。

顾颉刚从郑樵、姚际恒、崔东壁等人的身上,虽然学到了大胆怀疑,敢于否定的精神,但这种否定和怀疑,多半仍都是从书本上来的,用他自己的话来说,"我所从事的研究仅在破坏伪古史系统方面用力罢了"。

随着中国近代考古学的发展以及大量文物的挖掘,特别是罗振玉和王国维的治学精神,又使他获得新的启示。他自己承认,"在当代的学者中,我最敬佩的是王国维先生"。又说:"我那时真正引为学术上的导师的是王国维,而不是胡適。"他之所以敬佩王国维,就在于他做学问和治史学具有"求真的精神、客观的态度、丰富的材料、博洽的论辩"。自此以后,他的眼界又开阔了许多。觉得仅有书本知识不够,还得有考古方面的实物相佐证,才是最可靠的。他明白了:"要建设真实的古史,只有从实物上着手,才是一条大路。"

当然,顾颉刚的读书方法还有一些,如他的刻苦勤奋、始终不渝和专心致志,等等,但以上三点最能代表他读书方法的特色。尤其是他注意书目的方法和大胆怀疑的精神,至今仍是我们研究社会科学和自然科学所必须具备的。

梁漱溟读书法

梁漱溟(1893—1988)是现代著名的哲学家和教育家。原名焕鼎,字寿铭,曾用笔名漱溟。早年在北京大学任教,日寇的入侵,使他深感中国的积弱积贫,于是又积极投身社会活动,以期对中国社会有所改造。他一生致力于儒家学说和传统文化研究。著有《东西文化及其哲学》《中国文化要义》《人心与人生》等。此外,他对医学、教育学、西方哲学等方面的书籍也广泛阅读,因而知识渊博,且多有己见。

与其他一些有影响的哲学家和教育家不一样,梁漱溟主要是靠自学成才的,他曾在《我的自学小史》中谈到了他的一些自学经历和经验。他说:“我的一生是一个自学的实例,若将我自幼修学,以至在某些学问上‘无师自通’的经过,叙述出来给青年朋友,未始无益。”根据他本人的叙述,其自学的方法和经验大约有三点。

第一,自学读书必须要有一颗“向上心”。

梁漱溟虽然从六岁开始便已读书,如《三字经》、《百家姓》、四书五经等,但他认为自己先天条件并不好,体弱多病。因而曾坦率地说:“我自幼呆笨,几乎全部小学时期皆不如人;自十四岁虽变得好些,亦不怎样聪明。”可是,他却有一颗向上的心。他说:

特别是自十三四岁开始,由于这向上心,我常有自课于自己的责任，不论何事，很少需要人督迫。

在他看来，“所谓自学，应当就是一个人整个生命的向上自强，最要紧的是在生活中有自觉”。而一旦有了“向上心”，便会自觉地刻苦读书求学，不会偷懒。总之，梁漱溟认为“向上心是自学的根本”，有了“向上心”，一个人就会自觉地加以自学。

第二，自学者应该经常注意阅读报纸杂志。

梁漱溟曾深有体会地说：

我的自学，最得力于杂志报纸。许多专门书或重要典籍之阅读，常是以杂志报纸先引起兴趣和注意，然后方觅它来读的。

报纸杂志，在我们今天已司空见惯，满目皆是，但在20世纪刚启幕的那刻，中国的报纸还真算是一件新鲜事儿。有幸的是，梁漱溟在其谱叔的帮助下，从小就有机会读到了《启蒙画报》《京话日报》等课外读物，使他从小就有了读报的习惯。以后，他又读《新民丛报》《中华报》等，至于“《北京日报》《顺天时报》《帝国日报》等，外埠之《申报》《新闻报》《时报》等，都是我每天必不可少的读物”。

不过，梁漱溟之读报纸杂志，并不是为了消闲，而是为了自学。他除了在报纸上留意自己所想要读的专著或典籍等书讯情况以外，还注意从报纸上学习专业知识。如他为了学习近代国家法制知识，就经常读《国风报》，因为那上面有许多谈国会制度、责任内阁制度、选举制度、预算制度、国库制度、审计制度等方面的文章；为了学政治、时事，他就经常读《北京日报》《申报》等一些政论性、新闻性比较强的报纸，从中学到了许多知识，获得许多收益。他对梁启超、张耀曾、章太炎、章士钊等文化名流的认识和了解，也多半是通过读报得到的。

第三，注意同学之间的交流。

梁漱溟说："自学条件，书报资料固然重要，而朋友亦是重要的。"他所说的几位朋友，实际上都是他同校的同学。梁漱溟虽然有其孤高自许的一面，但逢有真才实学的同学，他都能虚心求教，广为吸纳的。

如他在顺天中学堂里读书时，便经常能看到同学廖福申学习上的许多长处，认为他的勤奋，在代数、三角、几何方面的自学能力，都是自己所不如而应向他学习的。而当他在顺天高等学堂读书时，又结识了比他低一年级的郭人麟，认为他"天资绝高，思想超脱，虽年不过十八九，而学问几如老宿。他于老、庄、易经、佛典皆有心得，而最喜欢谭嗣同的《仁学》。其思想高于我，其精神亦足以笼罩我。他的谈话有时嗤笑我，使我茫然如失；有时顺应我要做大事业的心理而诱进我，使我心悦诚服"。梁漱溟当时对他非常崇拜，竟尊这位比他低一年级的同学为郭师，课暇就去请教他，并把他的谈话记录下来，装订成一大册，题之为《郭师语录》。他后来回忆说："自与郭君接近后，我一向狭隘的功利见解为之打破，对哲学始知尊重，在我的思想上，实为一绝大转进。"

此外，他从同学陈子方、甄元甫等人的身上，也学到了不少东西。凡此，都可以看出同学之间互相交流和学习的重要性。

当然，除了以上三点读书自学的经验外，梁漱溟还谈到过不能读死书或死读书，以及从小好深思等方面的读书心得。由于这些方面前人已谈了不少，我们仅归纳了以上三点，却都是在自学的前提下提出的，因而对那些有志自学的人似乎更有启发。特别是他注意阅读报纸，从报中求学，以及同学之间的互相学习和交流，对我们来说似乎尤觉新鲜。据说现在在校的学生之间很缺少学习经验的交流,有的同学有意隐蔽自己的学习经验,以怕其他同学超过自己;有的同学则对别人的学习经验不以为然,孤傲自大,看不起别人。这些都有害于自己学习成绩的提高,不是一种良好的学风。我们提倡的应该是梁漱溟所说的同学之间的这种互帮互学、虚心求教和坦诚交流,这才有益于大家的进步。

叶圣陶读书法

叶圣陶(1894—1988)是现代著名的作家和教育家。原名叶绍钧、字秉臣、圣陶。早年曾编过《小说月报》《中学生》等刊物,并长期从事教育工作。中华人民共和国成立后曾任国家出版总署副署长、教育部副部长、中国民主促进会中央主席、全国政协副主席等。他的创作主要是散文与小说,有散文集《脚步集》《未厌居习作》《西川集》等,短篇小说集《隔膜》和长篇小说《倪焕之》也颇有名。

由于叶圣陶长期从事教育,本人又是作家,因此他也很有意识地注意到学生和青年的读书问题,并写过这方面的文章。概括起来,他在读书方面的方法和经验主要有三点。

第一,提倡为祖国和人民而读书学习。

叶圣陶认为读书学习应该有个中心。他在《何所为而学习》一文中说:“学习不能没有中心;换句话说,学习这个,学习那个,要明白何所为。……对这个问题不作决定,学习就像盲人骑瞎马。”于是,他把话题引申开去,中国人民正在受压迫,日本帝国主义正把枪炮对准着我们的胸膛。毫无疑问,对于1932年的中国学生来说,无疑应该为拯救中华民族及其苦难同胞的利益而读书学习。因此,他用铿锵有力的话明确告诉大家,必须为这个“中心”而发奋读书:

决定了，于是读历史、地理，为这个；学物理、化学，为这个；体操，为这个；画图，为这个。知道人是终身在学习的途中，就预备终身“为这个”而学习。

他认为，在中华民族垂危之际，那些只求为自己而读书，或是“虚无主义的‘无所为而为’”的学习态度，都是不可取的，“应该化为‘时代’脚下的泥土了！”

第二，要有志气自学。

现在有不少人考不上高中或大学就泄气，认为自己学业已无，前途有限，便不再发愤攻读，而是找些合适的或实在的科目训练一番，今后有份工作便算了，有的甚至自暴自弃，一蹶不振。叶圣陶认为这些态度都是要不得的。在他看来，“进大学固然可以学到知识，可不能说不进大学就无法学到知识”。进不进大学不是唯一的决定因素，关键在于自己要不要，有没有立志自学的决心。他在《立志自学》一文中曾分析道：

学习是自己的事。自己要学习，在任何环境里都能够自学，都能够学到切实有用的知识，何况如今社会各方面正在努力为青年们提供各种形式的自学条件。如果自己不要学习，进了大学也未必真能够学到什么，甚至可以说肯定学不到什么。花上四五年取得一张文凭，只是有了一张文凭而已，在实际工作中却抵不上一真肯学习又真会学习的中学毕业生，这样的例子并不是没有。

正是在这样的情况下，叶圣陶一方面关照进入大学读书的学生不要骄傲，一方面又积极鼓励没能考进大学读书的学生不要泄气，只要自己肯努力，肯自学，总能学到东西，获得真才实学。“光是自己探索当然要多费力气，然而是值得的，因为自己探索得来的往往更为深刻”，他再一次鼓励人们自学。

第三,工作以后仍要读书学习。

有不少人,在青年时代或当学生时,读书很努力,也很专心刻苦,一旦大学毕业找了个称心舒适的工作,便心满意足、故步自封,不再读书学习、追求上进,即使有所阅读,也多为消遣的书或报纸杂志,仅为轻松而已。叶圣陶并不赞成这种现象。并有针对性地提出了一个人在大学毕业走上工作岗位以后,仍需读书学习,不能停顿。他为此提出了充分的理由:

知识无穷无尽,古人就有"知也无涯"的话,大学分院分科分系,一个人进了大学,学到的知识只是很小的一个角落,深度和广度都还不够:从消极方面说,还不足以充分适应工作和生活的需要;从积极方面说,还不能有所创造,有所前进。所以大学毕业之后还是要自学,在工作和生活中自学,根据工作和生活的需要自学。许多真有成就的人,他们的知识绝大部分是自己学来的,并不是坐在课堂里听来的。

实际上,叶圣陶认为一个人大学毕业后仍需继续读书学习,在以上所说的话中包含了三个理由:一、知识是无穷无尽的,永远也学不完的;二、大学所分科、系,专业性虽强,但知识面较窄,"只是很小的一个角落";三、即使在学校所学的知识,仍多为书本和课堂上的,没有反复实践和运用过,未必能适应工作上的需要,更谈不上创造。正是根据以上三条理由,叶圣陶认为"毕了业还得努力自学,永不休歇"。

作为一位德高望重的作家和教育家,叶圣陶的读书经验远不止以上三点。如他曾说:"处理现实生活是目的,读书只是达到这个目的的许多手段之一。要使书为你自己用,不要让自己去做书的奴隶。”这些话都是很意味深长、耐人寻思的。此外,他对教育改革、读书与劳动,以及片面追求高考升学率而造成的不良影响等方面,都发表过极好而又极重要的意见。只是以他的性格和谦虚精神,他是绝不会一本正经地介绍自己的读书方法的。

邹韬奋读书法

邹韬奋(1895—1944)是现代著名的新闻记者、政论家和出版家。本名恩润,曾用名李晋卿。他所主编的《生活》周刊在当时影响很大,极受青年欢迎。后来他在此基础上又创办生活书店,成为20世纪30年代进步文化的堡垒。后去欧美诸国游历考察,撰成《萍踪寄语》《萍踪忆语》等,又有自传性的《经历》等书,还写有许多散文。后来,他的许多作品都收入《韬奋文集》中。

邹韬奋在中学读书时非常用功,尽管他各科考试成绩都名列前茅,但他内心深处却是喜欢文科,对于代数、几何、物理等,都是为尽责任而加以努力学习的。因而他在一些文章中所谈的一些读书方法,主要也都是就文科而言的。归纳起来,大约有三点。

第一,结合课堂上所学的国文,在课堂外应再有所扩大。

邹韬奋少年时曾在上海南洋公学读书。该校虽注重工科,但校长唐蔚芝却重视国文,积极提倡研究国文,形成风气,所以大家对国文都很重视。这种风气也很对邹韬奋的胃口。他在小学和中学虽然在国文方面都曾得到良师指教,但实际的领略和运用,还主要是靠自己。邹韬奋根据自己学国文的经验,认为真要学好国文,仅靠老师在课堂上讲解几篇是不够的,还得靠自己在课堂之外,结合老师所教,再适当扩大一点阅读范围，这样似乎更好。他在《二十年来的经历》中的《课外阅读》一文中说：

我当时在学校里所学的国文还是文言文，读的是古文。只靠教师在课堂上教的几篇是不够的，所以对于什么《古文辞类纂》、《经史百家杂抄》、所谓八大家的各个专集（尤其是《韩昌黎全集》）、《王阳明全集》、《曾文正全集》以及《明儒学案》等等，在课外都完全看了一下。

这样一来，他对国文教材中每一位作家的全貌，就有了一个大致和全面的了解，对他进一步打下坚实的国文基础，乃至以后的写作等，都带来了极大的好处。

顺便一提的是，他课外除了阅读与课堂教材有关的作家作品以外，梁启超及其《新民丛报》上的有关文章，也是他在课外所爱读的。

第二，对于自己喜欢读的书做上记号，以便反复阅读。

对于自己所喜欢的书重加阅读，这种现象不仅名家有，而且普通读者中也不少，但对自己喜欢的书籍做上记号的，却并不太多，甚或少见。邹韬奋却有这个习惯。他回忆自己的读书生活时曾说：

觉得其中特别为自己所喜欢的，便在题目上做个记号，再看第二次；尤其喜欢的再看第三次；最最喜欢的，一遇着可以偷闲的时候，就常常看。

第三，不要迷信名作家，要选择自己所真心喜欢的书。

随着阅读的增多，邹韬奋在读书中也懂得了选择，这种选择不是根据作者的名气来的，而是根据自己是否真心喜欢而来的。他说：

当然，看书有人指导是可以省却许多不必要的时间和精力的耗费。……但我自己却也有一点选择的“策略”，虽简单得可笑，但在当时确受到不少的好处。我每到书店或旧书摊上去东张西望着，看到书目引我注意时，先在那里看它几页，称心才买，否则就要和它永诀。有些所谓作家，你虽然东看到他的大名，西也看到他的大名，但是也许买到他的大作来看看，却不免感觉到硬着头皮看下去也看不懂，或是味同嚼蜡，看看就想睡觉！

所以，邹韬奋建议人们在选择书籍时，不管是名家或小卒，不妨先翻一下，再决定是否购买或阅读，这样有个感性认识，应说是最佳的挑选办法，以免白白浪费自己的时间和精力。读了一本好书会使人满意，同样的，花时间读了一本不好的书，会使人留下遗憾。而邹韬奋的办法，却可以避免这种遗憾。

除了中文的学习和阅读以外，邹韬奋在《英文的学习》中也曾谈到过他读英文的情景，但这很大部分与教师的教学有关，并不是他个人摸索出来的经验，所以我们不必重点谈，而只是顺便讲一下。

邹韬奋所谈的英语学习的经验大致有两条。

第一条，听老师的话，将老师指定的课外阅读作业在上课前先预习一下，以便在上课时很快进入课文，避免生疏，预习的量则可按老师的布置和课文的进程逐渐加大。这是英语教师黄先生教给他们的方法。开始时同学们不适应，很反感，但一年下来，“觉得自己的看的能力为之大增，才感觉到得益很大”。

第二条，注意英语成语的运用。这是英语教师徐先生教给他们的经验。学英语的方法很多，注意成语运用的方法却不太多。徐先生却是这样关照和传授的。邹韬奋回忆道：

他研究英文的最重要的诀窍是要明白英文成语的运用。这句话看来似乎平常,但在初学却是一个非常重要而受用无穷的秘诀。徐先生还有一句很直率而扼要的话,那就是你千万不要用你自己从来没有听过或读过的字句。

正是在徐先生的关照下,邹韬奋后来阅读英文书报,便经常注意成语的用法。他说:“成语的用法不是仅仅记住成语本身就够的。必须注意成语所在处的上下文的意思。我们在所阅读的书报里,看到一种成语出现两三次或更多次数的时候,如真在用心注意研究,必能意会它的妙用的。”这样,“懂得的成语越多,记得的成语越多,不但阅读的能力随着增进,就是写作的能力也会随着增进”。

最后,邹韬奋总结道:

黄先生使我们听得懂、听得快,看得懂、看得快,偏重在意义方面的收获;徐先生使我们注意成语的运用,对于阅读的能力当然也有很大的裨益,尤其偏重在写作能力的收获。

我觉得这两位良师的研究法可通用于研究各种外国文。

当然,他这里所说的“研究法”或“研究”,实际上就是研读的意思。

邹韬奋的读书方法,无论是国文或英文,个性未必鲜明,却都便于操作和运用,很适合于在校学生参考。如果现在的在校学生能选择其中适合于自己的方法运用或试验一下,或许多少能有一些收益。

林语堂读书法

林语堂(1895—1976)是现代著名的作家、学者和翻译家。原名和乐,后改玉堂,又改语堂。早年曾在美、德留学,回国后曾在北京大学、厦门大学执教。曾编辑《论语》《人间世》等刊物。著有《剪拂集》《大荒集》等。

他的知识非常渊博,学贯中西,读过的书也相当多,对读书与人类生活的关系也有较丰富的观察。在他看来,“读书是文明生活中人所共认的一种乐趣”。如一个人打开一本书时,便等于走进了另一个世界,“如若所拿的又是一部好书,则他便已得到了一个和一位最善谈者接触的机会。这位善谈者引领他走进另外一个国界,或另外一个时代,或向他倾吐自己胸中的不平,或和他讨论一个他从来不知道的生活问题”。林语堂对读书所提出的要求不高,认为一个人在一天 24 小时中只要有 2 小时的时间,撇开俗世烦扰,能读点书,到另一个世界去游览一下,就已经够幸福的了。他譬喻说:“这种环境的变更,在心理的效果上,其实等于出门旅行。”而那些不知读书的人,则是无法享受这种快活和乐趣的。

由于林语堂精通中英文,一生读书写作,从而也积累了不少读书方面的体会和经验。尽管他本人不大以方法视之,我们也可总结和归纳出五点。

第一,读书不可强求。

林语堂主张读书不可强求。用他的话来说,即“是自由的看书读书”。当然,这是在他排除了求学时必读教材的前提下所说的。他认为:口之于味,不可强同。不能以己之嗜好去强人所好,读书也是如此。因而他在《论读书》中反复强调:

先生不能以其所好强学生去读。父亲亦不得以其所好强儿子去读。所以书不可强读,强读必无效,反而有害,这是读书之第一义。

他把不可勉强读书视为“读书之第一义”,可见其重视程度。他如此强调,也有他的理由。首先,他认为:如逼着一个人“硬着头皮去读,结果必毫无所得”。有时反而会使人生厌,嫌弃读书。其次,一个人的学问和思想是慢慢胚胎滋长,逐渐形成的,“其滋长自有滋长的道理,如草木之荣枯,河流之转向,各有其自然之势。逆势必无成就”。再次,读书应根据一个人的理解能力和思想水平而定。如果尚无理解能力,读了也没用。他认为:“世上无人人必读之书”,“见解未到,必不可读,思想发育程度未到,亦不可读”。正是因以上几个理由,才使他提出了不可勉强读书的主张,“若必强读,消化不来,必生疳积胃滞诸病”。

第二,必须弄清读书目标,方可知道读书方法。

林语堂对那些为追求利禄而读书的现象甚为不满,他把那些取资格、得学位、做老爷、占八卦等玩意儿,都视为“借读书之名,取利禄之实,皆非读书本旨”。在他看来,“读书本是一种心灵的活动,向来算为清高”。那么,怎样才是读书的目标呢?林语堂直言不讳地说:“读书的主旨在于排脱俗气”,使人富于风韵。然后又强调:

> 这就是读书的唯一目标。唯有抱着这个目标去读书，方可称为知道读书之术。

如果为了一时的功利，或“凡是以出于勉强的态度去读书的人，都是些不懂读书艺术的人”。

第三，对有意义的好书，可以重加阅读和品味。

林语堂曾举过这样一个例子：“一个人在四十岁时读《易经》所得的滋味，必和在五十岁人生阅历更丰富时读它所得的滋味不同。”由此，他得出这样一个结论：

> 所以将一本书重读一遍，也是有益的。并也可以从而得到新的乐趣。

他的这种读书方法，与孔子所说的“温故而知新”颇有相似之处。只是林语堂说得更为具体一些。不过，这里有一个前提：必须是有意义的好书，用林语堂自己的话来说，便是“凡是好书都值得重读的”。

第四，读书的关键是要读出味来。

林语堂曾十分强调这一点，他在《读书的艺术》中说：“读书须先知味。这味字，是读书的关键。”在《论读书》中又说：“我以为味道乃是读书的关键。”因为各人看书，各有味道不同，又有有味与无味之分。即使对一个人来说，也有时而有味、时而无味的情况。他还举例说：“读书也和吃食相同，在我是美味的，也许在别人是毒药。”

那么，究竟什么是味呢？林语堂解释道：“所谓味，是不可捉摸的，一人有一人胃口，各不相同，所好的味亦异。”他虽然没有把味字解释透彻，但有一点却向读者说得明明白白，书读得有味无味，“全看你所读是什么书及读书的方法”。如你读书得法，自然会读出味来；如不得法，就读不出味来。他在《论读书》中说："有人读书读了半世，亦读不出什么味儿来，都是因为读不合的书，及不得其读法。"为了使自己读书容易得味，他建议读者可以有选择地读，尽量找一些与自己气质相近的书来读，这样才容易读出味来。所以，他又认为要读书得法而有味，实际上与两方面情形相关，"一是作者，一是读者"。如二者合拍，必然有味，也必然得法。他并以总结的语气说：

只有这种读书法，这种自己去找寻所喜爱的作家，方是对读者有益的。

第五，读书要有胆识和毅力。

林语堂对读书虽然常抱一种豁达乐观的态度和闲适轻松的心情，认为各人尽可随意地读书，但他还是注意到了读书的胆识和毅力问题。如果仅有聪明而无胆识和毅力，那书还是读不好的。他说："读书须有胆识，有眼光，有毅力。"所谓"胆识"，他认为就是敢于有自己的见解，敢于形成自己的看法，不要被书本牵着鼻子走。"即使一时与前人不同亦不妨。前人能说得我服，是前人是，前人不能服我，是前人非"，就是说错了也不要紧，不必惭愧。

林语堂虽然讲了许多有关读书的方法，而且其中不乏启发人意的精辟之见，但究竟怎样才算是真正的读书艺术呢？这位幽默大师却非常简单地说：

简单的答语就是：随手拿过一本书，想读时，便读一下子。如想真正得到享受，读书必须出于完全自动。

有些人读书很讲究时间、地点。林语堂却不以为然，觉得读书用不着去找相当的时间、地点，"一个人觉得想读书时，随时随地可读"。

他针对有些人觉得读书苦，认为如有这样的读书艺术，只有乐，也就无所谓苦了。

林语堂还针对学校里专教学生读教科书的看法，提出自己不同的见解。他认为学生不仅要看教科书，更要看教科书所论及的那些原书。他坦率地说："然而读一部小说概论，到底不如读《三国》《水浒》；读一部历史教科书，不如读《史记》。"

他的这些见解，相信是很能得到读者，特别是那些被功课和学业压得精疲力竭的莘莘学子的欢迎的。

郁达夫读书法

郁达夫(1896—1945)是现代著名的小说家和诗人。原名郁文,字达夫。早年留学日本,与郭沫若等发起创办“创造社”,回国后除主编杂志以外,并在北京大学、武昌大学、中山大学等校任教。生平著述甚富,其小说《沉沦》《春风沉醉的晚上》等在读者中影响很大。并写有大量的评论和散文,积极介绍外国文学,对古今中外的各类书籍广为阅览,故学识广博。由于他曾从各种书本里获得很多的养料和教益,因此,他曾十分虔诚地说:

> 书本原是人类思想的结晶,也就是启发人类思想的母胎。它产生了人生存在的意义,它供给了知识饥渴的乳料。世界上的大思想家和大发明家,都从书堆中进去,再从书堆中回出来。
>
> 因书本与人类关连之亲密,所以古来学者多把书本当作人类的朋友看待。

不过,世界上书籍如此之多,郁达夫也只能就自己所喜欢的有选择地去读。尽管他早年在日本留学时攻读的是经济学,但由于他后来成为一个作家,所以他喜欢的读物大多仍是文学作品。如1932年9月,他在《我所喜爱的文艺读物》一文中就写道:“鲁迅:《野草》。茅盾:《子夜》。沈从文:《阿丽思漫游中国》。”除此以外,卢梭的《忏悔录》,德国作家雅各勃·克利斯笃夫·海尔的自传体小说,周作人的散文,黄景仁的诗,也都是他所喜欢读的。

当然,喜欢读与如何读是两回事,还是让我们回到如何读这一点上来吧。

在郁达夫看来,阅读文学作品大约有四种情况,与此相应,也就产生了四种研读方法。

第一种,学者型的研读方法。

郁达夫认为这种读书方法很吃力,“费力多而得效少”。碰到一篇文章,特别是古文,“先得考据这是谁作的,然后再去考求作者的生平和历史的关系、社会时代的关系等等。这些考据明白之后,再来一字一句地研究文字的内容”。郁达夫虽然没有深文周纳,但他还是大致上总结了学者在读书时通常所运用的方法。

第二种,批评家的研读方法。

郁达夫认为批评家的读书方法,虽然有与学者的读书方法相通或大致相近的地方,但也有所不同。学者研读时须从头到尾“一字一句”地加以注意,有时还要穷源溯本,但批评家却不必如此,他只要在大处或远处注目,“有些细节,尽可以不必和学究取同一的态度。批评整篇文字的好坏,阐发一般人所看不出的优点或缺点,因而使作者和读者两受其益的”,这便是批评家研读文学作品的方法和特点。

第三种,欣赏者的研读方法。

郁达夫认为这是一种纯主观的文学阅读方法,比前二者都要轻松随意一些。他曾提到过这种阅读方法的好处,其“目的是在丰富我们的精神,调剂我们的生活,因而直接间接可以助长文化的普及与社会的进步的”。其特点则与古人读书的“不求甚解”很相似，“但求适我之意，一层更进，也不妨与人共同欣赏奇文，就是这一种态度”。

第四种，想当作家的研读方法。

当然，郁达夫首先不希望别人像他那样弄文学、当作家，去走文学创作的道路。退一步说，即使有些青年有这种愿望，他也无法阻止，同时也提了些相应的阅读方法。他认为这种方法可以分两步走：第一步，“起码要弄清现代中国的语言文字”；第二步，要能领会社会各阶层人群的语言，以及“这些语言的意识、背景、现状与演进”，这就比较难了，就“必须要身入社会，苦苦地积些经历”。然后再以自己的热情、见解和“诚实的态度、清顺的文字”表现出来，这样，文学作品就能得以成功。

总起来说，郁达夫的读书态度是比较开放的，对于劳伦斯的《查泰莱夫人的情人》等当时所谓的禁书，他认为都可一读，并积极介绍给中国读者。对于必须要读的书，他认为还是应该要把它读完。他的态度是：“死书虽也不可不读，可是也不可多读。”除此以外，他认为一个人仅有书本知识不行，还得向社会学习，从社会生活中汲取知识，并在《人与书》中主张读“人”，“人”本身也是一本书。他的读书态度较为豁达，却有着许多合理因素，值得我们借鉴。

茅盾读书法

茅盾(1896—1981)是现代文学巨匠。原名沈德鸿,字雁冰,笔名茅盾。曾任文化部部长、全国政协副主席。他不仅著有《子夜》等许多小说,同时也写散文和评论,翻译外国文学。其学识的渊博、阅读的丰富,是一般人难以企及的。在漫长的读书生涯中,他积累了相当丰富的读书经验。由于茅盾是个文学家,因而他所说的读书经验,多半是与文学相关的。归纳起来约有三点。

第一,各种流派的文学作品都要读。

茅盾曾把自古以来的文学作品粗粗分为三大类:“历史的,当代现实的和幻想的(灵怪变异)”。尽管历史类的和幻想类的文学作品离现实生活远了一点,但他认为这三大类中都有杰作,而“这三类中的杰作,一样可以使人百读不厌”。

众所周知,茅盾是一位现实主义小说家,又受左拉自然主义的影响,他所写的《子夜》《春蚕》《林家铺子》《蚀》等著名小说,都以反映现实著称。但他并不因此而偏废了历史或幻想题材的小说。他在《爱读的书》中就坦率地说:“我个人爱读的文学作品,就有不少是历史的和幻想的。”

在中国的历史类小说中,茅盾喜欢读《三国演义》和《水浒传》,“尤爱《水浒》”。究其原因，主要是因为他觉得《水浒传》的人物性格和描写技巧要超过《三国演义》。在外国的历史类小说中，他则比较喜欢大仲马的《三个火枪手》、列夫·托尔斯泰的《战争与和平》等。他认为《战争与和平》中所写的一些大场面，“都是五色缤纷，在错综中见整齐，而又写得多么自然，毫不见吃力”。所以，他觉得《战争与和平》的成就又要超过中国的《水浒传》和法国的《三个火枪手》。

在幻想类小说中，茅盾最喜欢中国的《西游记》，认为它“是幻想，然而托根于现实”。由于同样的原因，他也喜欢读《聊斋志异》中的某些篇章。对于欧洲中世纪的幻想小说，他则比较喜欢《列那狐的故事》。他认为这一小说可以与中国的《西游记》《聊斋志异》等小说媲美，“也是同类的杰作”。他读中外的幻想类小说还得出了一个经验：“大凡托根于现实的幻想的作品，因其诡谲而恣肆，常比直写现实生活者更为动人。”

由于茅盾小说擅长写实，关注当代，因而他对反映现实和当代的小说更为喜欢，那也是理所当然的事。他说：“至于反映当代现实的作品，我所爱读的范围就很大了。”如清末的四大谴责小说《官场现形记》《二十年目睹之怪现状》《老残游记》《孽海花》，以及鲁迅等人的小说，都是他所爱读的。外国的反映现实的小说，他比较爱读的则有高尔基、巴比塞、萧伯纳、德莱塞、罗曼·罗兰等。

总之，不管你是哪一风格流派的作家，或是喜好哪一流派的读者，对于文学作品，茅盾总认为应该扩大阅读范围，了解各种题材和风格，这样才能拓宽眼界，兼取众长，从各方面汲取养料，无论对从事文学创作，或是提高文学修养，增加文学欣赏能力都会带来帮助的。

第二，读文学作品一定要“入迷”，方才有益。

茅盾在《论“入迷”》一文中，曾对几种人的阅读态度作过描述、分析和批判，他说：

> 有些人一拿起小说来读，便在心里说：“小说家言，岂能当真。”于是他带着怀疑的微笑，被动地看下去了。有些人进了戏园，就自己提醒自己道：“这是做戏呀！”于是他让戏拉着，坐到终场。他们自视为绝顶聪明的人。

但是，茅盾认为这些人并不聪明，因为他们在一开始时就把小说和戏剧当成假的，这样的人是永远不会“入迷”，并对小说和戏剧产生真正的兴趣的。在他看来，“读小说或戏剧，一定得有几分‘入迷’”。

他所说的“入迷”，并不是要读的人走火入魔，痴迷书中，而是能全神贯注地沉浸到书中，用他的话来说：“就是走入作品中，和书中人一同笑一同哭，这才算不负那小说或戏曲，而小说或戏曲也没有白糟蹋了他的光阴。”或者说，当他在看小说或戏剧时，“应该毫无杂念”。因为只有先“入迷”，读者然后才能体会到小说或戏剧中的种种好处、妙处或技巧，否则就难以有深切的体会。再退一步说，作家在写小说时本身就多处于“入迷”状态，而读者如果未读之前先设一防线，不愿“入迷”，那再好的小说也不会使他得益。

第三，如何读世界名著？

本来中国人只知道读中国名著《三国演义》《水浒传》《红楼梦》《西游记》之类。自近世以来，特别是20世纪以来，许多驰名世界的西洋小说被翻译家译成中文，介绍到国内，中国人方始眼界大开，才知道除了中国的《三国演义》《水浒传》《红楼梦》以外，还有法国的《茶花女》、英国的《鲁滨孙漂流记》、俄国的《安娜·卡列尼娜》，一时间，大仲马、狄更斯、屠格涅夫、巴尔扎克、雨果等人的名字风靡中国文坛。除了中国古典名著以外，又有了“世界文学名著”的新名词。当时有许多青年学生就如饥似渴地读着这些外国名著，并使自己的生活或思想观念发生了新的变化。又由于外国名著缤纷多彩，无论内容和形式都与中国的章回小说有着极大的差别，因此，如何阅读这些外国名著也就成了当时文坛和教育界十分关心的一个问题。就作家来说，也流行着一句很普遍的话，就是“向名著学习”。

鉴于这些情况，茅盾在 1943 年访问延安时，于 3 月 18 日在中央文化会堂作的一次题为《认识与学习》的演讲中，也曾专门谈到了如何阅读世界文学名著的问题。在谈到延安作家流行“向名著学习”时，他说：“对于这一点，一般的看法是这样：拿一本名著通读一遍，再精读一遍，注意其全部结构、人物的描写等等，做札记，做分类卡片……”

茅盾承认，运用这样的读书方法，“也可以学习到一点”。但他认为仅仅这样阅读还是不够的，这只能说是学到了一半，也仅仅是名著的技巧，一种表面的东西，而没有学到更重要的东西。在他看来，任何一部世界著名小说中，除了有作家的写作技巧以外，还有作家的生活经历和积累，有着作家对生活的认识和态度在内，看他如何表现生活、把握生活，他认为这些东西比作家的小说技巧更重要，“如果我们仅仅学习名著的技巧，那等于买椟还珠，把真正的好东西弃掉了……所谓真正的好东西，还是生活”。因此，他主张在阅读世界著名小说，向世界名著学习技巧的同时，也应该把自己的生活和对生活的认识结合进去，“与书中人物共生活”，成为“向生活学习的另一方式”，这样对自己的帮助才会更大。

总之,茅盾对文学作品,特别是小说的阅读是非常有经验的,他总是提醒人们阅读小说时应注意其中的人物性格描写、人物与情节的关系、小说的布局和语言、小说中所反映的生活如何等等。如果谁把握了这些基本的要领,那就基本上掌握了小说阅读的主要方法了。

朱光潜读书法

朱光潜(1897—1986)是现代著名的美学家、文艺理论家。字孟实。从小读四书五经、《古文观止》、《唐诗三百首》,后赴英、法诸国留学,读哲学、文学、心理学、艺术史等。回国后在北京大学、清华大学任教。他学贯中西,知识渊博,著述甚富,有《文艺心理学》《诗论》《变态心理学》《西方美学史》等,并翻译了大量的西方美学著作,为沟通东、西方的美学、艺术、文化,做了大量工作。后来他的许多著译都收入《朱光潜全集》中。

朱光潜一生好学,读书,教书,著书,译书,名满天下。他认为读书是个谈不尽的问题,早在20世纪20年代,他在《给青年的十二封信》中,第一封信就是《谈读书》,十几年后,他又专门写过一篇《谈读书》的文章,虽见解上略有变化,但基本精神区别不大,仍相一致。现在我们以这两篇文章为主体,再结合他的《自传》,以及《美学拾穗集》中的一些文章,综合起来谈一下。

大致说来,朱光潜的读书方法约有十点。

第一,除课堂内读的书以外,也可注意读课堂外的书。

学校里所规定的教科书、讲义和教材,那是应该读好的。朱光潜也不否定这一点,他说:“讲义课本着意在平均发展基础知识,固亦不可不读。”不过，他又不赞成仅读学校里的教材，说：“但是你如果以为念讲义看课本，便尽读书之能，那就大错特错。”他说这话主要有两点理由：

第一，学校功课门类虽多，而范围究极窄狭。你的天才也许与学校所有功课都不相近，自己在课外研究，去发见自己性之所近的学问。再比方你对于某种功课不感兴趣，这也许并非由于性不相近，只是规定课本不合你的口胃。你如果能自己在课外发见好书籍，你对于那种功课的兴趣也许就因而浓厚起来了。第二，念讲义看课本，免不掉若干拘束，想藉此培养兴趣，颇是难事。比方有一本小说，平时自由拿来消遣，觉得多么有趣，一旦把它拿来当课本读，用预备考试的方法去读，便不免索然寡味了。

鉴于这两点理由，所以朱光潜认为学生读书不能仅以课堂教材为限，而应在课堂教材之外读些自己感兴趣的课外书。他甚至认为：“兴趣要逍遥自在地不受拘束地发展，所以为培养读书兴趣起见，应该从读课外书入手。”

第二，养成并坚持每天读一点书的习惯。

朱光潜主张在课堂之外应读一些感兴趣的书，可是学校课程繁多，又怎么用时间，怎样来读呢？

对于这个问题，朱光潜认为可以每天挤一点时间，哪怕是半小时也是好的，如果坚持下来，加起来就是不得了的时间。他开导学生说：

你每天真抽不出一点钟或半点钟的功夫么？如果你每天能抽出半点钟，你每天至少可以读三四页，每月可以读一百页，到了一年也就可以读四五本书了。何况你在假期中每天断不会只能读三四页呢？

所以,朱光潜认为:“你能否在课外读书,不是你有没有时间的问题,是你有没有决心的问题。”他举美国科学家和革命家富兰克林为例,说他小时候在印刷局做小工,读书全是在见缝插针中进行的。所以,他认为只要有决心,总会有读书的时间的。有了坚持每天读书的习惯,积累起来,必定会有收获。

第三,对于所读的书必须慎加选择。

随着历史的发展和精神遗产的丰富,书籍将越来越多。书多固然好,但朱光潜却认为:“书籍愈浩繁,而读书也就愈不易。”他觉得书多了至少有两大流弊:“第一,书多易使读者不专精”,古代学者因书籍难得,虽读得不多,但读一部是一部,口诵心推,了然于心,以致变成一种精神原动力,一生受用不尽;“其次,书多易使读者迷失方向”,在朱光潜看来,现在任何一个学科的书籍都可以装满一个图书馆,“许多初学者贪多而不务得,在无足轻重的书籍上浪费时间与精力,就不免把基本要籍耽搁了”。

正是在这样的前提下,朱光潜主张读书必须要有所选择。他在20世纪20年代的《谈读书》中说:

书是读不尽的,就读尽也是无用,许多书没有一读的价值。你多读一本没有价值的书,便丧失可读一本有价值的书的时间和精力;所以你须慎加选择。你自己自然不会选择,须去就教于批评家和专门学者。

过了十几年以后,他在新写的《谈读书》一文中再次提出并强调了读书的选择问题。他说:

读书并不在多,最重要的是选得精,读得彻底,与其读十部无关轻重的书,不如以读十部书的时间和精力去读一部真正值得读的书;与其十部书都只能泛览一遍，不如取一部书精读十遍。

他的这种读书方法，可以说是他经验的总结，似乎值得引起我们每个人的警觉。他如此再三的关照，必有道理在内。

第四，选读时应该注重读原著。

朱光潜既然提出并强调了读书要注意选择的问题。那如何选择呢？他说可以去请教批评家和专家，这固然是选择的方法之一，但还有一个办法，那就是应该尽量去读原著。关于这一点，朱光潜也是再三强调的。

早在20世纪20年代，他就对青年们说："走进图书馆，你尽管看见千卷万卷的纸本子，其中真正能够称为'书'的恐怕难上十卷百卷。你应该读的只是这十卷百卷的书。"他所说的这"十卷百卷"的书，其实就是中外古今大学者大作家的原著。他诚恳地关照：

> 这些书才能撼动你的心灵，激动你的思考。其他像"文学大纲""科学大纲"以及杂志报章上的书评，实在都不能供你受用。你与其读千卷万卷的诗集，不如读一部《国风》或《古诗十九首》；你与其读千卷万卷谈希腊哲学的书籍，不如读一部柏拉图的《理想国》。

没想到在十多年以后，他在《谈读书》一文中又强调了这一问题：

> 比如学哲学的尽管看过无数种的哲学史和哲学概论，却没有看过一种柏拉图的《对话集》；学经济学的尽管读过无数种的教科书，却没有看过亚当·斯密的《原富》。做学问如作战，须攻坚挫锐，占住要塞。目标太多了，掩埋了坚锐所在，只东打一拳，西踢一脚，就成了"消耗战"。

第五，读书必须养成深思熟虑的习惯。

朱光潜虽然主张读书要加选择，而且尽量要读原著。但不管选择也罢，读原著也罢，他对读书还有一个要求，那就是要进行思考。光读书而不加思考是不行的。他的所谓“精读”，也就是边读边思考，或读后加以思考的意思。他说：

> “旧书不厌百回读，熟读深思子自知”，这两句诗值得每个读书人悬为座右铭。读书原为自己受用，多读不能算是荣誉，少读也不能算是羞耻。少读如果彻底，必能养成深思熟虑的习惯，涵泳优游，以至于变化气质；多读而不求甚解，譬如驰骋十里洋场，虽珍奇满目，徒惹得心花意乱，空手而归。世间许多人读书只为装点门面，如暴发户炫耀家私，以多为贵。这在治学方面是自欺欺人，在做人方面是趣味低劣。

第六，读书要有预定的计划与系统。

在我们生活中，有许多人实际上都是凭兴趣读书的。朱光潜对此并不反对，他的思想倒也开明，戏称为“打游击”和“蜜蜂采蜜”，有弊也有利，也未尝不可。他说：“有些人读书，全凭自己的兴趣。今天遇到一部有趣的书就把预拟做的事丢开，用全副精力去读它，明天遇到另一部有趣的书，仍是如此办，虽然这两书在性质上毫不相关。一年之中可以时而习天文，时而研究蜜蜂，时而读莎士比亚。在旁人认为重要而自己不感兴味的书都一概置之不理。这种读法有如打游击，亦如蜜蜂采蜜。它的好处在使读书成为一种乐事，对于一时兴到的著作可以深入，久而久之，可以养成一种不平凡的思路与胸襟。它的坏处在使读书泛滥而无所归宿，缺乏专门研究所必需的‘经院式’的系统训练，产生畸形的发展。”不过，如果一个人有自己的学业和志向，那就不能光凭兴趣地泛然阅读了，而要有一个计划和系统。他说：

但是一个人如果抱有成就一种学问的志愿，他就不能不有预定计划与系统。对于他，读书不仅是追求兴趣，尤其是一种训练，一种准备。有些有趣的书他须得牺牲，也有些初看很枯燥的书他必须咬定牙关去硬啃，一久了他自然还可以啃出滋味来。

第七，读书要有中心，有中心才易有系统组织。

对于有专门学业和志向的人来说，既然不能仅凭兴趣读书，而要有计划和系统，那怎样才容易构成合理的计划和系统呢？朱光潜提出了一个观点，这就是："读书要有中心，有中心才易有系统组织。"那怎样才算是有中心呢？他举例道：

比如看史书，假定注意的中心是教育与政治的关系，则全书中所有关于这问题的史实都被这中心联系起来，自成一个系统。以后读其他书籍如经史子集之类，自然也常遇着关于政教关系的事实与理论，它们也自然归到从前看史书时所形成的那个系统了。

他还说："大凡零星片段的知识，不但易忘，而且无用。每次所得的新知识必须与旧有的联络贯串，这就是说，必须围绕一个中心归聚到一个系统里去，才会生根，才会开花结果。"

应该说，朱光潜对于读书要有中心与建立一个系统的关系说得很清楚了，并且把其中的好处也揭示了出来。不仅如此，他还说到了读书须有一个中心与读书兴趣之间的关系，认为有一个中心，也便于维持读书的兴趣。他说：

读书须有一个中心去维持兴趣，或是科目，或是问题。以科目为中心时，就要精选那一科的要籍，一部一部地从头到尾读，以求对于该科得到一个概括的了解，作进一步高深研究的准备。读文学作品以作家为中心，读史学作品以时代为中心，也属于这一类。以问题为中心时，心中先须有一个待研究的问题，然后采关于这问题的书籍去读，用意在搜集材料和诸家对于这问题的意见，以供自己权衡去取，推求结论。

这不仅对做学问的人有启发，恐怕对于一般的读书人和在校的学生，也会有一定的启发作用。

第八，凡值得读的书至少读两遍。

朱光潜尽管谈了许多读书经验和读书方法，但不轻易冠以“读书方法”的字眼，而对于这第八点，他倒是称为“读书方法”的。他说：

凡值得读的书至少须读两遍。第一遍须快读，着眼在醒豁全篇大旨与特色。第二遍须慢读，须以批评态度衡量书的内容。

建议一本书读两遍、三遍甚或更多的人不在少数，但究竟如何读，却也人各异词，令人不得要领，而朱光潜的“快读”“慢读”之说，话虽不多，却甚得要旨，不仅容易理解，也便于操作。

第九，读书时要作笔记。

关于这一点，朱光潜也是称之为“读书方法”的。因为在他看来，读书时写笔记，不仅能加强记忆，还能有利于思考。他的原话是这样的：

读过一本书，须笔记纲要和精彩的地方和你自己的意见。记笔记不但可以帮助你记忆，而且可以逼得你仔细，刺激你思考。

这一点他也说得很简单，但也很扼要。所谓笔记，其中有纲要，有书中精彩的地方，同时也有你自己的意见。

第十，边阅读，边写作。

朱光潜虽然考取官费，留学英、法两国，但由于生活困难，加上官费经常不发，为了吃饭生存，他不得不写些文章，以取得一些稿费糊口。渐而渐之，他养成了一边读书，一边写作的习惯，并认为这也是一个学习方法。他在《自传》中说：

> 同时，我也发现边阅读、边写作是一个很好的学习方法。这样学习比较容易消化，容易深入些。我的大部分解放前的主要著作都是在学生时代写出的。

但写作与写读书笔记毕竟是不同的，朱光潜也没有特别提倡这种边阅读、边写作的读书方法，他也是为生活所逼，迫不得已才采用了这一方法。只是感到对读书学习也颇有好处，“容易消化，容易深入些”，才作为一种学习方法提出来的，未必要叫别人也非得如此。

纵观朱光潜的十种读书方法，虽然有些方法别人也提到过，但在他的方法中却有一种内在连贯性，并不让人觉得重复，反而感到他的方法既自成体系，又富有个性。特别是他的读书要有一个中心以及一边阅读、一边写作等方法，很少见到有人总结，可以说是他的独创，尤可值得我们注意。

最后，我们再谈一下朱光潜学外语的读书方法。

朱光潜精通英、法、德等多种外文，翻译过克罗齐的《美学原理》、柏拉图的《文艺对话集》、黑格尔的《美学》、莱辛的《拉奥孔》、爱克曼辑录的《歌德谈话录》、维柯的《新科学》等许多西方经典著作。即使在年近花甲时，为了工作和学业的需要，他仍自学俄语。

许多人都说学外语难，有些人甚至感到很头痛。但朱光潜通过自己的学习历程，却认为“学外文也并不是很难的事”。下面就是他介绍自己如何自学俄语的一些经验和体会：

我在解放后快进六十岁了,才自学俄语,一面听广播,一面抓住《联共党史》、契诃夫的《樱桃园》和《三姊妹》、屠格涅夫的《父与子》和高尔基的《母亲》这几本书硬啃。每本书都读上三四遍:第一遍只求粗通大义;第二遍就要求透懂,抱着字典,一字一句都不肯放过,词义和语法都要弄通,这一遍费力最多,收效也较大;第三遍通读就侧重全书的布局和首尾呼应的脉络以及叙事状物的一些巧妙手法,多少从文学角度去看它。较爱好的《母亲》还读过四遍。无论是哪本书,我有时还选出几段来反复朗诵,到能背诵的程度。这些工作都是在课余抓时间做的,做了两年之后,我也可以捧着一部字典去翻译俄文书了。

朱光潜是从六十岁左右开始学俄语的,他自学俄语的经验和方法,在他以上的一段话中已说得很清楚,我们不再归纳和条分缕析了。此话引自他的《我学美学的一点经验教训》一文,他虽是为美学而来学俄语的,但他的一些经验和方法,仍为大家、特别是老年人学外语而开辟了一条可供参考的新途径。

朱自清读书法

朱自清(1898—1948)是现代著名的散文家、诗人和学者。字佩弦。早年曾在吴淞中国公学教书,后在清华大学、西南联大等校任教。他的散文名篇《背影》《荷塘月色》等多次被收入教材,流传很广。他在新旧体诗的写作上均有建树,对中国古典文学也有相当精湛的研究。撰写出版的著作达27种之多。除诗文创作以外,还有文艺批评和学术研究。再加上他毕生从事教育工作,故对学生如何读好书、读哪些书都有很好的见解,也积累了一些读书经验。归纳起来,其主张的读书方法主要有三点。

第一,强调朗读。

也许是他自小受传统国学教育、多加诵读的关系,也许是他长期从事语文教学的缘故,朱自清一直非常重视和强调朗读,并认为这是读书的一个重要方法。他曾经在《论朗读》《诵读教学与"文学的国语"》《朗读与诗》《论朗诵诗》等多篇文章中,谈到朗读在读书学习中的重要性。在《论朗读》一文中,他开宗明义地论说:

在语文的教学上,在文艺的发展上,朗读都占着重要的位置。

接着便举例道:"从前私塾里教书,老师照例范读,学生循声朗诵。早年学校里教古文,也还是如此。五四以来,中等以上的国文教学不兴这一套；但小学里教国语还用着老法子。”根据朱自清的体会，朗读一项，对于中小学生尤其需要。他认为“诵”实际上就是背诵，与读是有区别的。小学生应该多背诵些东西，但朗读所应用的范围更广。他说：

读的用处最广大，语文教学上应该特别注重它。现在的学生只在小学里学会了诵，吟、读、说都不曾学。诵在离开小学后恐怕简直用不着；读倒是常常用着。

说到“吟”，朱自清当然也不是提倡像古人那种“摇头摆尾”的样子，他认为“摇头摆尾正是吟文的丑态”。但他并不因此而排斥“吟”。他觉得学校里废弃“吟”这么多年，可说“是教学上一个大损失”。因为在他看来，“古文和旧诗、词等都不是自然的语言，非看不能知道它们的意义，非吟不能体会它们的口气——不像白话诗文有时只听人家读或说就能了解欣赏，用不着看”。

但是，朱自清虽然不主张白话文也要像古文那样去吟，但觉得白话文至少也得去朗读，光用眼睛看还不行。依照他的体会，不论是中小学生，或大学生、成年人，朗读总是读书的一种重要方法。他说，自己听老舍读《剑北篇》里的一段，就“觉得比单是阅读所得多”。也就是说，朗读的读书方法，对于读的人来说可加深记忆和印象，对听的人来说，也是“听的所得比看的所得多而且好”。这就难怪朱自清要如此重视并再三加以强调了。

第二，力戒浮躁。

五四以后，西风更猛烈地吹进中国，新文学蓬蓬勃勃，各种学说纷纷出笼。市面上可以经常看到“概论”“大纲”“小史”一类的书，看上去倒也挺热闹。但朱自清却有自己的担忧。他把这类书称为“架子书”。并解释道：“说是架子书，因为这种书至多只是搭着的一副空架子，而且十有九是歪曲的架子。”他在《论青年读书风气》一文中，还结合当时青年读书浮躁的风气，找出了这些“架子书”泛滥的原因：

供给由于需要；这个需要大约起于五四运动之后，那时青年开始发现自我，急求扩而充之，野心不小。他们求知识像狂病；无论介绍西洋文学哲学的历史及理论，或者整理国故，都是新文化，都不迟疑地一口吞下去。他们起初拼命读杂志，后来觉得杂志太零碎，要求系统的东西；“概论”等等便渐渐地应运而生。

而不少青年人“有了这副架子，除知识欲满足以外，还可以靠在这架子上作文、演说、教书。这便成了求学谋生的一条捷径”。对于这样的读书风气，朱自清认为是很可悲的，可以说是一种急功近利、急于求成的浮躁现象。他诚恳而又委婉地提醒道：

有人说从前读书人只知道一本一本念古书，常苦于没有系统；现在的青年系统却又太多，所有的精力都花在系统上，系统以外便没有别的。但这些架子是不能支持长久的；没有东西填进去，晃晃荡荡的，总有一天会倒下来。

也就是说，他希望青年学子力戒浮躁，不要光追求那些空洞的系统，只看“概论”“大纲”之类的“架子书”，而应该扎扎实实地读些书，读些实在的书。有实体，在实体基础上再建立系统，追求系统化，或者系统与实体相结合，两者都读，这样的读书方法才会持久有效。

第三，建议读些古诗文。

自五四新文化运动以后，许多青年学生不愿意读古诗文，认为不容易懂，并且觉得与现代的生活关系不大。朱自清虽然理解青年学生们的一些想法,但根据他的意见,既然作为一个中国人,古代的诗文还得读一些,国学基础还得有一些。他在《古文学的欣赏》一文中说:“新文学运动开始的时候,胡適之先生宣布‘古文’是‘死文学’,给它撞丧钟,发讣闻。所谓‘古文’,包括正宗的古文学。他是教人不必再做古文,却显然没有教人不必阅读和欣赏古文学。”为此,他在《〈国文教学〉序》中曾鲜明地指出:

> 到那时青年们也许就可以看出中国人虽然需要现代化,但总是我们中国人在现代化,得先知道自己才成;而这在现时还得借径于文言或古书。

很显然,朱自清认为:中国人要搞现代化,首先必须要了解自身,而要了解自身,就一定得读文言文或古书,别无捷径。那么,究竟如何来阅读或欣赏古代文学呢?朱自清觉得,首先要打通文字这一关。而要过文字关,可以借助注释和白话讲解,针对当时有些学生读古书只求了解大意的情况,他甚至提出可以下些“咬文嚼字”的工夫。在他看来,“没有受过相关咬文嚼字的训练或是没有下过相当的咬文嚼字的工夫的人,是不能了解大意的,至少了解不够正确”。如果过了文字关,古代文学就好懂多了。

其次,要尽量理解和把握古代文学中的思想感情。当时“有些青年人以为古书古文学里的生活跟现代隔得太远,远得渺渺茫茫的,所以他们不能也不愿意接受那些”。针对这种思想,朱自清却提出了不同的想法,认为人情和人性并不因时代而隔离,可以相互沟通。他在《古文学的欣赏》中说:

> 古人所谓“人情不相远”是有道理的。尽管社会组织不一样,尽

管意识形态不一样，人情总还有不相远的地方。喜怒哀乐爱恶欲总还是喜怒哀乐爱恶欲，虽然对象不尽同，表现也不尽同。

他的意思是说，不论古今，人性总是相近的，人的思想感情也大体上是相同的，而历史也是连续的，认识了这一点，也就容易使我们更好地阅读、理解和欣赏古代的文学作品。

除了以上几点以外，朱自清也谈到过新诗和小说的阅读问题，其中也有不少有趣的见解。最带劲的是，他还专门探讨过"百读不厌"的读书现象，并从读者心理和作品本身两个角度加以分析，观点也甚新颖，可以说是他多年读书经验总结的一个方面。

丰子恺读书法

丰子恺(1898—1975)是现代著名的漫画家、作家和音乐家。他的漫画线条简洁,却相当传神,意味隽永,深得人们的喜爱。他的文学造诣也很高,尤擅长散文,有散文集《缘缘堂随笔》《子恺小品集》《车厢社会》等,翻译则有《源氏物语》等。早年从事教学和编辑,中华人民共和国成立后曾任中国美术家协会上海分会主席、上海文联副主席、上海中国画院院长等职。

读书可以说是丰子恺的终生爱好。他虽然以绘画著称于世,但他却始终与书本为伴。更可贵的是,他也是自学成才。他在《我的苦学经验》中曾感慨地说:"你们也许以为我的读书生活是幸运而快乐的;其实不然,我的读书是很苦的。你们都是正式求学,正式求学可以堂堂皇皇地读书,这才是幸运而快乐的。但我是非正式求学,我只能伺候教课的余暇而偷偷隐隐地读书。"他还十分诚恳地说:"在我,只有诗歌、小说、文艺,可以闲坐在草上花下或偃卧在眠床中阅读。要我读外国书或知识学科的书,我必须用笨功。"他自谦地把自己的读书方法称为"笨法子"。下面我们就来看看他有哪些"笨法子"。

首先,让我们来看看他"读外国语"的"笨法子"。丰子恺对英语、日语都很熟悉。根据他的经验,认为:

第一，我以为要通一国的国语，须学得三种要素，即构成其国语的材料、方法，以及其语言的腔调。材料就是“单语”，方法就是“文法”，腔调就是“会话”。我要学得这三种要素，都非行机械的方法而用笨功不可。

他所说的“单语”，就是我们现在习惯上所说的“单词”和生字。在他看来，“‘单语’是一国语的根底。任凭你有何等的聪明力，不记单语是决不能读外国文的书，学生们对于学科要求伴着趣味，但谙记生字极少有趣味可伴，只得劳你费点心了”。他的办法是把所有的生字写成纸牌，放在小匣子里，每天摸出来记诵一遍。然后把已经熟记掌握的纸牌抽出放在一边，未记住的放在另一边，以便明天再记诵，直到全部记住，才开始读书，顿觉痛快流畅，趣味甚足。

丰子恺学外语的“文法”，方法也很特别，他自称为“笨法子”。他坦率地说：“我不读文法教科书，我的机械的方法是‘对读’。”所谓对读，就是拿一本英文经典著作和中文版的同样书并列在书桌上，一句一句地对读。不仅经典著作，即使是其他的英文名著和著名译本，他也常拿来对读。长期坚持，即能“积起经验来，便可实际理解英语的构造和各种词句的腔调”。不过，丰子恺还提醒道：

但对读的态度当然是要非常认真。须要一句一字地对勘，不解的地方不可轻轻通过，必须明白了全句的组织，然后前进。我相信认真地对读几部名作，其功效足可抵得学校中数年英文教科。

丰子恺所说的“会话”，就是关于外语对话的腔调的学习。由于当时不像现在有录音带，他也没法到西洋，也缺少与外国人共处的语言环境，全靠自己摸索。于是，他所取得的唯一的办法就是“熟读”。如何熟读？用他自己的话来说，具体操作如下：

> 我选定了一册良好而完全的会话书，每日熟读一课，克期读完。熟读的办法更笨，说来也许要惹人笑。我每天自己上一课新书，规定读十遍。计算遍数，用选举开票的方法，每读一遍，用铅笔在书的下端划一笔，便凑成一个字。不过所凑成的不是选举开票用的“正”字，而是一个“讀”字。……“讀”字共有二十二笔，故每课共读二十二遍，即生书读十遍，第二天温五遍，第三天又温五遍，第四天再温二遍。故我的旧书中，都有铅笔画成的“讀”字，每课下面有一个完全的“讀”字，即表示已经熟读了。这办法有些好处：分四天温习，屡次反复，容易读熟。

在不具备各种外语会话的条件下自学外语，他的这种笨法子不失为学外语会话的方法之一。

接下来，让我们来看看他对于知识学科的书是如何读法的。在丰子恺看来，“我们读史地理化等书，亦无非欲知道事实。凡一种事实，必有一个系统。分门别类，源源本本，然后成为一册知识学科的书”。因而，他视“把握系统，是读知识学科的书籍的第一要点”。具体方法叙述如下：

> 凡读一书，能处处注意其系统，而在自己的头脑中分门别类，作成井然的条理；虽未看到书中详叙细事的地方，亦能知道这详叙位在全系统中哪一门哪一类哪一条之下，及其在全部中重要程度如何。这仿佛在读者的头脑中画出全书的一览表，我认为这是知识书籍的最良的读法。

丰子恺不是个好说空话的人，他就是用他所说的“最良的读法”，来刻苦地学完了历史、地理、物理、化学等“知识科学”的。

综合丰子恺对外国语的学习方法和对知识学科的读书方法，虽然有些地方以今天的眼光看似乎太笨了一些，但他刻苦求索的精神却是很可贵的。再说，他每学一样东西，都能设计出一套方法，这本身就是一种智慧。在他学外语的三种要素中，除了“会话”对今天的学生已无什么借鉴的意义，但“单语”和“文法”两种要素，却仍能使我们得益。丰子恺主要是自学成才的，因而他所总结的读书方法也主要适合那些自学者。但这并不是说对其他人就没有意义，只要是善于学习、虚心学习的人，都能从他的经验总结中获得自己所需要的东西。

闻一多读书法

闻一多(1899—1946)是现代著名的诗人、作家和学者。本名闻家骅,字友三。早年在清华学校(今清华大学)读书,后赴美国留学,专攻美术。同时研读西洋文学,留心诗与戏剧。回国后在武汉大学、青岛大学任文学院院长兼国文系主任,以后又曾在清华大学、西南联大等校任教。最后又为了中国的民主事业而被国民党特务暗杀,举国为之震惊。著有诗集《红烛》《死水》等,并有大量散文和学术专著。

闻一多出身在一个书香门第,从小就读古诗文,父亲曾教他《史记》《汉书》,他听后,每遇有生活中与书中人事相近者,便讲给父亲听,父亲大喜。这说明,闻一多从小就对书中内容十分注意。概括起来,他的读书方法和经验有四点。

第一,读书时或作笔记,或写眉批。

闻一多读书非常用功,常达废寝忘食的地步,甚至经常到熹微鸡啼之时,方才抛书入睡。他读书有个习惯,就是一边阅读,一边勤写笔记,常作眉批,把自己的阅读感想或思想闪亮点记下来。这一点,他的同学和朋友梁实秋也十分清楚,他在《谈闻一多》中曾记载过有关闻一多的读书习惯。他说:

他喜爱读书,于中国文学之外旁及于西洋文艺批评,而且笔下甚勤,随时作有笔记。他看过的书常常有密密麻麻的眉批。

需要说明的是,闻一多的作笔记和写眉批,似有继承中国读书传统的一面,但又与传统的不一样,因为他的读书笔记不仅用中文抄写,而且还用英文抄写。这样也可以增加对英文的熟悉与了解。

第二,要把书读懂,先求不懂。

闻一多曾说:"书要读懂,先求不懂。"此话怎讲?根据我们的考察和理解,闻一多说此话的主要目的,是希望人们在读书时应先找出难点和疑点,也就是苏东坡说的"八面受敌"的意思,然后再查找各种有关的资料,逐一把这些疑点和难点加以解决,达到最后读懂的目的。他对中国古代的先秦文学和原始神话之所以能屡屡提出与前人不同的合理而又全新的见解,写出了《什么是九歌》《龙凤》《神仙考》《歌与诗》《说舞》等一系列既有学术价值又经得起推敲的考证文章,这分明与他的这种"书要读懂,先求不懂"的读书方法有关。当然,他所说的"先求不懂",其归根到底的最终目的仍是要把书读懂。

第三,凡文学书籍可细读,如科学、哲学、历史类的书则可速读,求其大意即可。

我们知道,不论古今中外,一般来说,科学、哲学、历史书籍等较为艰深,所以大多数前辈名人建议应沉下心来慢慢细读,而对于文学书籍,特别是小说、诗歌等书,则可轻快地阅读,作为放松精神、娱悦心情的一种手段。如马克思读哲学书籍累了,就读莎士比亚、巴尔扎克等人的文艺书籍,他是把读这些书当作休息来对待的。而闻一多却与众不同,认为文学书宜细读,科学、哲学、历史类书宜快读。当他得知自己的弟弟闻家驷读书速度不快时,便教了他这个方法,说:

读书甚慢，此非好习惯，当求打破。凡读文学书，如小说、诗词等，不妨细读，反复吟咏；若读哲史科学，则当速读，但观大意，不求甚解，即把握其思想而不斤斤于字面之穿凿也。

其弟闻家驷后来是否照闻一多所建议的读书方法去做？效果如何？今天都无法知道。而当时闻一多又是出于何种背景和目的提出来的，至今也无法详知。但闻一多的这一读书方法，的确是十分罕见，也许他本人有过一定的尝试。

第四，喜欢利用暑假时间读书。

每逢学校放暑假，不少同学都会想到应休息一下，或是痛痛快快地玩一下和放松一下。而读书勤奋的闻一多却不愿轻易放过这段时光。每逢暑期返家，他基本上都是闭门读书，不事娱乐，这几乎已成了他一种特殊的读书习惯，甚至是一种读书方法也不为过。如他在自己所写的《自传》中就曾写道：

每暑假返家，恒闭户读书，忘寝馈。每闻宾客至，辄踧踖隅匿，顿足言曰："胡又来扰人也！"所居室中，横胪群籍，榻几恒满。

梁实秋在回忆闻一多的文章中也谈到，清华学校放暑假时，当有些同学去西山卧佛寺组织夏令营时，闻一多却回浠水老家闭户读书。那么，他为什么在暑假的大热天里仍要读书？又是读些什么书呢？闻一多在给父母的信中曾简明地作了解答：

读经史终以暑假为宜，以时宽而志专也。

不过，他也并不是完全为了读经史，有时也是为了抓紧时间作自修。如他在美国给父母的信中就曾说：

此间学校，每季为一学期，故一年有四学期，除暑假，则三学期。

三学期乃正式期限，但有愿于暑假中继续修业者亦可能也。故若能连读三暑假，则可减省一年之光阴也。

由此可见，闻一多之所以喜欢利用暑假时间闭门读书，不怕酷热，并不完全是为了专心致志地读经史，归根结底还是珍惜光阴，想用更多更充分的时间来读书，以便求得更多的知识。

闻一多无论是写诗还是治学，均以严谨著称，其读书也相当认真刻苦。但纵观以上所总结的他的四点读书方法，特别是第二点和第三点，的确显得十分罕见。恐怕有他特殊的理由，我们一时无法详究。不过，他的文学成就和学术成就又相当之高，特别是诗歌成就和考证成就，均可属第一流之列。这又不能不使我们对他的读书方法发生一定的兴趣。所以，闻一多读书生涯中的某些方法，还是值得引起我们注意并加以探讨的。

老舍读书法

老舍(1899—1966)是现代著名的小说家和剧作家。原名舒庆春,字舍予。曾获“人民艺术家”称号。其实,他不但是文学创作方面的高手,同时也是一位学贯中西的学者,对于中国古代的文学名著,乃至西欧各国的文学名著,大抵都读过。他当年在山东大学教书时,就是教的欧洲通史,其知识之渊博,由此可见一斑。小说《骆驼祥子》《四世同堂》等均有名。

对于读书方法的问题,老舍在《读书》《谈读书》《写与读》等好几篇文章中都曾谈到过。由于他谦虚,又较幽默,所以谈起读书问题,他总作自我批评,有时也稍归纳几句,谈点经验得失,但多过于简单。这里则将他在20世纪30年代至50年代有关读书的议论,统加梳理,列出几点,以供读者参考。

早在30年代,老舍就写过一篇《读书》的文章,把书粗粗地列为三大类:《三字经》《尚书》等为一类;《相对论原理》等理工科书为一类;《元曲》、罗马的悲剧、辛克莱的小说又为一类。不过,他自己也说,书的种类很多,还可列,而他也承认自己这种列法并“不高明”。在谈到过去读书的方法时,他也粗粗地列了四点。

第一,没系统。

他坦率地说:“我读书没系统。借着什么,就读什么。不懂的放下,使我糊涂的放下,没趣味的放下,不客气。我不能叫书管着我。”

第二,读得快,不求记住。

他说自己以往读书,“读得很快,而不记住”。他还举例说:所谓读得快,“因为我有时候跳过几页去。不合我的意,我就练习跳远。……看侦探小说的时候,我先看最后的几页,省事”。

第三,无批评,只求一点灵感。

他说自己以往读完一本书,既不批评,也不告诉任何人。虽然有自己喜欢的和不喜欢的,“爱与不爱”的,但都“存在我自己心里。我爱念什么就念,有什么心得我自己知道,这是种享受”。他说:“我读书似乎只要求一点灵感。”

第四,不读不谈自己的书。

他说:“我不读自己的书,不愿谈论自己的书。”在他眼里,别人写过不少好书,即使未必都好,总能得到一点自己不知道的东西,而自己的书,“一提都头疼!”

二十年以后,老舍也自知以往的这些读书方法未必可取,认为“读书不求甚解”,是自己一个很大的毛病。以往读过的书,十之八九都不记得了,其原因就是“阅读时马马虎虎”,觉得自己这样很吃亏。针对自己从前读书中的这一缺点和毛病,老舍在《谈读书》中为自己提出了“矫正之法”,也就是新的读书方法。

第一,养成边读书边作笔记的习惯。

用他自己的话来说,便是“随读随作笔记”。他认为养成这一习惯,“不仅大有助于记忆,而且是自己考试自己,看看到底有何心得”。他根据自己的切身经验，曾真诚地谈过自己读书作笔记的好处：

> 不管自己的了解正确与否，意见成熟与否，反正写过笔记必得到较深的印象。及至日子长了，读书多了，再翻翻旧笔记看一看，就能发现昔非今是，看法不同，有了进步。

第二，将文艺作品和相关的评论结合起来读。

具体的操作方法如下：

> 读了一本文艺作品，或同一作家的几本作品，最好找些有关于这些作品的研究、评论等著述来读。也应读一读这个作家的传记。这实在有好处。

老舍这里所说的"好处"，至少有三点：一、可以引起研究的兴趣；二、对那些文学作品和作家能得到更深刻的了解，得到更多的营养；三、可以纠正看书时仅凭个人的喜恶和感情用事所带来的判断，以减少偏见。

在纠正自身以往不得当的读书方法，提出新的读书方法的同时，作为一个作家，老舍也谈到了如何处理好读书与写书之间关系的问题。他说自己年轻时极喜爱读英国狄更斯的小说，"我初习写作，也有些效仿他"。此外，还读过威尔斯、康拉德以及法国作家福楼拜、莫泊桑等人的作品。通过阅读，对于那些热衷写作，在读书中想有所借鉴的人来说，老舍也提供了一整套读书方法。

一，读小说，特别是近代小说，不要仅注意他们尖刻的笔调，而要注重他们用引人入胜的方法所作的某一事理的揭示。

二，最心爱的文学作品，未必是自己所能仿造的。对此，要根据自己的情况和条件来设计，学不来时不硬学。

三,各派的小说,都要看一点。老舍过去有时看了某一流派的小说,便想模仿,后来由于多读的关系,他才发现"摹仿一派的作风是使人吃亏的事"。

四,多读。他这里所指的多读,不仅是指"各派的小说",甚至是更多的文学作品,其中还包括诗歌、戏剧,这样,"读的多了,就多知道一些形式,而后也就能把内容放到个最合适的形式里去"。

当然,除了以上四点,老舍在"读与写"之间,还有一些闪光的见解,如"'论'文艺不如'读文艺'",谨防"光论而不读的毛病"。又如,"读书而外,一个作家还须熟读社会人生",他自称自己写的小说《骆驼祥子》就是在熟读了人生,对人力车夫的生活有所了解以后才写出来的。因为书上本没有关于人力车夫生活的记载。

不过,老舍尽管谈了一大堆有关读书的话,但他从不要别人来模仿自己。因为在他看来,怎样读书,"是个自决的问题;我说我的,没勉强谁跟我学"。

尽管他不要别人跟他学,但是他的读书方法,在消闲中兼有目标,又关注到读与写的关系,这对于一些奋发有为而又愿在文学创作上作一番事业的人来说,仍是有不少帮助的。

王力读书法

王力(1900—1986)是现代著名的语言学家、教育家和翻译家。字了一。曾先后在清华大学、燕京大学、西南联大等校任教,并曾任中山大学教授兼文学院院长、北京大学教授兼中文系副主任。他撰写的《古代汉语》,长期以来一直被作为许多高校的教材,影响很大;其他如《汉语诗律学》《诗词格律》等书,在社会上影响也很大。不仅如此,他还以王了一的别名,创作了散文集《龙虫并雕斋琐语》,翻译了左拉的《娜娜》《小酒店》等小说,以及莫里哀、都德等人的作品。他无疑是一位学识渊博的学者。有趣的是,他曾写有《谈谈怎样读书》的文章,专门介绍过他的读书经验。

不过,王力在《谈谈怎样读书》的标题下,却把"怎样读书"分成两个层次谈,即:"首先谈读什么书","再谈谈怎样读书"。实际上这两个层次是一个问题,都是怎样读书的问题,但既然王力把它分为两个层次谈,为尊重他的原意,我们也就先谈读什么书的问题。

第一,读书要有选择,而且很重要。

王力提出读书要加以选择的道理很简单。首先是书多,"中国的书是很多的,光古书也浩如烟海,一辈子也读不完,所以读书要有选择"。其次是时间有限,王力认为,"我们没有那么多时间……不加选择，如果读的是一本没有用处的书，或者是一本坏书，那就是浪费时间。不只是浪费时间，有时还接受些错误的东西”。

因此，他的结论是：“选择书很重要”，并称其为“去粗取精”。

至于究竟如何选择书籍，哪些书该读，哪些书不该读，王力认为，“这要根据各人的专业来定”。

第二，读书要“由博返约”。

王力所说的“由博返约”，实际上就是由博到专，要处理好博与专的关系。他批评了有些人不好的学习和研究习惯：“我们研究一门学问，不能说限定在那一门学问里的书我才念。别的书我不念。你如果不读别的书，只陷于你搞的那一门的书里边，这是很不足取的，一定念不好，因为你的知识面太窄了，碰到别的问题你就不懂了。”

因此，他主张无论是求学读书，或研究学问，或做老师教书，在专业之外，也要读一些其他书。并举例道：“搞汉语史的，除了关于汉语史的一些书要读，还有很多别的书也要读，首先是历史，其次是文学。多了，还是应该由博到专，即所谓由博返约。”

第三，读书要“厚今博古”。

关于这一点，王力怕别人不理解，特意解释道：

> 要厚今薄古。这是什么意思呢？这是因为从前人的书，如果有好的，现代人已经研究，并加以总结发挥了。我们念今人的书，古人的书也包括在里边了。

他并不是教人们不要去读原著，而是要人们注意一些重要书籍的最新最高的研究成果，由今及古，不必一下就找二千年前的原始古书来读。打个比方，读《孟子》，就可以读明人焦循的《孟子正义》，而不必去读仅是原文而无任何注释的《孟子》,那样又累,又不易读懂,效果也未必好;读《墨子》,可以读清人孙诒让的《墨子闲诂》。同样的,读《诗经》,就可以读朱熹的《诗集传》或是今人的有价值的译注本。当然,今人的有些研究成果未必都高,“如果这书质量不高,没什么价值,那就大可不念”。

当我们把第一个层次“读什么书”的问题解决后,我们再转入第二个层次,用王力的话来说,就是“怎样读书”的问题。

第一,应该注意读一本书的序言和凡例。

王力认为,我们读一本书,首先应该注意的就是这本书的序言和凡例,除非书中无序例。他说:

首先应读书的序例,即序文和凡例。过去我们有个坏习惯,以为看正文就行了,序例可以不看。其实序例里有很多好东西。序例常常讲到写书的纲领、目的。替别人作序的,还讲书的优点。凡例是作者认为应该注意的地方。这些都很好,而我们常常忽略。

在他看来,一本书的特点、好处,或主要内容,有时在书的序文和凡例中就已经提示出来,如读了序例,就有了个要领在胸,读起具体内容来就比较顺。因此,他非常重视人们读序例,并强调“看书必须十分注意序文和凡例”。

第二,读书应该作摘要,写笔记。

王力认为,一本书总有重要的地方或非重要的地方,对于重要的地方,应该用笔把它圈画出来,甚至抄下来。他说:“现在人们喜欢在书的旁边圈点,表示重要。这很好,但是还不够,最好把重要的地方抄下来。”他认为抄记下来,有时比死记硬背还有效。他不赞成死记硬背,并将死记硬背者与善记要点者加以比较：

> 有些人就知道死记硬背，背得很多，背下来有没有用处呢？也还是没有用处。这叫劳而无功。有些人并不死记硬背，有些地方甚至马马虎虎就看过去了，但念到重要的地方，他就一点不放过，把它记下来。所以，读书要摘要作笔记。

如果究其原委，王力提倡读书要作摘要和笔记，实际上就是抓重点，把重要的东西从书里拎出来，加深理解和记忆。

第三，提倡读书可写一点眉批。

所谓“眉批”，是古人传统的一种读书方法，即在书的上面写上几句有感想的话，因为书的上面犹如一个人脸部的眉端，故称“眉批”。王力认为，读一本书，有些感想和意见，总比没有感想和意见要好。他建议道：

> 应考虑试着作眉批，在书的天头上加自己的评论。看一本书如果自己一点意见都没有，可以说你没有好好看。你好好看的时候，总会有些意见的。所以，最好在书眉，又叫天头，即书上空的地方作些眉批。试试看，我觉得这本书什么地方好，什么地方不合适，都可以加上评论。

他觉得，有些书即使批错了也不要紧，重读时可以纠正，甚至再批。因为既然要加上点批语，好歹总得动些脑筋，“这样，对那本书的印象就特别深”。总之，他认为“自己作眉批，可以帮你读书，帮你把书的内容吸收进去”。

第四，读书最好写读书报告。

对于这一点，王力似乎没有把它作为普遍意义上的方法而加以强调。他只是说:“另外,要写读书报告,如果你作了笔记,又作了眉批以后,读书报告就写好了。”因为在他看来,既然作了笔记和眉批,写读书报告的基础就有了,撰写读书报告也就成了顺理成章的事,如果不写,就未免显得可惜了。

王力首先是一位语言学家,因而他对读书方法的介绍,有时难免从语言学的角度出发。但他所提的几点读书经验,仍具有较为普遍的意义。特别是他主张的要注意读序文和凡例,读书要养成作摘要和笔记的习惯二项,对于一般的读书求学者尤有教益,而且易于操作,便于运用,有兴趣者不妨一试。倘持之以恒,必有收效。

夏承焘读书法

夏承焘(1900—1986)是现代著名的词学家、诗人。字瞿禅,晚年改字瞿髯。早年就读于温州师范学校,后在之江大学、浙江大学、杭州大学等校执教。十多岁便开始学填词,三十岁开始词学研究。出版的著作有《唐宋词人年谱》《唐宋词论丛》《姜白石词编年笺校》《月轮山词论集》《夏承焘词集》《天风阁诗集》等。他在《我的治学道路》《天风阁学词日记》中,都曾谈到过他的学习生活和读书经验。归纳起来,大致有三点。

第一,读书一定要勤奋。

夏承焘一直觉得自己天资低、不聪明,他在1916年6月11日的日记中就曾写道:“予生性驽钝。”并且与朋友开玩笑说:“‘笨’字从‘本’,笨是我治学的本钱。”正因为他时时感到自己智力不如人,生性驽钝,不聪明,这样反倒促使他勤奋攻读。他说:“我是一个天资很低的人,但我想,必须勤奋。”为此,他的读书学习特别刻苦,一部又厚又重的《十三经》,除了《尔雅》以外,他都一卷一卷地背过。有一次,背得实在太疲倦了,竟从椅子上直面扑到地上。二十余岁时,瑞安黄仲荃参绥阁的藏书均移入温州图书馆,他天天到图书馆借书看,几乎把黄老先生参绥阁里的藏书全都翻过,并在每天晚上写入日记。也是在他二十几岁时，他在严州第九中学教书，初到学校，为熟悉校舍，他曾拿钥匙打开每一个房间，结果发现了一个藏书间，里面全是古书，这使他喜出望外，如获至宝。好在校长正要他整理这批古书，于是他就利用这个机会在此扎扎实实看了几年书。

以上数事虽小，但夏承焘勤奋攻读求学的情景，由此可见一斑。所以，他在晚年时曾深有体会地说："因为常常觉得天资不高，就更加促使自己发奋苦学，这是我在实践中得出的经验。"

第二，读书中如无名师指点，那么自己要设法寻找，这对自己帮助很大。

读书中有名师指点，那是十分幸运的，可以使自己很快懂得读书的方法和治学的途径。但名师毕竟是少数，不是每个人都有这样的机遇。夏承焘小时候读书虽然很勤奋，但稍长大，也曾为没有名师指点而困惑苦恼过。不过，经过困惑和追求，他终于找到了"名师"。"名师"有两种，一种是不会说话的，一种是会说话的。所谓不会说话的名师，便是书籍。他说：

> 在自学过程中，我也找到了许多老师，其中包括不会说话的老师。比如，我看了李慈铭《越缦堂日记》，就以李氏为榜样，坚持写日记，锻炼自己的意志力；又比如读《龙川文集》，便为陈亮平生抱天下志的大丈夫气概所感动，以为"作诗也似人修道，第一工夫养气来"。

除此之外，他把"访求名胜，登临山水"的游历也视为不会说话的老师，"把游历和读书一样看待。所谓'行万里路，读万卷书'，正是希望自己的诗词文章，能够得到江山之助"。

夏承焘所谓会说话的老师，便是通过写信和求访以得到当代某一专业的名师指点。如他在读书中碰到一些困惑和难以解决的疑点，或者想进一步提高自己的读书质量和治学方法，他就主动求访名师。如他把词学定为自己的研究目标后，就曾主动与住在上海的词学大师朱彊村通信求教，又曾与住在苏州的词曲大师吴梅通信求教。以后还三四次跑到上海专门求教朱彊村，"每次求教，老人都十分诚恳地给予开导"；为写一本书，在与吴梅通信谈词后，还特地赶到南京，当时吴梅恰离南京到苏州，他又追到苏州，终于见面，"这次当面请教，收益甚著"。除此之外，他还走访了夏敬观、蔡嵩云、陈匪石、马一浮等文坛先辈。当他听说江都任半塘、南京唐圭璋等同辈对词也素有研究，又马上与他们取得联系，向他们求教。总之，正像他在晚年回忆中所说的，"在词学研究过程中，我除了利用书信的形式，各处求教，还曾特地外出访师问友"。

正由于他在读书和治学中不断寻找名师，而那些"不会说话的名师"和会说话的名师都对他带来过帮助，所以他在晚年也把这作为他读书治学经验的一个方面。

第三，读书治学应该要逐渐专其一处。

夏承焘尽管说他自己少年读书时不注重科学，算学和英语都很生疏，只喜欢读古书，但古书的范围也相当广，"每一书到手，不论难易，必先计何日完功，非迅速看完不可"。因而经、史、子、集，无不浏览。除自制诗词以外，对王阳明、颜习斋的学说也发生过兴趣。又一度发愿研究《宋史》，妄想重写一部宋史，同时又想编撰《宋史别录》《宋史考异》，想著《中国学术大事表》等。总之，"我的设想很多，计划十分庞大"。

然而，设想虽多，但对于如何把握，却十分矛盾，"早晚枕上，思绪万千”。经过反复思索,他终于发现了自己“贪多不精”的毛病。于是,约在三十岁左右的而立之年,他终于“根据平时的兴趣爱好和积累,决定专攻词学”,确定了自己的主攻方向。

由于他在而立之年毅然确定了自己的学业目标,再加上他的勤奋,夏承焘后来终于成为现代最有影响的词学家之一,与龙榆生、唐圭璋鼎足而三,为海内外所共认。

如果综合地分析一下,夏承焘读书方法中有两点最值得我们借鉴。首先,他并不是很聪明的人,生性迟钝,但他并不灰心气馁,而是以加倍的勤奋刻苦攻读。结果,不聪明的他反而超过了许多聪明人,使他在词学领域中作出了杰出的贡献,成为现代著名的学者和词人。其次,他读书求学时并无名师指点,但他把书视为“不会说话的老师”,又通过写信和登门求教来寻找名师。这两点,对于今天的学生,特别是那些生性迟钝或缺少名师指教的学生,尤具启发和教益。

冰心读书法

冰心(1900—1999)是现代著名的女作家。原名谢婉莹。在诗、散文、小说、儿童文学等各个领域中都取得了相当的成就。早年在燕京大学读书,毕业后留学美国。回国后曾先后在燕京大学、清华大学等校任教。中华人民共和国成立后曾任中国作协名誉主席等。著作甚多,有诗集《春水》《繁星》,小说集《超人》,散文集《寄小读者》《樱花赞》《小橘灯》等,并翻译过泰戈尔的《园丁集》《吉檀迦利》和他的短篇小说等。

与其他许多文化名人或著名作家一样,冰心从小就喜欢读书。她曾说:"一谈到读书,我的话就多了!"她曾写过不少有关读书的文章,并回忆道:"我自从会认字后不到几年,就开始读书。"并不无遗憾地说:"总而言之,统而言之,我这一辈子读到的中外的文艺作品,不能算太少。我永远感到读书是我生命中最大的快乐!"

既然如此,冰心有些什么读书经验和方法呢?她从来没有正经八百地介绍过。不过,我们可以从她大量的文章中概括出三点。

第一,读书应作些挑选和比较。

冰心从小就爱读书,以后赴美留学,归国任教,也多与书打交道,即使到了晚年,"'读书万卷'更是我唯一的消遣"。她每天从阅读中了解了许多事,知道了许多人。然而,书读多了,她也悟出了挑选和比较的道理和方法。她说：

书看多了，我也会挑选、比较。比如说看了精彩的《西游记》就会丢下烦琐的《封神榜》，看人物如生的《水浒传》就不会看索然无味的《荡寇志》等等。

从个人爱好和兴趣上说，冰心比较喜欢挑选那些有真情实感的作品，而不喜欢看那些无病呻吟的东西。她说：

对于现代的文艺作品，那些写得朦朦胧胧的、堆砌了许多华丽的词句的、无病而呻、自作多情的风花雪月的文字，我一看就从脑中抹去；但是那些满带着真情实感、十分质朴浅显的篇章，哪怕只有几百几千字，也往往使我心动神移，不能自已！

她对所读小说的挑剔和选择性也许更严格。她在《我看小说的时候》一文中，曾坦率地作过自我介绍：

我看小说，总是先看熟人写的，这些作者，我不一定都认识，但我熟悉她（他）的性格和文风。

我看小说，总是先看女作家写的。因为女作家小说里的女人，总是“真实”得跃然纸上！过去的就不多提了。如《收获》今年第一期里女作家陆星儿写的《小凤子》，就是一个极好的例子。

我看小说，总是先看短的，以后再看长的。我的时间很“零碎”，往往有客人来打断我的“读兴”。

我看小说，爱看那些没有结局的，使我多一些探索，多一些回味。

我不爱看那些风、花、雪、月，“写境”多于“叙事”的作品。看时觉得很热闹，过后却一点印象也没有！

我不爱看中国人写小说写得像译文那样地冗长，别扭！

正因为书籍对人的情感的触动如此之大，所以冰心总结道："书看多了，从中也得到一个体会：物怕比，人怕比，书也怕比，'不比不知道，一比吓一跳'。"

第二，读书应该将身心和情感都投入进去。

冰心在给小朋友的信中曾说，她小时候，也没有什么儿童读物，"我只在大人的书架上乱翻，勉强看得懂的，就抽出来看，那些书也不过是《西游记》《水浒传》《三国演义》之类，以后就是些唐诗、宋词，以及《古文观止》等等，但是现在想起来，也就是这些古书，给了我很大的益处"。

冰心之所以能在中国古代这些传统的经典作品中获得益处，这与她全身心的感情投入和聚精会神地阅读有关。

她在 90 岁时曾写过《忆读书》一文，其中就写到她小时候读《三国演义》时的情景：

> 读到《三国演义》，我第一次读到关羽死了，哭了一场，把书丢下了。第二次再读时，到诸葛亮死了，又哭了一场，又把书丢下了。

由《三国演义》的兴趣，她又读到《水浒传》，同样也是全身心地感情投入：

> 那部书里着力描写的人物，如林冲——林教头风雪山神庙一回，看了使我义愤填胸！——武松、鲁智深等人，都有其自己极其生动的风格。

除此之外，冰心读《聊斋志异》《子不语》等书，也非常入迷。特别是《聊斋志异》，使她时哭时笑，难以忘怀。后来她在《童年杂忆》中回忆道："其中的人物，是人、是鬼、是狐，都有自己独特的性格，每个'人'都从字上站起来了！看得我有时欢笑，有时流泪，母亲说我看书看得疯了。"

有一次她在澡间里偷看《聊斋志异》，忘了洗澡，把洗澡水都给弄凉了，气得她母亲把书抢过去，撕去一角，但冰心还是沉迷其间，把这本残缺不全的《聊斋志异》又反复阅读，直到十几年后买到一部新的，才把原书的故事情节拼全。

冰心看中国文学如此投入，读外国文学也是如此。少年时一次读林琴南翻译的狄更斯《块肉余生述》，当她读到书中人物大卫从虐待他的店主那里出走，投奔他的姨婆，一路饥寒交迫的情景，她不禁流泪了，一边擦眼泪，一边掰手里的小面包往嘴里塞。她母亲看见了，误解地责怪道："你这孩子真奇怪，有书看，有东西吃，你还哭！"

这事情虽小，但也说明了，冰心读书是全身心地投入的，如果不投入，只是走马看花似的翻阅，是绝不会如此动情的。

第三，对于在校读书的学生来说，除了学好规定的课程外，也可多读些课外书。

对于学生读课外书，一直是个争论不休的问题，家教严厉的父母或狠抓功课的老师，一般不太赞成学生读课外书，特别是不赞成未成年学生读《三国演义》《水浒传》《西厢记》《红楼梦》等一类书，认为这样有害无益，甚至会影响正常学业，像郭沫若、萧乾等许多作家小时候都曾有过背着大人偷读课外书的经历。冰心却不同，也许她本人小时候就有翻大人书看的习惯，并从中得到了一些好处，因此，她倒认为学生在教科书外，不妨也多看一些课外读物。她在《三寄小读者·通讯四》中勉励小朋友：

> 我希望你们不但要好好学习课内的书，有空的时候，也多看些课外的书，比如说，像我在上面提到的那一些，这不但是为帮助你写好

作文，最重要的还是扩大你的知识面。知识就是力量。

她所说的“上面提到的那一些”，实际上就是指《三国演义》《水浒传》《西游记》《唐诗选》《宋词选》《古文观止》等一些书。她认为这些书多看无妨，而不赞成死读课内书。

与夏丏尊、叶圣陶、朱自清等许多著名教育家和作家一样，冰心也时时关心着祖国的下一代，她所写的《寄小读者》《小橘灯》等一些散文，曾感染过无数幼小的心灵，像何为、郭风等许多著名作家都是读着她的作品长大的。因此，她也时时关心孩子们的读书问题。在1978年9月7日，她在给小朋友信的结尾处写道：

希望你们爱书，好书永远是我们最好的朋友！

记得有一年的六一国际儿童节，她应邀在一个儿童刊物上题词。这就是：

读书好，多读书，读好书。

这是冰心的希望。但愿我们所有的读者，都能从冰心的题词和读书经验中获得一些帮助。

张其昀读书法

张其昀(1901—1985)是现代著名的学者。字晓峰。精通历史、地理和文学,曾任中央大学教授,浙江大学史地系主任、文学院院长等职。1949年到台湾,曾创办台湾中国文化学院(今台湾中国文化大学)、中华学术院。他虽然认为“求学并非以读书为止境”,“学问有正本副本之别,正本指宇宙的真相和历史的精神,而书籍不过是其副本”,叫人们重实际,不要太看重书本知识。但他本人还是读了许多书,并根据古人的部分经验和自己的一些切身体会,总结了六点读书方法。

第一,读书要专而精,有自立自见。

张其昀认为,一个人不论做什么事,都应该求专求精,“以专而精,以纷而散”,读书也是这样。如果专一,至少有两个好处:首先说明自己有主见,能自立;其次方能谈得上博,能专方能博。他说:

> 为学必先立志,自家有主意头脑,方有以自立。譬如栽培必先有根,既栽既培,自有生生之意。黄梨洲云:“学问之道,以各人用得着者为真。”此语最为紧要。否则,以书为主,心为奴隶,释卷之后仍属茫然。能专而后能博,盖自家有主宰,则多见多闻,互入交参,能使心地开展而善于应用。能博而后能精,当旁观博取之时,须常存趋约之意,则专而不杂,致一而不懈,故得精通。

在这里，张其昀详细说明了专与博、博与精之间的关系。历来论读书之专与博，不外先专后博或先博后专两种方法，而张其昀则是主张先由专而后博的。他认为先专则学习目的明确，能有主意，能自立，似乎有他一定的合理性。

第二，读书应该了解一些目录学和学术史。

张其昀认为读书求学的人了解一些目录学是很重要的。因为一个人读这方面的专业，知道一些这专业的图书情况是最起码的，而在本专业之外，或许也有一些对自己有益的书，如不知目录学，则无以知之。他觉得清代《四库全书总目提要》对读者就很有帮助，“每书先列作者，以论世知人，次论其著作之本末与学说之价值，使读者可以粗窥端倪，略明旨趣”。而现代新书日出不穷，难以计数，懂得一些图书目录尤为重要。

不过，他认为仅懂目录学还不够，还需要读一些学术史。在他看来：“图书目录之性质系横的，学术史则系纵的，一经一纬，学者欲求殚见洽闻，不患无途径可循。苟无学术史，则前人之知无以为后者之凭藉，以益求进步；前人求知之法亦无以资后学者之考镜，以益求精密。学问之道，大抵前修未密，后出转精，但各门学术历史的名著，仍有不朽之价值。”正在此意义上，张其昀建议读书求学者应该读一些历史上的经典名著，并且最好不要间接阅读那些转述材料，而要读原著，“终须亲自涉历一番”，方是原汁原味，见得活精神，更见得有效。

第三，对于不同的书，可作不同的安排。

张其昀根据自己的读书经验，曾把书分为五种。具体如下：

书有精粗高下，有急需不急需之异，大致可分为五等，有当读之书，有当熟读之书,有当看之书,有当再三细看之书,有必当备以资查考之书。五者固不容偏废,学者试加分别,则知工夫缓急先后之序,而获收事半功倍之效。如常备查考者,即所谓工具书,可以节省精力不少,苟不备之,则无从参考。

历来将书归类的情况很多,但像张其昀这样的归类方法却很少见到,不能不说是一种新方法。他对这五种书的划分,从表面上看似乎是一种轻重缓急的安排方式,实际上却仍是一种读书方法。不过,哪些是"当读之书""当熟读之书""当看之书""当再三细看之书""当备以资查考之书",他没有明说,各人可以根据各人的具体情况和专业范围来自己制定和分派。

第四,读书应该手眼并用。

所谓"手眼并用",就是不但要用眼睛看,而且要动手做笔记。与前代的许多文人学士一样,张其昀也很重视写读书笔记。他说:

读书之法当手眼并用,凡书目过口过,不如手过,盖手过则心必随之。心有所得即随手笔记(或曰札记,亦曰疏记),日积月累,自然充足,后重省览,欢兴弥深,习与性成,不觉笔倦,所谓日知其所无,月无忘其所有。

由此可见,在张其昀眼里,做笔记比看过、读过更为重要,认为只有经过做笔记,方能说是经过心的过滤了。他甚至认为:"读书之要,在得其宗旨,得其要领,明其大义,明其条理,凡此均非笔记不为功。"

既然如此看重做读书笔记,那么又该怎样做呢?张其昀说:

或问笔记是否有一定格式,曰此随各人之便利,初无定法。但如裁篇别出之法、重复互注之法、散叶法、索引法,以及其他种种足以促进工作之效率者,均甚重要。

接着,他又对自己所列的几种笔记方法作了解释:“裁篇别出者,如某篇本在说明甲事(如大学),而又连类及于乙事(如印书),乃将乙事别行录出。重复互注者,即一事有多方面之关系,应连载数处,则分别互记,以便考镜。散叶法(或曰活叶亦曰卡片),即以每一子目为一页,自为起讫,俾得随时抽阅。索引法者,材料纷繁,当自订一便于归类之索引,且随时修补之,庶可以简驭繁。韩信将兵,多多益善,处理笔记之法亦犹是也。”

第五,读书非但要做笔记,而且要深思。

关于学与思的关系,前人已说过不少,而张其昀则又强调了这一点。他是这样说的:

> 古人云:读书不寻思,如迅风飞鸟之过去,响绝影灭。笔记原为供给思想之资料,学而不思,无异货弃于地,虽有笔记,等于乌有。读书如饮食,吃得又要消得。太史公曰:“好学深思。”学以穷理,问以决疑,问前须学,学后要思。故学问之道,以致思为最要,思则得之,不思则不得也。

张其昀虽然认识到手过、眼过、口过等各种读书要义,但他还是认为“以致思为最要”,如果一个人能“熟读深思,功力既深,自然有涣然冰释、怡然理顺之功效”。

第六,读书求学应该渐进而有恒。

不论大中学生,我们在读书学习中经常可以看到有些人平时学业不抓紧、懒懒散散,到要考试时突击猛读,俗称“临时抱佛脚”。张其昀很不赞成这样的读书方法,认为读书应该既勤苦,又从容,太急太慢都不好。他说：

学不可缓，亦不可急，缓则怠而无功，急则进锐而退速。学问要勤苦，又要从容，其法在渐进而有恒，到有味时，便能以甘偿苦。前人诗云："读书切戒在慌忙，涵泳工夫兴味长。"旨哉斯言。欲速是读书第一大病。用功但须按定日程，静心为之，锲而不舍，循序而有常，绵密而不间断，则断无不成之事。不要过锐，过锐则不克持久，一曝十寒，劳而鲜功，亦虑于身体有妨害。

关于读书的合理节奏，渐进而有恒，张其昀已经说得十分清楚和透彻，无论对于何种专业的学生，都应该是有启发的。

总之，张其昀虽称自己所谈"系读书之普通方法，大抵皆前人经验之谈"，但的确有着个人的心得体会在内。特别是他对五种书的安排处理、笔记方法的归纳和种类，以及读书的节奏等几个方法，都便于操作，切实可行。有兴趣者倘能一试，必当有收获。

章衣萍读书法

章衣萍(1902—1946)是现代著名的散文家。也写小说,尤以小品文得名,《情书一束》出版时,曾名噪一时。以后又陆续出版了散文小品集《樱花集》《古庙集》《青年集》《随笔三种》《秋风集》等,另有《衣萍文存》《衣萍文存二集》。早年曾与鲁迅等人创办《语丝》杂志,并为重要撰稿人之一,后在上海暨南大学任教。20 年代曾写过《青年应该读什么书》,20 世纪 30 年代初又应《读书月刊》杂志之约,写了《我的读书的经验》一文。其读书方法,归纳起来,大致有五点。

第一,读书应该要熟读。

根据章衣萍的回忆,第一个教他读书的是他的祖父。其祖父是前清贡生,八股文、古文都很擅长,后来在休宁办小学,任校长。与其他孩子一样,章衣萍小时候所读的也是《三字经》《幼学琼林》等,后来则读四书等。祖父给他讲解,并要他熟读、背诵。他起初不理解,后来则感到有好处。他说:

> 我幼时记性很好。有时每篇书念五十遍就能背诵了。但我的祖父以为就是能背诵了也不够,一定要再念五十遍或一百遍。……有一次我竟念得大哭起来。现在想来,我的祖父的笨法虽然可笑,但我幼时所读的书到如今还有很多能背诵的。可见笨法也有好用处。

第二，读书应该要多读。

祖父要他熟读，但他父亲又要他多读。他说："我的祖父教我读书要读得熟，我的父亲教我读书要读得多。"由于其父是教他读书的第二个老师，于是他听父亲的话，有书必读，如《三国演义》《水浒传》《封神演义》《西游记》，乃至《说唐》《说岳全传》《施公案》《彭公案》等小说，凡找得到的，都找来阅读。后来则读《新青年》等报纸杂志，读胡適、周作人、刘半农等人的新文学。这对于培养他的文学兴趣很有好处，但也带来一定的负面影响。他后来总结道：

> 我现在所以有一些文学趣味全是我的多看书的影响，但我这些影响也有不好的地方，就是我个人看书到现在还是没有条理，多读书免不了乱读，乱读同乱吃东西一样，是有害的。

所以，他一方面主张书可以多读，但另一方面也提醒人们在多读的同时也要防止"乱读"，因为"乱读"如同乱吃，有时是有害的。所以，"多读"又不同于"乱读"，两者应当分开。

第三，读书有时应该克期读。

什么叫"克期"读书呢？这里有个来历。章衣萍17岁到南京读书，读了一年，碰到同乡胡適，便请教他："读书应该怎样读法？"胡適回答："应该克期。"章衣萍后来解释道：

> 克期是一本书拿到手里，定若干期限读完，就该准期读完。

所以，"克期"读书，实际上就是照自己所规定的时间按期读完的意思。他觉得胡適的这一读书经验很可取，曾照此去做，并作为自己的读书经验和方法之一而介绍给青年。

第四，读书就应该每字每句都读懂，不求甚解是不行的。

有些人读书采取“不求甚解”的态度，章衣萍不赞成。他认为读书就一定要读懂，如读不懂，可有两个解决途径，一个是问朋友、亲戚或老师，另一个是查参考书或字典。同时，他还郑重其事地关照别人：

读书应该每字每句都读懂，“不求甚解”是不对的。

第五，有志气的读书人，应该学一门外语。

章衣萍小时候虽然受的是中国旧式的传统教育，读的都是《三字经》等古诗文或中国古代演义小说，但随着阅历的加深，中国和国外交往的增多，中外文化的沟通，他深感仅懂中国文字是不行的，还应掌握一门外语，以便了解或研究国外的情况。他说：

我以为今日中国有志读书的人应该学通英文或俄文，以作研究外国学问的工具，单读中国书是不够的，我们应该多读外国书。

此外，章衣萍还写过《青年应该读什么书》一文。由于过去胡適、梁启超、周作人、马幼渔、林语堂诸人都开列过青年必读的十本书，所以他也为青年人选择开列了十部书：

1. 达尔文：《物种起源》；
2. 克鲁泡特金：《互助论》；
3. 马克思：《资本论》；
4. 汤姆生：《科学大纲》；
5. 威尔斯：《世界史纲》；
6. 杜威：《思维术》；
7. 《新旧约全书》；
8. 陀思妥耶夫斯基：《罪与罚》；
9. 卢梭：《忏悔录》；

10.《杜诗评注》。

其中除了最后一部是中国书以外,其余全是外国书。他在书单后面对自己何以选此十部书为青年必读书的理由作了说明和解释。当然,那也仅是在当时那个年代所进行的选择,如果章衣萍活到现在,也许就不会选此十部,至少要作一些调整和取舍。

赵景深读书法

赵景深(1902—1985)是现代著名的作家和学者。早年曾在中学任教,后在开明书店、北新书局任编辑,20世纪30年代开始在复旦大学任教,直至去世。青年时喜欢写诗、小说和散文,也搞一些翻译。入大学任教后,则专攻中国古典文学,对中国古代的小说、戏曲等尤有研究,出版过《中国文学小史》《小说闲话》《小说论丛》《明清曲谈》《读曲小记》《戏曲笔谈》等。性喜藏书,也可说与书打了一辈子的交道。

据赵景深自己说,他从小喜欢看画,从看画又发展到看杂志,然后又从看杂志发展到看书,多为文学方面的书,也包括不少文学史,自谓"我不曾进过高中,更不曾进过高中的文科,不用说是大学的文科了"。但他后来却凭着自学和勤奋读书,成了著名的作家和学者。他的读书经验,归纳起来,大约有三点。

第一,认为每天清晨读书,效果较好。

每个人的读书习惯各有不同,读书的时间也大相径庭,如闻一多喜欢半夜捧读,有的则喜欢在下午,也有的在茶余饭后,而赵景深则明确喜欢在清晨。他曾在《暗中摸索》一文中说:

> 至于读书的时间,自然以清晨为最好,这时头脑清新,精神饱满,正当睡眠充足以后,读书最易了解,最易融化。

记得法国作家卢梭等人也曾一度喜欢在清晨读书,从赵景深所罗列的一些道理来说,的确也符合实情。而他本人除读文学作品以外,也曾攻读过外语,1928—1929年,就翻译了100万字的《柴霍甫短篇小说集》八卷,如不利用早晨时间诵读外语,恐怕也难以成为翻译家了。

第二,学古文先从目录下手,也有精读粗读之分。

1923年秋,赵景深加入文学研究会,并在郑振铎、黎锦晖的介绍下,去长沙岳云中学教语文,不久又要他兼教古文。这使年仅21岁的赵景深犯难了,因为他这时“古文的常识是等于零的”。于是,他灵机一动,想到了梁启超和胡适曾开列过的国学书目,分别找来阅读,然后再根据这些书目,按图索骥,把有关的书籍如四书、《诸子菁华录》、《史记精华》、《汉书精华》等找来,一一翻阅,在入门时得益匪浅。

不过,他也坦率地承认,“对于这些,我只略知大意便足”。用我们今天的话来说,也就是粗读,知道一些面上的东西。至于兴趣较浓,教学中不得不细究的书和文学作品,他就加以精心阅读了。由于书目引导,再加上精读、粗读安排得当,使得他不仅能顺利进行了古文教学,而且后来成为复旦大学中国古典文学专业的著名教授之一,培养了无数古文方面的专家学者。

第三,如果是为了做学问,读书时就必须注意所引的每一句话,力求找出证据。

由于赵景深后来以教学治学为主,创作、翻译搞得少了。他在教学治学的过程中,总结了一个经验,就是:“要想学问踏实,必须对于每一句话找出证据来。”并且举例说:“我编辑《中国文学小史》,便用的是这个方法。”例如,前人书中都说南朝诗人沈约创四声八病说,赵景深对此就产生怀疑:“他自己能否遵守呢?”因此,他就把《全汉魏三国六朝诗》拿来通读,经过细心查阅,就发现创四声八病之说的沈约作诗时,前四病他都曾犯过,“以‘上尾’犯得最少”。此外,他在阅读《全上古汉魏六朝文》时,又发现建安七子所作赋多相同,就为他们列了一张表。这样,既做了学问,又在读书的过程中不断会有新的发现。用他自己的话来说:“总之,我们应该不怕麻烦,得用傻工夫!”

正是他运用了这一读书和治学方法,所以所著《中国文学小史》在当时甚有影响,闻一多还将此书作为大学文科中的必读之书。

在长期的创作、翻译、教学和研究的过程中,赵景深实际上已积累了相当丰富的读书经验,也形成了自己的读书方法,家中也积藏了相当数量的图书,但他说起自己的读书经验来,却总是那么谦虚简单,只是说:“我所读的书完全是暗中摸索,并且也是经济和地位逼出来的,一方面自然于兴趣也有关系。”

不过,尽管他自己如此谦虚,但我们从他读书生涯的蛛丝马迹中所归纳的三点方法和经验,在今天仍是有一定参考价值的。

梁实秋读书法

梁实秋(1902—1987)是现代著名的作家和翻译家。原名梁治华,字实秋。他的散文和文学批评曾受到社会和文坛的广泛重视。早年赴美留学,回国后曾在青岛大学、北京大学、北京师范大学等校任教,曾在《中央日报》等报刊工作过。他的散文集《雅舍小品》《槐园梦忆》等深得读者喜爱。他用37年时间,一个人独立翻译完成了《莎士比亚全集》,令人叹为观止。他还曾主编《远东英汉大辞典》。他的渊博的学识和对中外文化的精通,是知识界所共认的。

读书无疑是梁实秋人生的一个乐趣和重要组成部分。他曾坦言:“我喜欢书,也还喜欢读书。”并写过好几篇有关读书方面的文章。有一次,当有人来采访他,问他哪几部书对他受益和影响最大,他略加思索,便说出了以下八部书:

> 第一,《水浒传》;第二,《胡適文存》;第三,白璧德的《卢梭与浪漫主义》;第四,叔本华的《隽语与箴言》;第五,斯陶达的《对文明的反叛》;第六,《六祖坛经》;第七,卡赖尔的《英雄与英雄崇拜》;第八,玛克斯·奥瑞利斯的《沉思录》。

在以上八部书中,除三本是中国的,其余都是外国的。可见当时西风东渐之盛。而鲁迅在《青年必读书》中所谓的“多读外国书”“少看中国书”,与梁实秋对采访者所说的八部书,可谓不谋而合。而就这八部书而言,其中有文学,有佛教,有评论,更多的是哲学;作者有近代,有现代,但更多的还是古代。他之所以把《水浒传》放在第一位,那是因为他对此书读得最早,所受影响也最早,并对该书的优劣也作过简述。对于其他七部书,他也逐一作了简要的评述和对自己所产生的具体影响,或观念的,或方法的,或思想的,或人生的,态度都极诚恳,把他们视为自己的良师益友。

不过,以上八部书对他的影响,也仅是梁实秋自身读书经历的一个缩影,算不得方法。那么,梁实秋又是以什么方法读书,有些什么读书经验可以告诫后人的呢?这正是我们想要重点进行论述的。归纳起来大约有三条。

第一,对于读书求学的青年来说,要遵守读书的纪律。

梁实秋说这话,主要是针对部分青年学生仅凭兴趣读书的现象而言的。因为对于许多学生来说,在读书中的确有一种兴趣爱好的问题,有些人喜欢文科,有些人喜欢理科,有些人爱好数理化,有些人爱好文史哲,有些人被称为“数学脑袋”,有些人被称为“神童作家”。再说,梁启超当时写过一篇《学问与兴趣》的文章,影响很大,更助长了不少青年学生凭兴趣读书的风气。梁实秋承认自己也曾受过影响,并说自己从小爱好文科,“对于数学不屑一顾,以为性情不近,自甘暴弃,勉强及格”。等他到国外留学以后,方知数学、几何等都是学生求学必备必读的基本学科,因而美国的学校强逼他一定要补修立体几何和三角两门课程,于是只好硬着头皮发愤攻读。好在教他课的数学老师也循循善诱,在他的教学和梁实秋本人的努力下,使他对几何等理科也产生

了兴趣,并取得优秀成绩,免予参加期终考试。他以自己的切身体会说:

吾人读书上课,无所谓性情近与不近,无所谓有无兴趣。读书上课就是纪律,越是自己不喜欢的学科,越要加倍鞭策自己努力钻研。克制自己欲望的这一套功夫,要从小时候开始锻炼。读书求学,自有一条正路可循,由不得自己任性。

他还特意对当时的高中和刚入大学的学生告诫道:

高中与大学一二年级是读书求学的一个重要阶段。现在所谓读书,和从前所谓"读圣贤书"意义不同,所谓之书范围较广,学有各门各科,书有各种各类。但是国、英、算是基本学科,这三门不读好,以后荆棘丛生,一无是处。而三门课全无速成之方,必须按部就班,耐着性子苦熬,读书是一种纪律,读不到什么兴趣。

当然,他这主要是指读基础学科的书而言,认为读基础学科的书是不能从兴趣出发的,无论你有无兴趣,都得读。他怕学生们对梁启超的《学问与兴趣》一文引起误解,特加说明:"梁启超先生所倡导的趣味之说,是对有志研究学问的人士说教,不是对读书求学的青年致辞。"

第二,所读之书是应该有选择的。

由古及今,中外东西,世界上的书这么多,而一个人的时间又相当有限,志趣又各不相同,因而梁实秋认为,在必须读好的基础课之外,所读之书应该是有所选择的。并说:"今之读书人所面临之一大问题乃图书之选择。"即使是有益之书,其价值也各有差别,互不相同。为此,他提议:

我们的时间有限,读书当有选择,各人志趣不同,当读之书自然亦异。

他的道理简单而明了。不过,他又引罗斯金的话:"所有的书可分为两大类：风行一时的书与永久不朽的书。”对于中国人来说，有些永久不朽的书中也应该有个选择。他选择了以下一些经典，认为是每个中国人都应该熟读的：“如《诗》《书》《礼》，以及《论语》《孟子》，再如《春秋左氏传》《史记》《汉书》以及《资治通鉴》或近人所著《通史》。”他所举的都是经、史，较胡适的国学书目要简洁得多。他认为“这都是我国传统文化之所寄”，即使有些书文字艰深难懂，也应通过各种注释本来加以读通理解。至于其他，如小说、宗教、文学、医学之类的书，则可根据自己的心愿和兴趣随意选择。

第三，应该怎样读书以补救自己学识之不足。

关于这一点，可以说是不少人在读书过程中都曾碰到过的，而谈的人却不多，梁实秋却注意到了，所以专门作为方法简要说一下。

梁实秋虽然在学生时代便已读了不少书，而且舞文弄墨，在文学上崭露头角，但当他三十岁左右以教书为业的时候，方知自己学识不足，读书太少，“应该确有把握的题目东一个窟窿西一个缺口，自己没有全部搞通”。怎么办？“既已荒疏于前，只好恶补于后”，唯一的道路只有靠补读。而补读往往因岁数较大，该如何补读？于是他想出了这么个办法：

> 我自三十岁才知道自动的读书恶补。恶补之道首要的是先开列书目，何者宜优先研读，何者宜稍加参阅，版本问题也是非常重要。……我一面教书一面恶补有关的图书，真是所谓是困而后学。

这个办法虽然简单了些，条理性和论理性都不够，但却简洁明了，便于操作。

梁实秋曾说：“书是精神食粮”，而且是必不可少的，因为这“是多年来多少聪明才智的人点点滴滴的汇集而成,很难得有人能毫无凭藉地立地涌现出一部书”。而读书又如交友,是有缘分的。如读到对自己有影响的一部好书,那肯定是一种缘分。

在梁实秋看来,人生是短暂的,而应该读的书却又实在太多。不过读不完不要紧,重要的是能达到一个境界。这就是:

> 读书不是为了应付外界需求,不是为人,是为己,是为了充实自己,使自己成为一个明白事理的人,使自己的生活充实而有意义。

如能这样,读书便是一件快乐的事。于是,他还引了一位英国诗人的话来劝勉别人:

> 把从未读过的书籍,赶快塞进脑袋里去。

贺麟读书法

贺麟(1902—1992)是现代著名的哲学家和翻译家。早年曾在清华学校读书,后赴美、德等国留学,专攻哲学。回国后在北京大学、西南联合大学任教,讲授西方哲学。中华人民共和国成立后,曾调中国社会科学院哲学研究所工作。著有《当代中国哲学》《近代唯心论简释》《文化与人生》等。曾翻译黑格尔的《小逻辑》《精神现象学》等。

在中国现今的哲学家中,很少有人像贺麟那样把读书提高到无与伦比的高度。在他看来:“读书是划分人与禽兽的界限,也是划分文明人与野蛮人的界限。读现代的书即所以与同时的人作精神上的沟通交谈。读古人的书即所以承受古圣先贤的精神遗产。读书即可以享受吸取学问思想家多年的心血和结晶。”从这一意义出发,所以他认为“读书实人类特有的神圣权利”。

既然贺麟如此重视读书,把人的读书提到如此神圣的地步,那么他本人又是如何读书?有些什么高明的读书方法呢?概括起来,大致有四点。

第一,对于不同的人、不同的书,应有不同的读书方法。

贺麟在《读书方法与思想方法》一文中开宗明义地说:

> 就人而言,各人的性情、兴趣、才能需要不同,则各人读书的方法,

即有不同。

就读书而言,则不同学科的书籍,应有不同的读法。如读自然科学书籍的方法与读社会科学书籍的方法,必有不同处。又如读文学书的方法,与读史学书、哲学书的方法,亦不尽相同。

因此,贺麟由此引申出:“读书的方法,不但随人而异,而且随书而异”,“一人既有一人读书的方法,一书也有一书的特别读法”。既然如此,那么这种“特别读法”究竟是如何形成的呢?

贺麟感到,这没有什么奥妙和特别的诀窍,而全在于每个人在读书中的实际经验。他说:“贵在每人自己根据他平日读书的经验,去为他自己寻求一个最适宜、最有效率的读书方法。”即使遇到一本新书,也要“贵能考查此书的特殊性质,用一种新的读书方法去把握它、理解它”。如果书读多了,又善于总结,我们自会根据每个人的性格和每本书的特点,而形成我们最有效的读书方法的。

第二,不论读任何书,都要启动自己的思想。

贺麟认为读书有“读死书”和追求“活的真理”之分。他说:“读书并不是求记诵的博雅,并不是盲从古人,作书本的奴隶”,而贵在“能用自己的思想于字里行间,探求作者言外之意”。所以,在他看来,读书不是简单地阅读或记诵一些东西,而是“训练思想,应用理智,以求得真实学问”。为此,他反复强调:

> 读书,做学问贵用思想。因为读书要能自用思想才不会作书本的奴隶。

第三,成文的书与不成文的书都要读,且需相辅相成才更有益处。

贺麟把人类的书分成两类,一类是用文字写出来的书,即“成文的书”,其中包括社会科学和自然科学等;另一类是“不成文的书”,如“整个大自然,整个人生都是我们所谓不成文的书”。在他看来,一个人光读“成文的书”,即我们通常所说的书本上的知识是不够的,还应读自然、人生这些活生生的“不成文的书”,并认为读这些“不成文的书”所得的学问“将更为真实,更为创新,更为灵活”。对于如何阅读“成文的书”与“不成文的书”,他对二者的关系作了如下叙述:

> 须以读成文的书所得,作读不成文的书的参考。以读不成文的书所得,供给读成文的书的指针。这样,我们就不会读死书,这样,我们就可得真的、活的学问。……须兼程并进,相辅相助。

他的意思用我们现在的话来说,即:不但要有书本知识,而且要有实践知识;还要将书本知识与实践知识结合起来,这样才能得到驾驭自然、指导人生和改造社会的真实而全面的学问和知识。

第四,注意思想方法与读书方法之间的密切关系。

贺麟曾总结出三种思想方法:逻辑的方法,体验的方法,玄思的方法。并在这三种思想方法的基础上派生出三种读书方法。这就是:1. 应用逻辑的方法来读书;2. 应用体验的方法来读书;3. 应用全体看部分,从部分看全体的方法来读书。

所谓应用逻辑的方法来读书,“就要看能否把握其所讨论的题材的本质,并且要看著者所提出的界说,是否有系统的发挥,所建立的原则是否有事实的根据,所叙述的事实是否有原则作指导”。与此同时,我们在读一本书时,“亦要设法把握一书的本质或精义,依据原则,发疑问,提假设,制范畴,用种种理智的活动以求了解此书的内容”。

所谓应用体验的方法来读书,“就是首贵放弃主观的成见,不要心粗气浮，欲速助长，要使自己沉潜浸润于书籍，设身处地，切己体察，优游玩索，虚心涵泳。须用一番心情，费一番神思，以审美、以欣赏艺术的态度，去读书”。

所谓应用全体看部分，从部分看全体的方法来读书，“可以说是即是由约而博，由博返约之法”。例如，我们先读了马克思的一本书，然后由此书又阅读了马克思的其他著作直至全部著作，进而又阅读了许多与马克思有关的其他研究著作或评论著作，这种层层递进而深入的阅读方法，便是“由约而博”；反过来，我们博览了有关马克思的著作以后，再来读马克思自撰的一本书，那意思便完全不同，便是“由博返约”。

总之，贺麟非常重视思想方法与读书方法之间的关系。在他看来，“知道如何自用思想，有了思想的方法，则读书的方法，自可绎推演出来。必定要认真自己用思想，用严格的方法来读书，方可以逐渐养成追求真实学问，研读伟大著作的勇气与能力”。

当然，贺麟所提倡的读书方法，也许哲学味太重了一些。但对于那些爱思索、做学问、求真理的一些人来说，还是很有启发的。最后，我们引用一段他有关读书的话，以结束本文：

> 读书如登高山，非有勇气，绝不能登至山顶，接近云霄。读书如撑船上滩，不可一刻松懈。读书如临战场，不能战胜书籍、利用书籍，即会为书籍所役使，作书本的奴隶。打仗失败只是武力的失败。而读书失败，就是精神的失败。

苏步青读书法

苏步青(1902—2003)是现代著名的数学家,中国科学院院士。早年曾赴日留学,归国后曾在浙江大学、复旦大学等校任教,曾任复旦大学校长、全国政协副主席等。出版有关数学方面的著作多部。有趣的是,在数学专业之外,他还爱好文学,喜作旧体诗词,有诗词集《原上草集》《青芝词稿》《苏步青业余诗词抄》等。正因为他文、理兼通,因此,他不仅写了《谈谈怎样学好数学》等文,而且还写了《和中学生谈学习语文》等文章。他的读书方法和学习经验的确是值得引起我们注意的。概括起来,他的方法和经验大约有以下四点。

第一,要有良好的学习态度和学风。

苏步青非常重视一个人的读书态度和学风,他在《谈谈怎样学好数学》《和青年谈治学》等不少文章中,都曾谈到过这个问题。他认为良好的学风主要由以下三点组成。

首先是"要严肃"。他说自己年轻时学微积分,对自己的要求就很严格。如爱德华等著的《微积分》几本书,其中有一万多道问题,他就一道一道地全部认真演算过;沙尔门著的《圆锥曲线论》一书中的问题,除了极难的题目,其他的他都认真做过,其中有一道题,他用了20种方法来做,互相比较,看用哪种方法验算最简捷方便,取得了很大的收获。当然,他也并不是要求现在的青年都像他那样去做,他只是为了说明“学什么都要严肃认真”。

其次是“要谦虚”。他说:“有的青年,没学到多少东西,就自以为了不起,看不起老师,更看不起同学,这就很不好。”在他看来,“学习是无止境的,要真正学到一点东西,还得从不骄傲、不满足开始”。并以牛顿为例,说他对人类做出了那么大的贡献,但他从来不骄傲,仍不停地学习。

最后是“要刻苦钻研”。他以自己的读书历程为例,说小时候每天要走到100多里路外的学校去读书;在日本留学时,节假日都在图书馆里看书学习;抗战期间,只能躲进一座破庙里,在暗淡的油灯下看书研究。而现在读书环境和学习条件这么好,更应该要专心读书,方能有所作为。

第二,要打好牢固扎实的基础。

苏步青是名教授,经常收到青年学生的来信,要他传授学好数学的“秘诀”。苏步青认为:“学数学要打好基础,这是一个根本问题。”并对这些学生说:

> 初等数学有算术、代数、几何、三角四门,高等数学的基础是解析几何和微积分。学解析几何和微积分,先要学好前四门,这是最基础的东西。扎扎实实地打好基础,练好基本功,我认为这是学好数学的“秘诀”。

与此同时,他也指出了有些青年“不愿练基本功,总想请高明的老师出许多题目做”的不良倾向。当然,他也不反对做习题和演算,认为这是必要的,但必须掌握两条:“一是为了加深对书本中的基本概念、定义和定理的理解,二是为了训练我们的运算技巧和逻辑思维。”也就是说，做习题和演算仍要与练好基本功结合起来，这样才更有益。

第三，要讲究学习方法。

苏步青除了强调基本功训练以外，也很重视学习方法的应用。他认为，有些同学读书成绩差，除了不重视打好基础外，不讲究学习方法，恐怕也是原因之一。为此，他还特意写了篇《要讲究学习方法》的文章。他在文中写道：

> 常言道，过河需要有桥，学习不能不注意学习方法。一般说来，学习好的同学，大多都能联系自己的实际情况，讲出几种行之有效的学习方法。

在说明了学习方法的重要性以后，苏步青还讲了学习方法的两个主要来源和形成途径：一个是向别人学习好方法，另一个是靠自己摸索。不过，不论是向别人学习还是自己摸索，他都提醒道："在研究学习方法时，一定不要忘记打好基础和改进学习方法之间的关系。"最后，他总结道：

> 别人的学习方法是他自己总结出来的，是针对他自己的情况而定的。别人的好方法，不能生搬硬套。目前学习成绩差的同学不要悲观，不要性急，须知，欲速则不达。正确的态度是，既向同学学习好方法，为我所用；更重要的是，要下定决心，从打基础抓起，一点一滴，扎扎实实，把所学的定理、公式及其证明真正搞懂、弄熟。

第四，学数理的也可读一点文学。

苏步青虽然是位数学方面的专家，但他自幼却读过不少文学作品，因而有很好的文学修养和古文基础。根据他的经验和体会，学数学的人不妨也可学一点文科，懂一点文学。为此，他专门写了《理工科学生与文学》等文，以切身体会，谈了文、理兼通的重要性。他在该文中写道：

> 我觉得，搞数学的人，整天和数学公式打交道，大脑容易疲劳，生活比较枯燥。搞点形象思维，对打开思路，活跃思想很有好处。半个多世纪来，我养成一个习惯，研究数学疲倦了，就拿出《唐诗选》《陆游诗选》等翻阅诵读一阵，顿时觉得心旷神怡，再接着写数学论文，思路就开阔多了，写起来也顺手。可见，搞数理化的人，学点文学是可以起到调节思维方式的作用。同时，数学和文学都是十分重视逻辑推理的，两者间的关系又是非常密切的，学些文学对研究数学和其他自然科学，也是会产生促进作用的。

这话虽然说得朴素，但的确说出了文、理兼通以后的种种好处。过去学文科者不大愿意再读理工科；学理工科者多半也无暇兼顾文科，读了苏步青以上这段文字，对文科或理工科者，似乎都可带来一定启发。当然，华罗庚、茅以升、竺可桢、钱学森、杨振宁、李四光、陈省身等许多著名科学家，几乎都爱好文学，都能做到文、理兼通，为我们作出了表率，只是苏步青再次强调了这方面的经验和好处而已。

也正因为苏步青能够文、理兼通，所以他的读书经验也相当丰富。除了以上所谈的四点学习方法以外，他还谈到过书本知识和实践知识的结合问题，“专才”与“通才”的关系问题，如何自学成才的问题，关于语文学习和外语学习的重要性等问题，而且也都发表过很精辟的见解，值得我们借鉴。至于以上所谈的四点，似乎更为重要，也是最基本的，颇能显示出其读书方法上的一些特色，故详加阐述，以期引起广大青年和学生的关注和重视。

丁玲读书法

丁玲(1904—1986)是现代著名的女作家。原名蒋伟,字冰之。早在青年时代,就以《莎菲女士的日记》而一举成名。后来又写了小说《太阳照在桑干河上》等。也写散文,比较著名的有《三八节有感》《在医院中》《彭德怀速写》等。早年曾主编过左联机关刊物《北斗》杂志。到延安后,曾任苏区中国文艺协会主任,领导西北战地服务团。中华人民共和国成立后,曾任中央文学研究所主任,中国作协党组书记、副主席等,并担任过《文艺报》《人民文学》和《中国》等文学报刊主编。

由于丁玲是位文学家,所以她写文章、讲课或给友人信中所谈的读书经验,多半也都与文艺有关,都是有关读文艺书的一些经验。尽管她本人从不自诩为方法或经验,但概括起来,仍有三点可以总结。

第一,应该不带成见地去读每一本书。

在中华人民共和国成立初期,有位青年读了丁玲的文章,又听了丁玲的讲课,便给丁玲写来一封信,说自己已读了不少文学书籍,但收获不大,请教她究竟应该如何读?针对这一问题,丁玲在回信中说:"我实在很难一下告诉你究竟应该怎样读。各人有各人不同的感受力和批判力。有许多指导读书的文章,如何分析主题、典型也说得不少;似乎你就是在这些指导下运用这些方法去读的。"这样一来,丁玲认为此人实际上“已经有了一个框框,已经有了固定的看法去读每一本书”。

丁玲并不赞成这样带有框框的读书方法,所以并不想介绍自己的读书方法,感到这样一来,无意中又给了他一个框框。于是,她主张还是不要带成见、带框框地去读书。并诚恳地对这位来信者说:

> 有些时候,我们还是简单一点好。让我们毫无成见地去读一本书。让我们把感情先跟着作者到书中的生活里去走一趟再说好不好呢?……一个人只能欣赏辣椒是不重要的,但一个人如同你,希望自己能创作,又希望自己能在别人的著作中吸收一些经验,却只能冷静地拿一套方式去看每一本书,结果什么也得不到,我以为是不好的。

接着,她奉劝并建议这位来信者,“我们是否可以试验不用那一套法宝,把理论条文放在一边,松弛一点,放任一点感情,把自己同书中的生活、人物关系搞得深一点去读书”。

毫无疑问,丁玲的这一建议是非常合理而又有现实意义的。因为带着偏见和成见或一些条条框框去读一本文艺书的现象相当普遍。不仅普通读者中有,就是专业评论家中也有。还有不少读者,本来对某一本小说或诗集并不了解,就是因为听了一些朋友和同学的介绍,或是报纸上媒体的传播,才带着相同的兴趣和欲望去阅读。这种情况有时多少会带有框框或先入为主的看法,并不利于对文学书籍的真正理解。从这个意义上来说,丁玲的这一经验和建议颇值得我们参考和借鉴。

第二,要尽量从别人的文学作品中发现和吸收好处,融化为自己的东西。

1949 年前后,有一次丁玲与一位写诗的朋友谈天。这位朋友说:“写诗只是靠感受的,所以他不喜欢读书。”丁玲当时并不反对诗要有感而发,承认“诗要靠感受一些东西,那当然是对的,但不读书,不向别人学习,只靠天生感受确是很玄的”。于是问他:“请问你开始写诗时为什么也分成一行一行的呢?”那人无言以对。丁玲便说:“这还不是从你读别人的诗学来的吗?无论如何,你要是不读书而想成为一个诗人或文学家是不可能的。”

但读别人的文学作品,丁玲不主张死学或轻易否定,而应该尽量吸取其中好的或对自己有利的东西。她在《谈文学修养》一文中曾说:

> 别人的作品即使全部不好,只要有一段好,一个人物写得好,都是可以学习的。每一点一滴你都要吸收来,装进你自己的箱子,把它溶化,成为你自己所有。

针对有些眼高手低、喜欢挑剌的读者,丁玲接下来又开导说:

> 一般人都有点好高骛远的癖性,总是唉声叹气说我们的好作品太少,看一本书只是挑剔人家的缺点,而别人的长处却不注意。实际上,别人的作品中,不管怎样,多少都有一点优点是自己所没有的。这些就很值得学习。

不过,她强调“从别人的作品里学习,不要死学,不是抄袭”,而是“吸收”和“溶化”,能够成为你自己的东西。

第三,要重视和学习经典的文学作品,特别是我国传统的经典作品。

丁玲虽然认为每一部文学作品中都有其值得学习的地方,哪怕是一个段落,一个人物,但她还是提倡应向世界名著,即经典的文学作品学习。除了列夫·托尔斯泰的《安娜·卡列尼娜》等书以外,她更提倡向中国优秀的传统经典作品学习。“四人帮”粉碎以后的20世纪80年代初,有些人曾主张,“现代的作家不应该从纵的方面去读书学习,只要从横的方面去学习就行了”。她不同意，明确表态，“我认为这是行不通的”。

针对许多中青年作家不重视学习传统的东西，她反复提出要学习优秀的经典文学作品，特别是中国传统的优秀文学作品。她在1983年3月所作的一篇题为《根》的文学讲演中说：

> 我们应该提倡学习我们民族文学的优秀传统。我们现在最好的书，也还没有超过《红楼梦》《水浒传》《三国演义》。……我以为，外国的各种表现手法，我们都不妨学习，参考，借鉴，但如果忽略了向本民族的传统学习，那将是我们一个很大的失策。

丁玲说这些话，虽然有一定的针对性，因为她不喜欢“意识流”、未来派、现代派等一些文学表现手法，但即使撇开这一点，单是提倡向过去的优秀经典文学作品学习，而不同意把过去全部抛弃的意见，也是无可非议的。

除此之外，丁玲还提出过读书应与生活相结合的建议，甚至认为从读别人的书中也可感受生活、学习生活。这些见解也都有她的合理性和可取性。不过，以上三点，是她经常强调的，也较有系统性，所以特为拈出，以供大家参考。其中特别是第一、第二点，提及的人尚不是很多，似乎尤可为我们所记取。

李霁野读书法

李霁野(1904—1997)是现代著名的翻译家和作家。早年曾在辅仁大学等校任教,中华人民共和国成立后则在南开大学任教,并曾担任过天津市文化局局长、天津市政协副主席、天津市文联主席等。曾翻译过《简·爱》《被侮辱与被损害的》《难忘的一九一九》等许多著名的世界文学名著。此外,他还从事文学创作,有小说集《影》、散文集《给少男少女》、诗集《海河集》等。由于他学贯中西,知识渊博,读过许多书,所以也积累了不少的读书方法和经验。经过归纳,主要有三点。

第一,读书应与生活相辅相成,二者并进。

李霁野不赞成读书仅是为了应付考试,也不赞成读书仅为了应付功利的要求,而认为读书应与生活互相结合,这样才是一种比较好的读书态度和读书方法。为此,他还专门写了一篇《读书与生活》的文章,其中对读书与生活的重要关系,做了较为全面的阐述。其中写道:

> 所以我觉得,要想培养读书的兴趣,非将态度根本改变了不可。读书不是要应付考试,不是要敷衍外来的要求,却是要满足内心的需要,充实自己的生活。换了话说,读书必须是自己的有机的一部分,必须和自己的生活经验熔为一炉。

他认为:“若是书和生活经验发生了亲切的关系,书便有了味道,变为知己的朋友一样了。若是生活经验从读书扩大推广，充实的机会就无限的增多了。”当然，李霁野所说的，是一种立意较高的读书态度和读书方法，与当今一般学子把读书作为取文凭、拿高薪、成白领的实用主义目标是不同的。不过，他所说的“读书必须是自己的有机的一部分”，或许与当今的学子所想并不矛盾。再扩大一点说，读书应付了考试，取得了文凭，扩大了就业渠道和机会，改变了自己的生活道路，这本身也是与生活相关的。只是李霁野是从读书方法和读书态度上来论证读书与生活的关系的。他还总结道：

书将人的生活方式和态度根本改变，是常有的例子。反之，实际生活的经验越丰富，读书的欣赏和理解力也就越深广，也就越能领略书中的真味。所以读书与生活是相辅相成的，必须两者并进，才可以达到佳境。光读书而无生活，只尝得到间接的经验，和吃嚼过的饭差不多；光生活而不读书，却势必空虚、狭小。

不管我们如何来理解李霁野的话，从较高的立意来说，或是从实际生活的需要来说，把读书与生活有机地结合起来，特别是把读书与人生的远大理想和目标结合起来，这种想法和经验本身就是十分可取的。

第二，有些好书要经常阅读和咀嚼。

关于这一点，不少事业有成的文化名人都讲到过，而李霁野也注意到了这一点，并把它作为一种读书的经验提示给大家，仍是值得我们引以为鉴的。李霁野说：

对于名著的欣赏，有许多地方很受自己的经验限制，所以脍炙人口的名著，有时读不出什么好，也不必扫兴的。怎样的名著也往往有不精彩的地方，不一定就是自己的了解力过差。就是最精彩的地方，也不是人人都可以同样领略。

正因为如此，所以他劝告人们对有些好书，不妨多读几遍，第一次读不出什么名堂，过几年再读一次，总会有收获的。他鼓励人们："真正的名著，大体都很耐咀嚼，咀嚼一回，总可以得到些真味。" 并劝人们不要只相信别人的说法，因为"明达的批评" 毕竟不多，所以自己的体会尤为真切和重要。

除了以上两点以外，李霁野还就读书问题，提出了需要避免和注意的三件事。这三件事，既可以作为读书方法来理解，也可以作为读书经验来谈论。

第一点经验：读书要避免"戴假面"。

他所说的避免"戴假面"，实际上就是不要牵强附会。因为不论中国或外国，对于一些经典，特别是中国的《诗经》、西方的《圣经》等书，几千年来，往往都被道学家们从经的角度来加以阐述，结果越说越离谱，最后被歪曲，而把这些书的原意和真实面目给掩盖了。李霁野很不赞成这样的读书态度，认为"这样蒙了道的假面去读书，特别是抒情的作品，是荒谬极了的，就是读一辈子，也得不了真解。所以假面具是第一要揭开的。因为这样的假面具，往往是用错误的思想糊成的，所以要先在自己的思想上，下一番考察的功夫"。

第二点经验：读书要避免"打花脸"。

他所说的"打花脸"，是指有些书经过长期的传播和解释，已面目全非，不成原样，要人们去读原著。"花脸" 是指旧戏舞台上被化装以后的模样，所以李霁野认为读书不要被化装后的花脸所蒙骗，并举曹操和孔子为例，认为这两个人经过后人的褒贬，实际上都已失去原样，而“西洋的好传记所以有生命，就是因为不打花脸，保存真面目”。为此，他建议：“所以读书总要尽力保存原著者的真面目，连细微的地方也注意。别人的解释往往有心或无心的给人打花脸，不要轻信二道手的知识，总直接读原著，并细心不要替人打花脸，扭歪人家的面目。”

第三点经验：读书要避免“踩高跷”。

李霁野说他小时候看过踩高跷，踩在上面的人差不多有屋檐高，人需仰面方见。他认为“踩高跷”作为游戏是可以的，但“读书采取踩高跷的态度却是不可以的”。因为踩高跷的不是人的真实高度，而读书则要实事求是，玩不得那个把戏。所以，李霁野叫人读书不可“踩高跷”，实际上就是叫人读书要态度谦虚，要实事求是。他在《桃花源与牛角湾》中说：“作学问的基本精神要谦虚。我们的精力和时间都是很有限的，连小小的一部分东西往往终身还研究不到精透，若是稍稍知道一点点就自满起来，实在是既可怜，又可笑。”当然，他也并不是要人们在读书上谦虚到要自卑的程度。他说：“我是最讲人情的。而且我说要谦虚，绝不是要养成自卑心理的意思。真正的自知，不仅要知道自己的限度和弱点，也要知道自己的可能性和力量。”

李霁野学贯中西，他也不喜欢以说教者的眼光来对读书问题高谈阔论，却喜欢以打比方、拉家常的方法来进行议论，有些地方不乏真知灼见和经验之谈。特别是有关读书与生活如何结合和相辅相成的问题，尤为中肯。最后，让我们再以他在这方面的精彩议论作为本文的结尾：

所以生活同读书是分不开来的。一方面不要作书呆子，将脑袋里装满死书；一方面也不要空着脑袋过生活。读书应当是生活的一种享乐，不是令人头疼的工作。生活应当用书籍来陶冶，使它美化并充实。读书，我们可以接近古今中外的良师益友；生活，我们才可以接受他们给予的恩惠。

巴金读书法

巴金(1904—2005)是现代著名的作家。本名李尧堂,字芾甘,笔名巴金。曾任中国文联副主席、中国作协主席、全国政协副主席等职。他所写的小说《激流三部曲》(《家》《春》《秋》)、《寒夜》、《爱情三部曲》等,在中国读者中曾产生广泛影响,晚年所著散文集《随想录》,也为文坛所关注。由于他的道德、文章为世所公认,所以越到晚年,他的威望便越高,影响也越大,可以说是屈指可数的有世界影响的中国作家之一。

以年龄论,巴金是鲁迅、胡适、郭沫若等人的后辈,他完全是在五四新文化运动的空气里成长起来的。他虽然没有上过大学,但从小喜欢看书。他早年所爱看的书大致可分为两大类:一类为小说,他自己在《巴金选集》(十卷本)的《后记》中说:“我没有上过大学,也不曾学过文学艺术。为了消遣,我从小就喜欢看小说,凡是借得到的书,不管什么流派,不管内容如何,我都看完。”其中包括《说岳全传》《封神榜》《施公案》《彭公案》等小说;另一类为新文学书籍和杂志,新文学书籍包括鲁迅的《呐喊》《彷徨》《野草》等,杂志则包括《新青年》《新潮》《每周评论》《少年中国》等。这些杂志当时对他的影响很大,他在《信仰与活动》一文中回忆说:“我们争着读它们。那里面的每个字都像火星一般地点燃了我们的热情。”当时他和哥哥每天都要到成都一家出售新书的店铺里取些新的书报回来。

正是从这些书中,使巴金认识了自己所处的社会和家庭,并使他毅然地走出这个封建家庭,并反过来无情地揭示了这个家庭中没落和腐朽的东西,使他成为一个著名作家。他与茅盾、老舍等人一样,都属于学识丰富的小说家。在他的人生和成才道路上,书籍无疑是起了非常重要的作用。他虽然没有专门教别人应该如何读书,也没有写过读书方法之类的文章,但从他的回忆和给友人的书信中,我们大致上还是看到了他的一些读书习惯和一些读书方法。

第一,巴金主张读书应该独立思考。

巴金虽然读过古今中外的许多名著,有不少书也曾对他产生过影响,如卢梭、鲁迅、屠格涅夫的作品等等,但他在感动之余,仍有自己的思考和追求。他曾告诫读者:“用自己的脑子思考,越过种种的障碍,顺着自己的思路前进,很自然地得到了应有的结论。”他很反对那种“填鸭式”的教育,一味灌输,不讲消化,并通过自己孩子时所受到的那种“填鸭式”教育而引起的教训来开导别人:

> 我总是顺着自己的思路想问题,也只能顺着自己的思路想问题,那些填进去的东西总不会在我的脑子里起作用,因为我是人,不是鸭子。

第二,对于必读的书还得读,该背的就背一些。

巴金虽然反对“填鸭式”的教育,对古代和当前的“填鸭式”教育都不满意,但他认为有些必须要读的书还是要读,打些基础对将来有好处,该熟记或背诵的书还得认真去完成。他说自己小时候读私塾,老师平时讲得很少,“他唯一的办法是叫学生多读书,多背书”。巴金当时对《古文观止》等几种书都能背诵或熟记,其中有些文章虽然“背得出却讲不清楚”,似懂非懂,但是,“读多了,读熟了,常常可以顺口背出来,也就能慢慢地体会到它们的好处,也就能慢慢地摸到文章的调子”。巴金认为小时候熟背一些文章对自己以后写文章很有帮助。40年后,他在1958年所写的《谈我的“散文”》中曾深有体会地回忆道:

> 然而现在有两百多篇文章储蓄在我的脑子里面了。虽然我对其中的任何一篇都没有好好地研究过,但是这么多的具体的东西至少可以使我明白所谓“文章”究竟是怎么一回事,可以使我明白文章并非神秘不可思议,它也是有条有理,顺着我们的思路连下来的。

所以,他从内心仍很感谢那两位强迫他硬背《古文观止》的私塾老师,因为他尝到了背书的甜头,使他得到了不少的益处。直到80年后,他仍在《作家靠读者养活》一文中说:“我确实在那时背熟了几本书,不但背熟,而且背得烂熟。”

第三,主张多读名著,反对删节。

在十年浩劫中,许多经典意义的中外文学名著,如莎士比亚、狄更斯、列夫·托尔斯泰、左拉、福楼拜等人的作品,以及《水浒传》等,都被作为“封、资、修”的东西而遭批判、封存或烧毁。即使偶有被作为反面教材而重印出版的,也都会加上新的“前言”,或内部限制发行,或者动手术,删去一些所谓“不大健康的”“黄色的”文字,巴金对此深恶痛绝。他本人就从中外文学名著中汲取了大量的养料,不仅获得许多知识和道理,而且对自己的文学创作也带来了难以言喻、无法说尽的好处。所以,当十年浩劫结束不久,他就写出了《多印几本西方文学名著》的文章,对“文化大革命”扼杀和焚烧西方文学名著,以及任意删节原著文字的恶劣行径痛加驳斥,赢得了广大读者的拥护和欢迎。他认为“人民群众才是最好的裁判员”，应该让广大人民能够多读一些不要删节的文学名著。巴金曾客观地分析道：“能够看书的读者，他们在生活上、在精神上都已经有一些积累，这些积累可以帮助他们在作品中‘各取所需’。”所谓“各取所需”，就是相信人们在读书时会有自己正确的选择。

第四，关于巴金学外语的方法。

因为巴金不仅是一位出色的小说家和散文家，同时也是一位优秀的翻译家，曾翻译过屠格涅夫的《父与子》、克鲁泡特金的《告青年》等书 50 多种，尽管他自称“自己并不精通一种外语，我只是懂一点皮毛”，实际上他还是熟悉和能运用世界语等多种外语。直到晚年，他还以 80 多岁的高龄，孜孜不倦地翻译赫尔岑的回忆录——《往事与随想》。

那么，他究竟是以什么方法学外语的呢？简单地说，约有四点。

一，坚持不懈。

巴金从 1924 年开始学世界语，每天读一小时，从不间断，一本接一本地读。

二，严格要求。

巴金对自己学外语，不但能持之以恒，而且要求非常严格。在学习和阅读中每遇生字，他就求助字典，一个字也不放过。他当时有一本英国爱丁堡出版的《世界语——英语小字典》，在阅读世界语课本和文学作品时，就是一个字一个字地求助这本字典硬啃，才逐步掌握的。

三，经常运用。

除坚持不懈和严格要求以外，巴金在学世界语过程中还非常注意运用。因为光看不用难以进步，因而他就经常用世界语来通信和写文章，久而久之，也就更牢固地掌握了该外语的功能。

四，重视字典。

谁都知道，学外语如没有相关的好字典，那学外语就寸步难行，而巴金似乎比其他人更重视字典。如他在 1953 年 10 月 6 日在给妻子肖珊的一封信中就写道：“请打电话给赵家璧，请他留意如国际有英波或波英、英罗和罗英、英匈或匈英字典请他替我买下。我在北京时听说国际到过已卖完了，我只买到英保和保英的。英捷和捷英的赵家璧曾买过送给我了。总之请你们留意，有好字典都替我买下。”所谓“国际”是指北京的国际书店，其对外语字典的重视程度，由此可见一斑。

巴金写了这么多的小说、散文和评论，但他从来没有对读书问题特别是读书的方法作过系统的论述，但我们还是可以看到他大致的读书方法，其中不少地方仍有较大的参考价值，特别是他学外语的经验，给人的启发尤多。有些人虽然未必想当作家或翻译家，但巴金所走过的漫长而艰辛的读书道路，仍可以给我们许多教益。

冯至读书法

冯至(1905—1993)是现代著名的诗人、学者和翻译家。原名冯承植。从小读古诗文和辞赋,后接触《新青年》《新潮》《少年中国》等杂志,对新文学发生兴趣,并积极从事新诗和散文创作。北京大学毕业后,曾到中学教书,后去德国留学。归国后曾在同济大学、西南联大、北京大学任教,后又调至中国社会科学院外国文学研究所工作。曾任中国作家协会副主席。著述甚多,诗集有《北游及其他》《昨日之歌》《十四行集》《十年诗抄》等,翻译作品有《海涅诗选》等。在冯至漫长的文学和学者生涯中,他接触了大量的书籍,并积累了一定的读书经验。归纳起来,约有三点。

第一,在条件有限的情况下,充分利用手头的书。

作为一位学贯中西的学者,冯至曾买过不少书,但平时却未必都充分利用,抓紧时间本本都读。然而,在抗日战争爆发后,他从北平来到昆明西南联大教书,那儿无论是买书、借书、看书,都远非北平方便。他在《书与读书》一文中曾描述过当时书籍的贫乏:“我在昆明,仅只有摆在肥皂木箱里的几十本书,联大图书馆里的书也很贫乏,若相信开卷有益,任意浏览,是不可能的。幸而清华大学带来一部分图书,外文书放在外文系的图书室里,都是比较好的版本,我经常借阅,这是我读书的一个主要来源。”

除此之外,昆明的旧书店很少,与北平不能比,即使有几家,对冯至有用的书也极少见,但他还是发现并购买了几本。另外,西南联大法律系有几十本德语文学书,无人借阅,他便成了唯一的借阅者。于是,在抗战艰苦而读书条件相当有限的条件下,冯至为自己制定了一个十分特殊的读书方法:

总之,书很有限,而且得来不易,那么,自己带来的书,就翻来覆去地读;借来的书要按期归还,就迅速地读;旧书店里买来的书,就爱不释手地读。这样,我读书就不能随意浏览,而要专心致志了。

他对三种不同来源的书,采取了三种不同的读法,对于今天读书条件良好的学生们来说,未必完全合适,但多少有点启发吧。因为我们的一生未必每时每刻都拥有良好的读书条件,就看你自己如何设计了。

第二,边读书边做卡片。

冯至不仅是一位诗人,而且是一位学者。因而他读书不仅与创作联系起来,而且还常常与治学联系起来。他的读书治学的门径之一,就是边读书边做卡片。

冯至在昆明逛旧书店时,一次发现店中有仇兆鳌注的《杜少陵诗详注》,想买下,可衣袋里的钱不够,等到隔数日再去买时,此书已被丁名楠买去,甚觉遗憾。丁名楠获悉后,特把自己刚买下的书又转让给他。冯至甚为感动,对此书更加视如珍宝。于是对杜甫的诗一首首反复阅读,边做卡片。他说:

我一首一首反复研读,把诗的主题和人名、地名以及有关杜甫的事迹分门别类记录在前边已经提到过的“学生选习课程单”的背面,这种“卡片”我积累了数百张。

由于他边读边做卡片，使他对杜甫的诗有了更深切的了解，也打动了他的心灵，使他萌生了写《杜甫传》的愿望，而卡片的积累也为他写《杜甫传》打下了坚实的基础。数年后，他的《杜甫传》问世，影响很大，连毛泽东也兴趣甚浓地把它读完。后来，他又在《杜甫传》的基础上编写了一本《杜甫诗选注》。这些都是杜甫研究中的著名成果。

第三，读书治学一定要刻苦认真。

冯至从小读的是古文和诗赋，在继母的支持和关心下，又考入北京大学，后来又赴德国柏林留学。他之所以能如此，这与他从小就认真刻苦地读书和学习是分不开的。当他 20 世纪 30 年代初在德国留学时，曾遇到过梁宗岱。梁宗岱与他一接触，就认定他是一位诚恳而执着地追求艺术的人。冯至的这种刻苦认真的态度，即使到中年仍未改变。抗战时期，他在昆明教书，从 1941 年起，开始翻译并注释《歌德年谱》。这是一项很艰巨的学术工程，在抗战艰苦的条件下尤其如此。当时不仅生活艰难，连读书做学问也很艰苦。而冯至就是从西南联大外文系图书室借来 40 卷本的《歌德全集》，再参考自己身边仅有的几本参考书，完成了这一工作。他后来回忆说：

那时我下午进城，次日早晨下课后上山，背包里常装着两种东西，一是菜市上买的菜蔬，一是几本沉甸甸的《歌德全集》。我用完几本，就换掉几本，它们不仅帮助我注释《歌德年谱》，也给我机会比较系统地阅读歌德的作品。……参照我随身带来的袖珍本《歌德书信日记选》《歌德与爱克曼的谈话》《歌德谈话选》等，解决了不少问题，也加深了我对于歌德的理解。

就这样,他不仅在当时就发表了几篇关于歌德研究的论文,而且后来成为中国研究歌德的权威学者。

不过,冯至从不以自己的刻苦来自诩和夸耀,在他看来,刻苦和认真,是每个读书人所必备的和起码的态度,失去这一点,就谈不上什么读书方法和经验。

然而,我们从冯至所谈的三点读书方法中,可以看到冯至的读书情况和态度。特别是他在有限的条件下,能巧妙制定读书方案,充分利用手头的有限书籍,尤其值得我们借鉴和学习。

冯至一生以书为伴,与书也结下了深厚的感情,特别是他在抗战时期所读的书,对他印象尤深,多年以后仍难以忘怀。最后,我们以他对书的一段议论,来作为本文的结束:

> 我在昆明读的书不多,那些书的作者却对我说了些真心话,话的种类不同,有过时的老话,有具有现实意义的新话,有的给我以教育,有的给我以慰藉。如今我怀念和它们的交往,也跟怀念当年与朋友和同学们的交往没有两样。

施蛰存读书法

施蛰存(1905—2003)是现代著名的作家和翻译家。原名施德普,字蛰存。早年从事编辑工作,后在云南大学、厦门大学、上海暨南大学、华东师范大学等校任教。出版有小说集《将军的头》《梅雨之夕》《善女人行品》等多种,也写诗与散文,翻译外国文学作品,研究中国古典文学和文物。堪称通古博今,学贯中西。他在《我的爱读书》《我的第一本书》《说说我自己》等文章,以及一些早期的日记中,都谈到过自己的读书生活。虽较零碎,但稍加归纳,还是可以看出他的读书爱好和求学门径的。

第一,要把自己真正爱读的书与经常读的书或经常带在身边的书清醒地区分开来。

这个问题很有意思。因为有不少人读了许多书,但哪些是真正爱读的,自己也分不清楚。喜欢读的书,与喜欢的书,或与经常读的书,严格说来,实际上都是有区别的,平时很少有人注意,而施蛰存却把它作为读书的经验提了出来,以提请人们的注意。他是这样说的:

> 现在,让我来拟定几个标准:(一)如果说,凡是读得遍数最多的,就是最爱读的。那么,我应当举出《水浒传》来,这是小时候炒过七八遍冷饭的(吾乡俚谓重读旧书曰炒冷饭)。然而《论语》《史记》

《诗经》《楚辞》之类,我也何止看过七八遍,到如今我并不以为那是最爱读的书。所以这个标准靠不住。(二)如果说对我印象最深的书就是最爱读的书,那么,我应当举出赵景深译的《柴霍甫短篇小说集》和李青崖译的《莫泊桑短篇小说集》来,但我并不觉得对它们有多大的"爱"。(三)如果说,我常常带在身边的书就是我最爱读的书,那么,我应当举出一部《词林记事》来,但是,一部《康熙字典》也同样地跟了我二十年,你以为我最爱读《康熙字典》吗?

在拟定了以上几个标准之后,施蛰存才明明白白地说出了他所真正喜爱读的一部分书籍:诗歌中除外国诗选外,还有中国的《古诗源》《玉台新咏》等;小说中除梅里美的《嘉尔曼》、高莱特的《米佐》、莫泊桑等人的小说外,还有中国的《清平山堂话本》《儒林外史》《水浒传》等;散文则有英国作家乔治·吉辛的《四季随笔》,莫姆的《西班牙印象记》,中国则有《洛阳伽蓝记》、废名的《枣》、梁遇春的《春醪集》等。

第二,治学读书的三个阶段。

施蛰存虽是作家,也是学者,对中国古代的金石碑文尤加关注。他虽说自己"研究工作实在做得太少",但他还是在《我治什么"学"》一文中谈了自己治学读书的经验。他认为:"任何人都不会一上手就研究一门学问,必须有一个逐渐走向研究工作的过程。"对于这个过程,他认为由以下三个阶段组成:

第一阶段是由浅尝到博览。对某一门学问开始感到兴趣,渐渐地一本一本找这方面的书看,熟悉了关于这一门学问的各方面情况,这是第一个阶段。既已熟悉了关于这门学问的各方面情况,在更广泛地阅读与思考之际,必然会发生问题。碰上了问题,就要自己去求解决,这才走上了第二个阶段，可以称之为“入门”。入门之后，你会觉得欲罢不能，索性把一切弄不清的问题弄弄清楚。于是不能不展开更深入、更广泛的探索，这样才到达第三个阶段，开始做研究工作了。

第三，读书最好要相对集中，搜集资料的同时应写些旁札。

施蛰存虽然从小读过不少书，从《千字文》《三字经》《百家姓》《古文观止》到英、法文学，无不阅读，自以为读了不少，但多从兴趣出发。直到 1937 年秋，他因抗战爆发离开上海，到云南大学教书，教的是大学一年级的国文、历代诗选和历代文选课。虽说他也努力备课、编讲义，但“上了几个月课，才知道过去光是读书，纵然读得很多，全不顶事”。有些古诗文，过去读了几十遍，自以为全懂没问题，不想在课堂上一讲，经学生一问，便觉得有问题了。这件事对他触动很大，并改变了他过去的仅凭兴趣的读书习惯，产生了新的读书方法，这就是：自己要讲什么课，先广泛搜集与这课有关的详细资料，加以梳理和研究，与此同时，在书旁作一些小札记。如他后来在厦门大学讲《史记》，就写了许多《史记旁札》。这样一来，自己的理解就更为透彻，上起课来也经得起学生提问了。连施蛰存自己也不得不承认：“从此开始，我的读书方法才深入了一步。”

纵观施蛰存七八十年来的读书生涯，以及他自身谈起或总结的一些读书经验，我们大致归纳了以上三种方法。与他人比较下来，他所说的第一和第二种读书经验，似乎更有他自己的独创性和特色。前者可供我们作自身检点，后者可供我们具体操作，特别是那些立志治学和搞研究的青年人，尤可一试。

臧克家读书法

臧克家(1905—2004)是现代著名的诗人和作家。曾任《诗刊》主编、中国作协书记处书记、中国写作学会会长等职。其诗集《烙印》《运河》《罪恶的黑手》等都很有名。他虽然以诗人著称,但也写散文和小说,著述颇多,影响也不小。与此同时,他也用大量时间读书,家中也有不少藏书。他在《读书学习的零星感想》一文中说:“我喜欢看书,但既无系统,又不专注。看书为了增加一点知识,不是为了研究。”他又说自己“读得很杂,但连个‘杂家’也说不上”。这些都是他的自谦之词。其实,从他漫长的读书生涯和一些回忆中,我们还是可以大致寻到他读书的一些主要方法和脉络。

第一,应把精力集中在一点上。

臧克家曾说,他数十年来虽然以文学创作为主,但把大半时间仍用在读书上。他读书的范围相当广,“什么经呵,史呵,集呵,都想摸一摸,还热心读一些报刊上的讨论文章”。由于不是为了研究,就“不集中在一个目标上,读得很杂”。时间一久,他发现这样于学无益,又发现许多认识的专家朋友几十年来读书,多把精力集中在一点上,这样容易出成绩。于是,他把阅读偏重到文艺方面去,以后又偏重古典文艺作品,对诗词“兴趣尤浓”。直到晚年,他枕头边堆得高高的,也全是古典诗词和诗论之类。

第二，选定一门，懂得多门；博中求精，多而专一。

臧克家在读书方面虽然主张精力应尽量集中在一点上，认为“学术部类繁多，一个人能力再大，天才再高，也不可能样样都精，成为多方面的专家”，但他并不认为其他学问就可一概放弃，其他书籍就可一概不读，恰恰相反，他认为学科之间是相通的。他说：“学问虽然门路很宽广，但彼此都有牵连，即使科学与文艺，也决非别如天渊。”所以，他建议，如从研究的角度看，“应当选定一门，全力以赴，但选定一门，又必须懂得多门。博中求精，多而专一”。

第三，态度认真，喜加圈点和旁注。

臧克家说自己读前人的作品和书籍，大有不求甚解之意。但他在读的时候，却又非常认真。他说：“读的时候，浓圈密点，旁注，十分认真，一句一字也不放过。求真吃尽其中味。”此外，他认为“对作者的感情、思想、所处时代环境以及文艺表现特点，都要求大体了解”。这说明，在提倡认真读书的同时，仍有轻重之分，哪些是一句一字也不能放过，哪些只求大体了解。

第四，自己心中应该有个评价标准。

臧克家承认，每个人都有自己喜欢和偏爱的作家和书籍。拿他本人来说，对古代诗人就偏爱杜甫和苏东坡。但他对他们的文学作品“并不盲目称颂”。因为他感到：“不论多伟大的作家，也并非字字珠玑。”在这个观点上，他提出了以下一个读书方法：

> 我们读古，尊敬古人，但不应迷信古人。应该心中有个自己的评价标准，拿它去衡量一切作品。

当然，臧克家自己也承认，要在心目中定出一个比较合理科学的评价标准，并不是很容易的，“这需要多种条件。这与个人的人生观、文艺观是分不开的”。因此，读书实际上与一个人的生活阅历和经验也是很有关系的。

除此以外，臧克家还认为读书也应该有“一点锲而不舍的精神，破命追求的劲头”，如果没有这种精神和劲头，一个人“就无所成，或不能大成”；又认为一个人读书也应该有点自己的思考和见解，不能“人云亦云，拾人牙慧，像叫花子讨求残羹冷炙一样”，这样就毫无意义；又谈到自己欣赏文学作品，特别是诗词之类的欣赏经验，以自己的“生活经验”和“创作实践”去体会和印证等等。由于这些方法和经验前人已谈过不少，这里就不再过多地展开论述。然而，单凭他以上所说的四个要点和方法，也够我们受用的了。

谢冰莹读书法

谢冰莹(1906—2000)是现代著名的作家。原名谢鸣岗,字凤宝。从小读《史记》《唐诗三百首》等。后来参加北伐军,随军北伐,并写下《从军日记》,一举成名。以后又陆续出版了《青年书信》等书,并自费留学日本。回国后参加抗日战争。后来又曾在北平师范大学、台湾师范学院等校任教。一生出书六十多部,一千多万字。据她本人说,她在湖南省立第一女子师范学校读书时,"除了上课,所有余下的时间,我都消磨在图书馆里,又因我有一个时期担任图书管理的职务,看小说的机会更多……那时我崇拜的作家是莫泊桑、左拉、托尔斯泰、陀思妥耶夫斯基、小仲马等。"可见其读书之勤。

概括起来,谢冰莹的读书方法大约有五点。

第一,读书应该先有一个计划。

谢冰莹原先读书是没有计划的,多少有点凭兴趣看书,我们从她所写的《我幼时的学校生活》中,可以看出她早年在校读书的情景和个性,但随着年龄的增长,她感到一个人读书,应该有个计划。她在《我的读书经验》一文中曾写道:

> 还有,我们看书时应当先有一个计划,以书的页数的多寡,来规定看书的时间。今天决定看这部的,就不要去翻别的书,不然东翻一下,

西翻一下,结果还是看不进眼。

从她文中所说的读书计划来说,似乎还太简单了一些,只是从时间和页码上来把握,与大学里求学或研究生读专业,指导老师所规定的在一定时间内学完专业的读书计划有很大不同,也许这与她当时仅是一位二十余岁的青年作家有关。

第二,读书应该尽量地把一本书从头到尾看完。

每个人看书的习惯真是千差万别,有些人随便翻翻,有些人一气看完,有些人开头看看没兴趣,就扔在一边不再看了,还有的当中开花,挑自己感兴趣的看。而谢冰莹早先读书,虽然还不曾注意到一本书的思想性,有时还一目十行,只有碰到特别有兴趣的才多看几遍,但她有个习惯,就是不管一本书好坏如何,她都力求把这本书读完。她说:

> 每部书我都看完,有些人因为起初不好看就丢下全书不管,但我不然,我有一种好奇心,它不好我也要看它,不好到什么程度?到底不好的在什么地方?假若我来写这部小说应该怎样布局?要怎样才不至失败?

能耐着性子把每本书从头到尾看完,并且从正反两方面来总结别人书中的优劣得失、经验教训,还结合自己的想法,这种读法自然可行,但毕竟也太费时,如能挑选些好书,都能从头到尾看完,岂不更好?于是她又说:“不过这是那时的思想,假若现在就不然了,我哪有许多时间来看不好的书呢?当然只能择最好的去读。”

谢冰莹后来意识到必须尽量挑选最好的书去读,同时又继续保持将一本书从头到尾都看完的读书习惯,这样,其读书方法也就更完美了。

第三,看文艺书要注意其思想内涵。

谢冰莹承认，她过去读小说有个毛病，即："每部小说看完了只记得里面的情节，没有注意到其他。"有人问起，她也只能说出其中的故事情节，也不知和说不出这部小说究竟好在什么地方。经过大量的阅读，她逐渐感觉到了这一问题，认为看小说只注重所描写的事实而不去了解其思想方面的内容，就像小孩听故事时只问"后来呢，结果怎样"一样肤浅。所以，她后来特意总结了一套读文艺书的方法。她说：

我对于看文艺方面的书有几种看法：a、注意他的结构，b、他的造句，c、他的描写，至于思想自然更要注意。在这些条件之中要有一样能引起我的兴趣，这部书就有被我读的可能。

第四，读理论书喜作笔记，标记号。

谢冰莹在读文艺书籍之外，也读一些文艺理论书籍。根据她的经验，读文艺书可以速度快一些，但理论书却不行，应该多费些思考，并适当作一些笔记。她说：

文艺是可以很快的看去，而理论是不成的，因为要费思考，有时高深的理论竟要费许多脑力去理解。所以看的时候只能一个个字一句句看下去，我看这方面的书时差不多每部都写笔记。

后来，她发现有时正看在兴头上，注意力十分集中，如停下来抄写笔记，似乎会影响注意力。于是，她又改用了一种标记号的方法。她是这样说的：

起初是看到有好的句子都节录在笔记本上；后来觉得这方法有点不好，因为正在看到高兴时就提起笔来一写，无论如何会减少一贯的注意力的。所以我又改变了方式，在看第一遍时将重要而必须节录的句子用颜色笔做记号，等到看完时就照着有记号的地方抄，即使不抄，下次需要参考时也可很便利地找出那些重要地方来。

应该说，谢冰莹对于如何读理论书的方法，已经说得相当具体，这里就不再赘述了。

第五，文艺书和理论书可交叉结合起来读。

谢冰莹虽然说了对文艺书和理论书的不同读法，但她还有一个创造发明，就是把文艺书和理论书结合起来读，也别有一番风味。她的具体操作方法如下：

> 顶好理论与文艺同时都摆在桌上，看理论看到头昏时，马上丢下去休息，精神恢复了之后再来看一点文艺书调剂一下。这是最好的办法。

平心而论，谢冰莹已谈了她不少有关读书方面的经验，我们又进行了较为系统的归纳，大致梳理出了以上五点主要方法。纵观下来，她的这些方法虽然多就文科，特别是有关文学而言，但大多数都有自己的切身体会，有自己的一些特点，也很便于操作和运用。特别是她看书要列计划，应坚持从头到尾地看，以及对文艺书和理论书应有不同的读法等，尤其值得我们参考和借鉴。

张中行读书法

张中行(1909—2006)是现代著名的语文学家和散文家。原名张璇,学名张璿,字仲衡。从北京大学毕业后,曾在天津等中学任教,后长期在人民教育出版社工作。早年专于文史语言,后涉猎于人生哲学。阅历丰富,治学严谨。著述甚多,有《文言与白话》《禅外说禅》《顺生论》《负暄琐话》等,结集为《张中行作品集》八卷。

关于读书问题,张中行曾写过许多文章,如《多读多写》《读与思》《怎样读》《读什么》《精与博》《读诗》《读词》等,都属此类。这里不能面面俱到,只能根据他的主要观点和经验,归纳出五点方法。

第一,读书要选好的读。

有不少学生或青年问起张中行,学语文、作文或文科,读什么好?这时,张中行心里总只想说一句话:"要读好的。"换句话说,就是要挑选好的书读。他的道理也很简单:

> 因为取法乎上,仅得乎中,如果取法乎下,所得自然只能是下下了。……过去的古文家,如明朝归有光,一生用力于《史记》,这是取法乎上上,所以造诣能够超过一般人。

据此,他明确指出:

> 要好,必须取法乎上,最好是上上。

第二，怎样选。

要选好的书读，这一点定下以后，接下一个怎样选的问题就跟上来了。张中行在《读什么》一文中说：

一方面是内容好，深刻，妥善，清新，能使人长见识，向上；一方面是表达好，确切，简练，生动，能使人清楚了解，并享受语言美，这里不再详说。所谓读好的，就是读内容和表达两方面都可资取法的作品。

不过，他也说明，初学者和成熟者在选读物方面也是有些区别的：

选读物，能够分辨好坏之后，还有确定类别的问题，就是要读或多读哪类作品，少读甚至不读哪类作品。这当然是就初学说；如果学已有成，甚至如许多大家，笔下已经有自己的风格，那就可以出淤泥而不染，读什么也无妨害。

也就是说，选书读，对于学生等初学者来说尤为重要，讲究也多一些，对于一些成熟的人，甚至本人就是作家，那就无所谓了。读什么也不会有害，因为他已有了鉴别标准。

第三，读书不仅要了解文字意义，而且要把文字所含的思路条理和语言条理印入脑中。

张中行在《怎样读》一文中很明确地表示："读，为的是吸收。吸收包括内容和表达两方面。读要讲方法，方法对，吸收得快，所得坚实明晰；方法不对，吸收得慢甚至不能吸收，即使小有所得也模模糊糊。"

为了使读书能有所吸收，张中行提出了一个他自认为正确的读书方法，这就是：

所谓正确的方法，由要求方面说是了解文字意义之外，还要把文字所含的思路条理和语言条理印入脑中，成为熟套的一部分。想做到这样，就必须全神贯注地或说一面吟诵一面体会地由慢而渐渐快地读若干遍，直到熟了，能尝到其韵味为止。

他把这种方法称为"精读"，也是古代人练基本功的方法。他所说的"熟套"，也就是我们通常所说的熟门熟路，要烂熟于胸，成为非常熟悉和完全掌握的一部分。

第四，读书在精读之外，也要博览。

张中行虽然说了"精读"之法，但他也承认，书和文章不可能篇篇精读，有些则不必精读，只需泛览即可，也就是博览的意思。对于博览，他也说了个方法：

博览，触及古今中外，有如何选定、如何安排的问题。适应自己的条件（理解能力、时间等）是个原则，理由用不着说。其次，以兴趣为引线也无不可，反正开卷有益，兴趣常常由此及彼，接触面会越来越广泛。但要注意，兴趣最好与计画携手并行，因为许多知识，如哲学、逻辑、语法、修辞之类，很必要，却未必能引起兴趣，所以应该列入博览计画，即使捏着头皮，还是要读。

当然，在谈了博览之后，张中行也谈到了精读与博览的关系，认为精读和博览不能截然分开，而应该根据情况，有分有合，或交叉进行，方为得法。

第五，读书要思考。

关于读与思的问题，自孔子以后，就有不少人把此作为一条重要的读书经验，代代相传。张中行也主张读书要思考，并专门为此写了《读与思》一文。他说，古人常说读书可以明理。但如果只读不思，食古不化，则未必能明理。并举了一些例子，说明有些人书读得很多，但不分是非，不加思考，结果越读越糊涂，非但未能明理，还做出了一些有悖常理的愚蠢事。所以张中行总结道：

> 可见要明理，只靠读还不成，还要能够分辨是非和好坏。这分辨的能力是由思来的。

虽然张中行对读书与思考的关系也作了十分系统的论述，也有自己的见解，但由于这一问题古今中外的文化名人已谈了许多，故不再详述。

纵观张中行所主张的一些读书方法和经验，既有与前人重复处，也有非重复处；即使有重复处，其见解也与前人不同，常有其独特而精到的想法。如读书要选好的读、如何挑选、怎样读等等，都具体入微，不仅给人以启发，而且也便于大家运用操作，这一方面固然来自他本人的亲身体会，另一方面也与他长期从事教学工作有关。

华罗庚读书法

华罗庚(1910—1985)是现代著名的数学家。初中毕业后即靠自学成才。1936年赴英国剑桥大学留学。归国后在西南联大、清华大学等校任教。后又任中国科技大学、中国科学院数学研究所所长，中国数学会理事长等职。在数论、群论、函数论等领域均有创造性的贡献，对应用数学方法的普及也做了大量工作，共发表论著二百多种，另有科普读物十多部，也喜诗词。他一向注意学习方法，曾在不少文章中谈到过如何学数学、学科学的方法问题。概括起来，主要有四点。

第一，不怕困难，刻苦练习。

有不少学生说数学太难，或是太枯燥。针对这种情况，华罗庚写了《和同学们谈谈学习数学》一文。他坦率地对同学们说："以我自己来说，我在小学里，数学勉强及格，初中一年级的时候，也不见得好，到了初中二年级才有了根本上的改变。"是什么原因使他得到根本改变的呢？他说："因为我那时认识了这一点：学习就是艰苦的劳动，只要刻苦钻研，不怕困难，没有解决不了的问题。"

那时，其他同学用一小时解决的问题，他就用两小时来解决。经过了这样笨鸟先飞的刻苦磨砺，结果别人用一小时解决的问题，他只要用半小时甚至更短的时间就解决了。所以，他深有体会地总结道：

不怕困难，刻苦学习，是我学好数学最主要的经验。我就是这样学完了基础的数学，这一宝贵的经验，直到今天，对我还有很大的用处。

第二，学数学不能急躁，一步不懂不轻易走下一步。

关于数学必须一步一步学、一步一步走的学习方法，华罗庚曾多次地提出过。如他在 1953 年写的一篇文章中就说：“科学是累积性的东西，如果第一步不了解，第二步就会发生困难，而第三步更跟不上去，也许原来的目的想跳过一步，求快，但结果呢？反而搞成了不能前进。”

鉴于这种情况较普遍地存在，于是，华罗庚便提出了几种“没有什么秘密的学习方法”，其中第一个就是针对求快现象而提出的。他说：

首先应当提出的是不急不躁，细嚼慢咽，一步不懂不轻易走下一步，每一方法都力求运用熟练。读十本八本，不甚了解，反不如把一本书从头到尾读得精通烂熟，所谓烂熟不只是会背会算，而是能掌握基本精神、基本原理，能够灵活运用，并且必须注意它的连贯性，依照深浅，一本一本地学习下去。

他还举例告诫同学：“在学数学的时候，不要在算术的基本运算还未掌握的时候，就去搞搞代数、摸摸几何，这样做法会陷于一事无成的。”

第三，科学研究要有坚实的基础。

怎样才算是有了坚实的基础？华罗庚以为“会背会默，滚透烂熟”，都不算是获得了坚实基础。如要获得坚实的科研基础，可以注意做到以下三点。

首先，要抓住并了解中心环节，才能做到“真懂”。对于这一点，华罗庚有过详细的论述和关照，他在《我从事科学研究工作的体会》中说:“所谓‘真懂’,其中当然包括搞懂书本上的逻辑推理,但更重要的还要包括以下一些内容:必须设身处地地想,在没有这定律(或定理)之前,如果我要发现这一条定律(或定理)是否可能。如果可能,那是经过怎样的实践和思维过程获得它的。不消说,在研究证明的时候,更重要的是了解其中的中心环节。因为对中心环节的了解,有时可以把这证明或定理显示得又直觉又简单。同时真正了解一本书或一章书的中心环节,对了解全部内容也往往是带有决定性的作用的。不但如此,它还可以帮助记忆,因为由了解而被记忆的东西比逐字逐句的记忆更深刻,更不易忘掉。”

其次,学完一本书(或文章),必须做些解剖工作。华罗庚根据自身的读书经验,在提出抓“中心环节”真正搞懂之外,还建议人们读完一本书(或文章),再做些解剖工作。至于如何做解剖工作?他的原文是这样说的:“对其中特别重要的结论,必须分析它所依赖的是本书上的哪些知识。很可能一条定律是写在第二百五十页上的,但实际上所需要的仅仅是其前的散见各处的二三十页。这种分析工作做得愈透彻,在做研究工作时就运用得愈方便。在研究中可能遇到同第二百五十页相仿佛的问题,如果没有做过解剖工作的人在解决这样问题时,就会牵涉到二百五十页的考虑,而做过解剖工作的人,他只须考虑二三十页就可以了。”在这里,华罗庚把读书后的做解剖工作的必要性和好处,已经说得很清楚了。

最后,做好解剖工作后,最好再综合一下。华罗庚认为:“解剖固然重要,但不要忘掉解剖后的综合。”何谓综合?他举例说:“读完了一本书,还有必要把这本书的内容和以往所读的联系起来,例如:在大学数学系学代数中的二次型的时候，就必须和中学里所学的几何的圆锥曲线联系起来看。在学习积分工程对称核的时候，又必须和代数的二次型联系起来看。”

总之，华罗庚认为学一本数学书，能抓住中心环节，真正搞懂，学完之后能进行解剖工作，然后又能综合，这样一本书一本书的学习，基础自然会坚实。

第四，要养成独立思考的能力。

读书如单靠老师指导，而缺乏独立思考的能力，还是不行的。所以，华罗庚又很重视读书中的独立思考问题，并把它作为一种学习方法提了出来。他说：

> 独立思考是取得正确认识的必要方法，也是科学中克服困难的不二法门。很多例子可以说明：有些大学生在学校中功课学得很好，在教师指导下也是优等学生，但一旦离开教师参加工作，就停滞不前，遇到困难便束手无策。这种现象就是由于只跟教师学得了若干知识，而并没有获得独立思考的本领之故。

当然，他所提倡的独立思考，并不是不接受前人的成果，也不是光思考不读书，他认为“只要独立深思，不需要多读书、多接受前人的经验，也不需要依靠群众”的看法，也是错误的，所以，他主张必须养成读书中的独立思考能力，这样才会有所发现，有所创造，有所前进，有所作为。

总之，华罗庚谈数学学习方法的经验还有很多，他在《和青年谈学习》《学与识》《学习和研究数学的一些体会》等许多文章中都曾谈到过，但他反复强调和告诫的还是以上四点。只是提法和措辞不同罢了。不过,华罗庚所提的四点方法,除了不怕困难、刻苦学习这一点属于精神上的动力以外,其他三点似乎都可在实践中运用和操作。如果热爱数学的同学、朋友们能全面把握其学习方法的精神实质,又能身体力行,相信应该是能够有所作为的。

萧乾读书法

萧乾(1910—1999)是现代著名的作家和翻译家。原名萧秉乾。青年时长期在欧美等国当记者,结识了很多外国朋友。1946年,他放弃了去英国伦敦大学当教授的机会,参加了《大公报》起义。中华人民共和国成立后曾任《人民中国》英文版副总编辑、《文艺报》副总编辑等,后又任中央文史馆馆长。生平著述甚富,有长篇小说《梦之谷》《珍珠米》,特写集《见闻》《南德的暮秋》等。此外,还翻译过《好兵帅克》等外国作品,并能用英文写作。他在读书过程中曾得到过名家的指点,如杨振声便是其中之一。他后来在《关于书》一文中曾深情地回忆道:“最早指导我系统地读中外名著的,是杨振声老师。他不但教我认真地读了鲁迅、郁达夫、蒋光慈、沈从文、茅盾、叶绍钧的书,也把托尔斯泰、罗曼·罗兰、屠格涅夫等介绍给我,他讲课总是慢条斯理,井井有条。一边讲,一边还在思索。而且他一向是先介绍作家生平和时代背景,然后才一本本地讲作品内容。他的讲课甚至使我对胶东口音也产生了特殊感情。”

萧乾毕竟成了名记者、大作家,在第二次世界大战中去过欧洲战场,到过许多国家,见过世面,又精通英语,在漫长的记者和作家生涯中,形成了一套他所特有的读书方法。归纳起来,大约有三点。

第一,拿起一本书,首先喜欢看书前的序或书后的跋。

现在的不少青少年，特别是青年学生，得到一本书，往往把书前的序言或前言翻过不看，马上就集中到一本书的目录和内容，看到末尾，书后的跋与后记也多半不看。对文艺类书籍如小说、诗集等尤其如此。萧乾却恰恰相反。凭他多年的读书经验，他认为一本书的序言或跋语是很重要的，因而养成了读一本书必得先看序跋的习惯。他说：

拿起一本书，我喜欢先看序跋，主要是为了预先知道作者的意图。

正因为他看重序跋，所以，自1935年以后，他所出版的书都不请人作序，也怕别人找他写序。因为在他眼里，一本书的序文，多少是一本书的缘起和意图，或是主要内容的概括，作者或译者也有必要向读者交代一下。如作者自己写，容易客观一点，而请人来写，则“序中往往是些空洞的褒嘉之词”，参考价值不高。为此，他建议读书先得读序跋，而书的序跋当由作者（译者）自己写，力求客观。以便读者对作者的意图能了解得更清楚一些，以利于读者对书中内容的阅读和理解。

第二，要注意并学会查图书卡片，这样对读书会大有好处。

萧乾年轻时在欧美各国当记者的经历中，曾去过许多大学的图书馆。他在查索自己所需要的图书时，发现它们的图书卡片不但分类很细，而且在专书卡之外，尚有交叉卡片，上面告诉你可能需要的其他资料在另一本书的哪一处，对于粗心或懒惰的人，也许不会去注意，即使注意了也不会去查，但勤奋细心的萧乾却在此中尝到了甜头，因此他在读书时，经常注意并充分利用各种图书卡片，寻找自己所需要的图书资料。他说：

并不是西洋月亮特别圆，而是国外大学图书馆里，不仅分类细，交叉卡片也多。你找一个作家的资料，不但有专书卡，并且还有交叉卡告诉你，某部文学史或个人文集中，也有关于这位作家的一章或一节。

由于萧乾利用各种图书卡片获益甚多，因此，他希望并建议中国的图书馆不妨也可一试，除专书卡之外，再多搞些交叉卡片，使读者读书方便一些。而读者也应当充分注意到卡片上的有关内容提要和版本，长此以往，对自己的读书学习是很有利的。

第三，读书总得要刻苦勤奋。

萧乾精通中英文，知识广博。这与他刻苦勤奋的攻读是很有关系的。他早年所读的书，也是四书五经之类，后来上教会学校读书，所读的又是《圣经》之类，但他承认，读这些书，“往往是强迫性的”。到16岁以后，读书自由了一些，又同“新文艺作品结下了不解之缘”，读了许多鲁迅、周作人、冰心等人的书。从那时起，他读书就相当勤奋。他回忆道：“我应当感激北新的老板李小峰。那时他准许我下班后，晚上可以从门市部借几本书带回大兴公寓去读。我个人的读书史就是从那时开始的。根本没人指导。”迷着什么就读什么。有时拿到鲁迅、冰心作品的校样，也就一边校对一边津津有味地读起来了。

后来到北平读大学，他读书更勤奋了。他说：

> 三十年代初期的大学图书馆不但开架，而且开库！暑假期间，我经常成天呆在燕京、清华或北图的书库里。那真可以说是徜徉于天堂。后来到了剑桥，就更便当了。书库里，一排排书架尽头，迎窗摆着一张张小书桌，桌与桌之间还隔着块木板，以免互相干扰。书嘛，随便从架子上拣。上午看不完，放在桌上，下午再看。甚至今天看不完，也可以撂在那里，第二天接着看。

就是凭着他的这种刻苦和勤奋，他从大学的图书馆获得了许多知识,对他以后的工作和人生道路起到了无法估量和难以说清的好处。

不过,刻苦和勤奋攻读,也许是每个成功的文化名人的共同方法。所以,比较下来,萧乾的第一和第二点的读书方法似乎更有自己的特色,也不是其他人普遍运用的,更应该引起我们的注意和借鉴。

长期的阅读,已使萧乾与书产生了极深的感情,最后,让我们引用他的一段话,既作为本文的结束,也作为我们的共勉:

> 生活中,大量的是泛泛之交,不可能人人都成为知音,能通宵达旦深谈的,总是极少数。
>
> 书也是这样。大多只是翻翻,有些从头读到尾,而能反复精读、百读不厌的,毕竟也寥若晨星。
>
> 然而正如生活中不能没有朋友,生活中也不能没有书。那可是难以想象的悲惨境地。
>
> 书真是人类最忠实的朋友。它能使人插翅生翼,忽而飞向远方,忽而回到古代,有时甚至把人带到朦胧的未来。

既然如此,那就让我们与书交朋友吧!

何其芳读书法

何其芳(1912—1977)是现代著名的诗人、散文家和文学评论家。原名何永芳。曾任新华日报社副社长、中国社科院文学研究所所长、《文学评论》主编、中国作家协会书记处书记等。他的诗集《预言》《夜歌和白天的歌》,散文集《画梦录》等,在读者中都曾产生过广泛的影响。

何其芳读过的书相当多。小时候读《三字经》等,以后又读《唐宋诗醇》等,再以后又读中国新文学作品和大量外国小说。而且他又喜欢买书,每到一处居住,不一会儿家中就会出现许多书。姜德明有文章说他去琉璃厂买书,时而可以看到何其芳。别人买书是一捆或一包,而何其芳则带着犹如床单之类的大包布,包起一大摞书扛在肩上往家走,其爱书和全力买书的程度已可想见。正因为他喜欢读书和买书,所以他也写过一些有关读书方面的文章,如《谈读书》《尽信书,不如无书》《关于写诗和读诗》《诗歌欣赏》等。我们从中归纳了三点读书方法和经验。

第一,应该建立一种正确的读书观。

何其芳从小就读过不少书,但读书的目的究竟是为了什么,却说不清楚,可以说有点盲目读书。衡量书的标准也很简单:“能使我醉者就是好书,不能使我醉者就是坏书。”读书是为了做官,或者说读书是为了解除无聊,这些传统或常见的读书观,也曾从他的身边浮现。随着阅历的加深和读书的增多,他才逐渐明白:“一切书籍都不外乎是人类对于自然现象和社会现象的说明。”由此,他也树立起了一个比较稳固的读书观。这就是:

我们读书不应该是为了旁的,而应该主要地是为了用前人的经验和知识来提高自己、武装自己,以便去继续征服自然与改造社会。

何其芳把这列为自己读书经验的第一条,认为只有树立了正确的读书观,才能读好书。

第二,在读书中应持有批判的眼光,培养自身的批判能力。

何其芳认为,“既然一切书籍都不外乎是人类对于自然现象和社会现象的说明”,但未必所有的说明都是正确的,有些人主观上是为了追求真理,但未必他所写的书就是真理,他本人真的就找到了真理。在特殊的教育环境和政治环境里,反科学、伪科学或不够科学,乃至似是而非的书也会大量出现。在这样的前提下,我们就应该对各种书有所辨别和分析,如果“笼统地接受,不加思索地信从,我们往往就会被愚弄的”。于是,何其芳便自我总结道:

这也是一条我的读书经验:应该批判地读书,应该养成批判态度与批判能力。

第三,为了培养和提高自己的批判能力,就必须有计划地读一些必读的书,从而掌握正确的科学方法和思想方法。

何其芳认为,一个人在读书中的批判能力,并不是天生就有的,而是逐渐培养起来的,其中一个重要的途径,就是要读一些基础的必读书,而不要随心所欲地乱读瞎读。那么,哪些书是应该必读的呢?何其芳举例道:“起码的进步社会科学知识,以及起码的新哲学知识,这是无论打算专门学什么的人都应该学的共同课程。”对于这些书,我们不能只限于记诵一些词句,“而是用它们去观察问题、分析问题,并解决问题,我们就可以逐渐获得科学的思想方法”。何其芳并且强调:“对于我们读书和做事,正确的思想方法的获得是比什么都重要的。”

然而,何其芳又认为,一个人正确的思想方法和批判能力的获得,仅从学校的教材和功课中未必能得到解决,这样,课外的阅读就显得相当重要。但课外阅读不能仅以取乐为主,“假若我们能使这种课外读书更有方向,更有计划,那就将更有结果,更有益处”。于是,何其芳又总结出了他的一条读书方法和经验:

读课外书,而且有计划地读一些进步社会科学书、新哲学书,这样来提高我们的批判能力。

何其芳除了阅读过古今中外大量的经典著作外,也十分重视外语的学习,他自己就懂英文和俄文,即使年满花甲以后,仍以乐观的精神和勇气开始自学德文。曾翻译过一些外国诗。直到1976年2月3日,他在给杨慧中的一封信中还说:“其余时间,我想从事诗歌翻译,能翻译六七部诗,忠实于原来的格律形式翻。”并劝杨慧中学外语,“如果有什么外国文的基础,千万不要丢掉”。

孙犁读书法

孙犁(1913—2002)是现代著名的作家。原名孙振海,后更名孙树勋,笔名孙犁。尤以小说和散文驰名。从小就对文学发生兴趣,全靠自学成才。曾做过教师,当过记者,1944年去延安,曾在鲁迅文学艺术院工作。中华人民共和国成立后在《天津日报》工作,曾任中国作协天津分会主席。他虽然以小说和散文创作为主,但极喜看书藏书,因而对中国的文史知识和版本书目也颇熟悉。代表作有《荷花淀》《白洋淀纪事》《津门小集》《风云初记》等。他认为文科是可以无师自通的,而读书是必不可少的。

在中国当代作家中,孙犁的爱读书和藏书是出了名的。他甚至非常爱惜书,可以说达到了洁癖的程度,每得到一本新书,他都要用旧信封纸加以包装;如有哪本书损坏了,他就加以补贴修整;如有哪本书的书口有了灰尘,他就用小块细砂纸加以打磨,拂拭干净;如他外借给别人的书弄脏了,他是宁愿送人,也不收回了。他家里人也知道他的爱书习惯,轻易不乱动他的书。即使在枪林弹雨、硝烟弥漫的战争年代,他的书包中也装上一二本书,只要有空,管他河边、路旁或山上,他都会拿出来读上一气,哪怕一两段也好。所以连他自己也说:“因为我特别爱好书,书就成了生死与共之物。”为此,他还专门写过《谈爱书》

《谈赠书》《书的梦》等一些文章，大致都与买书、爱书、看书有关。

孙犁是著名的小说家，但他看书的范围却相当广，绝不限于小说，古今中外的各种类别的书都加以浏览，甚至对农、桑、畜、牧、花卉鸟虫、金石、美术类的书籍都加以阅读。至于哲学和历史，更不在话下。他在1992年写的《我的读书生活》中曾把自己的读书生活划分为四个时期，可惜涉及读书方法和经验的文字很少。尽管他本人在《谈读书》中说："读书也没有准则，只有摸索着前进。"但由于他自幼爱读书，且一生从不间断。所以，根据他的各类文章，包括给友人的信中，多少仍可看出他基本的读书方法。

第一，勤写读书笔记。

孙犁一直有写读书笔记的习惯，凡他读过的书，不论是自家购买收藏，或是外界赠送，只要有一丝体会，即使是一鳞半爪，他都会随笔记下。不过，他的读书笔记与一般人又不一样，除了书的内容，他还会记下书的版本和自己作记的日期，犹如日记。所以称他的读书笔记为读书日记也不为过。有时，兴致高时，他往往还会记下买此书的经过，使他的读书笔记别有情趣，另有一种风格在内。而且，他的读书笔记还善于从书中抓取一点因由，或是使人感兴趣的材料，然后举重若轻地随意谈些自己独特的感想。所以，他的读书笔记又不尽是简单的札记或小札，而往往是引申开去、借题发挥的读书文章，足可发表。如《关于〈聊斋志异〉》《〈朱子语类〉记》《读〈后汉书〉小引》《读〈胡適的日记〉》《读〈义门读书记〉》等，虽各有差异，但大同小异，无不如此。至于《耕堂读书记》(一)、《耕堂读书记》(二)、《读作品记》(一)、《读作品记》(二)等等，那就更多了。作这种读书笔记的好处，是可以把同一类书作对比，既可从中出观点、出见解，又无意中锻炼了文字功夫，不失为一种很好的读书方法。

第二，读书时可以作些批点或符号。

孙犁因藏书多、读书多，以致后来有些书是否读过，连他自己也记不清了。为此，他就在自己的书目中做记号，凡读过的书，他就用红笔打个圈点。古人读书有在书上作圈画或评点的习惯。由于孙犁太爱惜书，不忍心在书上涂写。后来发现这样做未免“因小失大”。为了更有效地读书，他后来干脆就直接在书上写眉批，作评点，打符号。他说：

> 我的习惯，选择了一本书，我就要认真把它读完。半途而废的情况很少。其中我认为好的地方，就把它摘录在本子上。我爱惜书，不忍在书上涂写，或做什么记号，其实这是因小失大。读书，应该把随时的感想记在书眉上，读完一本，或读完一章，都应该把内容要点以及你的读后意见，记在章尾书后，供日后查考。……不然年深日久，你读过的就会遗忘，等于没有读。

他认为，古人读书的“这个办法，很值得我们读书时取法”。这对于像他这样嗜书如命、惜书成洁癖的人能跨出这一步，是很不容易的。他能做到，其他人就更能做到了。

第三，有选择地读书。

孙犁本来读书，几乎是见着什么书就读什么书，不作选择的。再说，他小时候在乡下，后来又在烽烟四起的战场，能读到书就不错了，也说不上选择，有些书哪怕是重读，也是有兴味的。用他自己的话来说：“而我读书，是从来没有计划，是遇到什么就读什么的。”然而，随着阅历的加深、读书的增多，他感到无计划、无选择地乱读、瞎读，什么书都读,未必可取。也诚如他自己所说的:“其中,有些书读了,确实有好处,有些书却读不懂,有些书虽然读过了,却毫无所得。”于是,他改变了自己的读书方法,这就是有选择地读。他在《谈读书》中写道:

> 根据以上这个经验,我后来读书,就知道有所选择了。先看前人的读书提要,了解一下书的作者及其内容。……
>
> “开卷有益”,我常常这样安慰自己。

由于孙犁后来有选择地读书,使他所读的书相对有了一些系统,知识也逐日积累,所获益处也很明显。

第四,读书要根据各人的情况而定,不能勉强,也不能强求一律。

孙犁虽然后来实行了有选择地读书,但他从来没有强求一律,也不希望别人照他的选择来读书。碰到有人请他开个书目之类的单子,他也从来不开。迫不得已时,才开些唐诗、古文之类的书,因为这类书可说是基础书,什么专业的人都可了解一些,而且不会有坏处。在他看来,有选择地读书固然重要,但根据每个人的情况来进行读书似乎更为重要。如20世纪80年代初,贾平凹正在写散文,他在1981年5月15日给贾平凹的信中就劝道:“读书杂一些,是好办法。中国哲学书(包括先秦诸子)对文学写作有很大好处,言近而旨远,就使作品的风格提高。”因为写散文,特别是杂文,没有广博的知识是不行的,所以他建议贾平凹“读书杂一些”,还是有一定道理的。从表面上看,似乎与他提倡的有选择地读书的观点有矛盾,其实并不矛盾。他是针对贾平凹写散文的特殊情况而提出来的,说到底,也就是要根据贾平凹的具体情况来制定他的读书方案,未必要去套用在一切人的身上。对此,他在《谈读书》一文中曾经说道:

青年人读书，常常和政治要求、文坛现状、时代思潮有关；也常常和个人遭遇、思想情绪有关。然而，总的趋势，是向前发展的，不是一成不变的。老年人的爱好，常常和青年人的爱好不大一样，这是很自然的，也不要相互勉强。

由此可见，孙犁在读书方面的态度还是比较开明的，他尽管形成了自己的一整套读书方法，但他并不把自己的方法强加于人，却认为读书与每个人所处状况、所求目标，乃至所处年龄而各不相同，因此不必勉强，而应根据自己的情况来制定出自己的读书方法。

除此之外，孙犁也专门写过如何阅读古文学、旧诗词的文章，介绍过一些经验，但多半是他个人学古文的体会，主张先读一些有代表性的选本等等。上述归纳出的四点读书方法，无论取其中哪一点，都会使我们获益良多。

王佐良读书法

王佐良(1916—1995)是现代著名的翻译家和作家。早年在清华大学读书,后赴英留学,回国后到北京外国语学院任教。曾任中国英语教学研究会会长、《外国文学》主编。他对英、美文学有着颇深的研究,曾翻译过《彭斯诗选》等,并主编过《美国短篇小说选》《英国文学论文集》《英国诗文选译集》《英国文体学论文集》等。此外,他还写过散文集《心智的风景线》等。王佐良学贯中西,在长期的读书生涯中也积累了不少经验。归纳起来,约有四点。

第一,早饭后的半小时专读难懂的书。

早晨起来,人的大脑清醒,精力充沛,做什么事都容易奏效。所以有些人背课文,有些人读外语。而王佐良却很独特,他把每天早饭以后的半小时,用来专读那些平时自觉难懂的书,认为这样做很有好处,并提出了十分充分的理由。他在《读书随感录》中说:

> 我把早饭后的半小时留给自己读难懂的书,往往一次只读一段或几句,不贪多而务求细看、多想。这时候,由于早晨各种该做之事已做,而一天的“门市”还未开始,心情比较平静,注意力比较集中,所以是读哲学书、艺术史、科技史等等的好时候。慢慢地读,就可以读得透些,也就容易看出作者究是何意,有无新见,有什么联系,有什么没谈

到,等等。能够经得起读的书并不多,但真的碰上了也就越读越有味。

由此可见,王佐良每天早饭后半小时所读之书,多为哲学或艺术史、科技史方面的书,并且不是随意地消磨,而是"一次只读一段或几句",不贪多,慢慢读,犹如吃早饭一样,细嚼慢咽,便于消化。成年累月,必有积累,也必有收获。

第二,读书主要应学得"三样东西"。

王佐良是位著名的教授学者,学贯中西,根据他多年的读书经验,发觉有"三样东西"最为重要,并能长期起作用。他总结道:

经过多读细读,还会产生这样一种感想:长久起作用的还是三样东西。一样是:基本大书的熟读(要读,而不只是谈论)。另一样是:某些必要的基本训练,如汉语修养、外语能力、工具书的使用、历史和世界情况的知识等等。第三样也是最重要的是:见地(观点,判断力,不人云亦云)和想象力。

这可以说是王佐良多年的读书心得。如果有人能照此办理,既有基本大书的熟读,又有某些必要的基本训练,同时又能有见地和想象力,其读书必然得法。

第三,读书久了,可休息一下,然后再读。

读书过久,不仅眼睛疲倦,就是人的大脑和精力也会吃不消,这时就该休息一下。这个道理,不少人也都明白,但休息和调剂的方法却各种各样,有的做眼保健操,有的远眺一会儿,有的听一会儿音乐,也有的与朋友聊天、下棋、打扑克,等等,不一而同。但王佐良的休息和调剂的方法却与众不同,他是到田野上去大步走一圈,让冷空气刺激一下脑子,然后再读。他说:

北方的冬天：冷得很，亮得很，叫人振作。合上书，到宽阔的田野里去大步疾走，让冷空气刺激头脑，然后回到温暖的屋子里，打开书，再看看，每个字都特别清楚了，脑子里印象也特别明晰，想提的问题也特别尖锐。往往是在这种时候，一本明天的书在暗中产生了。

实际上，他的这种休息方式，不仅仅是刺激大脑的问题，而是走进自然，与自然为伴，较之一般的休息也许更为有效。由于休息得法，读书也就更为有效。因此这不仅是个休息方式的问题，归根结底还是一种读书方法，其目的仍是为读好书服务的。

第四，勤走图书馆。

王佐良从读中学开始，便有勤跑图书馆的习惯。遇有疑难点或闲暇，便喜欢往图书馆跑，并培养了他从中学时开始看英文杂志的习惯。以后进清华大学，他更是勤跑多看，在该校的图书馆里阅读了大量的英文版的西洋哲学史、古罗马史、希腊悲剧、英国十六七世纪的诗剧等等。以后他去国外读书，仍保持着勤跑图书馆的习惯。因此，图书馆不仅成为他勤奋读书、获取知识的宝库，而且使他“进入了一个知识上和情感上的新世界”。

应该说，王佐良的读书方法是有点与众不同的。除了勤跑图书馆，他所提出的前三点方法，即：早饭后半小时专读难懂书，读书应得“三样东西”和读书久了不妨去大自然中走一走，都是很新鲜、很独特的方法，也可以说是他一生读书经验的总结。

秦牧读书法

秦牧(1919—1992)是现代著名的作家。原名林觉夫,别名派光、顽石。尤以散文得名。连他自己也说:“我虽然写过各式各样的作品,但主要的活动,还是写散文与杂文。”其散文在20世纪60年代曾风靡过一阵,《艺海拾贝》《潮汐与船》《长河浪花集》等书都颇受读者喜爱。后作品都收入《秦牧文集》中。曾任中国作协广东分会副主席、广东省文联副主席、《羊城晚报》副总编辑等,并在暨南大学教过书。他在有些文章中曾谈到过读书问题。

针对有些人感到学海无边、难以摸到边际的想法,秦牧则认为解决这一问题的办法是要掌握一定的学习方法。他说:“看起来好像要学的东西千头万绪,难度很大;但是掌握了方法以后,就能以简驭繁。学习这东西,热爱了就能产生很大的力量。”

为此,他在1979年还专门为北京一家出版社的青年编辑学习班,作题为《漫谈学习态度和学习方法》的讲话。其中,他根据自身的读书和学习经验,一共总结了九点学习方法。

第一,学习要融会贯通,而不是背诵个别的字句。

秦牧很注意读书和学习中的融会贯通问题。在秦牧看来,只有“融会贯通才是真正学懂,才是把书中正确的道理变成自己的血肉。假如不是融会贯通，只学片言只语，反而容易钻牛角尖”。如果“只记住个别字句，那知识就是零碎的”。因此，他主张：

学习要掌握最根本的东西，要融会贯通。拿文学来讲，就是要懂得文学的最根本的道理，并把这根本道理运用到学习和创作实践中去。

第二，要记住重要的东西。

秦牧认为，读书学习一定要记住一些东西，特别是根本性的或重要的东西，如果全都仅是一些了解而无任何记忆，那是不行的。秦牧这样说，是有他一定的根据的。他说：

任何知识，运用它，都要以一定的记忆为基础，不记忆最根本的东西，就难于凭它进行思考。因此，一些最根本的东西非记忆不可。

那么，哪些东西是需要非记忆不可的呢？秦牧接着说道：

自然科学有许多定理公式、社会科学有许多根本道理要记忆，文学有许多文学语言、精彩诗歌、许多文章的精彩部分都要记忆。适当的背诵是非常必要的。年轻时记忆力强，是很好的学习时机，在这时记忆的东西总是非常牢固的，因此，年轻时特别要记忆些最根本的东西。

那如何提高自己的记忆能力呢？秦牧说：

要提高记忆的本领，就要运用两种方法，把机械的记忆和意义的记忆很好结合起来。

他的这种记忆方法很特别，也很有意思，只是哪些属“机械的记忆”，哪些属“意义的记忆”，每个人一定要根据情况把握准。只有把握准了，才会有效。

第三,要使自己经常处在一个学习的气氛之下。

秦牧说:“有些朋友常常把学习和非学习的时间分得很清楚,这未必对。好像在这个时间要学习,在其他时间就不要学习了。”他认为这样的学习方法和时间安排未必妥当,最好是使自己在任何时间、任何情况下都能想到学习,并进行学习,也就是“要使自己经常处在一个学习的气氛之下”,这样也许会更有效。他说:

假如在任何场合都把自己置于学习之中……任何时间都在注意,如看展览、看报纸或和人家谈话时,看到听到新鲜事物,或看到听到一个原本不懂的词儿,就努力记住,凡不懂的就学,看到不明白的就查工具书或地图,马上记住,学的东西不是非常之多么!要使自己经常进入这种状态中才大有效果。为什么有的人文字本来不怎么通顺,养成看小说的习惯,文字水平却很快提高呢?因为在课堂上只学一点点,看小说却可以整天泡在里面。

总之,他的意思是说,不要仅把坐在课堂上读书称为学习,也不要把自己规定在某一时间范围内学习才叫学习,实际上在课堂之外或规定学习的时间之外,在平时的日常生活中,都可以注意到与自己学习有关的东西,都可以找到某种专业学习的机会,都可以从事学习。

第四,要用主要精力攻坚。

在我们进行读书学习的过程中,总会遇到一些困难或疑难之处,这是正常现象。秦牧认为,对于学习中的困难之处,最好要用主要精力和专门的时间加以攻克,这样才有效。他说:

我们要用精神最好的时候,学习困难的东西,不要在这时看小说聊天。……我们要用主要精力,在精神最好的时候来解决最困难的问题。看书看累了,可以洗衣服,同样的一段时间,有效的使用率就高了。

第五,掌握辩证法,避免绝对化。

秦牧把掌握辩证法列为学习方法的一种,意思也就是希望人们读书学习尽量不要陷入形而上学的泥沼,看问题尽量避免绝对化,这样对自己的读书学习才有利。他在说明这一学习方法的时候虽也举了不少例子,却都与读书无关,这里也就从略了。

第六,做学问应多问为什么。

秦牧所提出的这一学习方法,实际上就是多问的意思。这一点,从孔子开始就有"不耻下问",直到秦牧再提,也是再次强调罢了。他认为做学问"要有打破砂锅问到底的精神,就可以学到许多东西"。其中所举例子虽然也多与读书无关,但是他既然要讲学习方法,就不得不把多问也作为方法之一提出来。

第七,练习基本功。

所谓"基本功",就是基础知识要扎实,"好像盖房子,普通地基只可盖两层楼,地基好些就可以盖许多楼"。打了这个比方,秦牧认为读书学习也是这个道理。所以他说:

> 练基本功是重要的,有个字不认识马上查字典,有个词不了解马上查《辞海》,有件事不了解,马上找有关的书来读,这样不就可以提高了吗?

他认为有些人写文章文字不够好,或经常写错字,丢主语,这些都是基本功不过硬的表现。因此,他认为:"文字要写得精彩、生动,首先要写通顺,在这个基础上再去一步步提高,这可以说是最低的要求。"

第八,要养成艰苦朴素的生活习惯。

这个学习方法很特别，提到的人很少，而秦牧居然把它当作一种学习方法提出来了，他的理由也很简单，“因为怎样的生活习惯，总是和怎样的学习作风紧密关联的”。他的这个意思是从鲁迅的话中化用过来的，也就是说，人有时太安逸了反而放松自己，而艰苦朴素的生活习惯，却往往能够培养一个人良好的读书习惯。这话不能绝对说，但也有一定道理。

第九，应该把精读和泛读结合起来。

秦牧曾指出过生活中的一些读书现象：“有些人读书很快，两三寸厚的书很快就看完了，但没深的印象，只知道一个梗概。有的人读书又特别慢。”

对于读书过快或过慢的现象，他都不太赞成，认为读书应有精读和泛读之分。他说：

> 其实，有的书要精细地读，像马列主义、哲学、文艺理论，要思考，应当精读。有些书则可以泛读，不很重要的书或报上不很重要的新闻，以及一些小说都可以泛读。任何东西太快或太慢都不对。精读时，一个钟头也许只读几千字，泛读时，一个钟头可读两万字。好些东西，泛读一下就行了。

虽然秦牧就读书学习开列了以上九点方法，但我们还想补充一点，这就是：读书要能够运用和吸收。这一点他尽管没有专门列为方法，却说得很好，完全可以作为方法之一。他说：

> 我们学习是为了掌握前人、旁人所发现、所积累下来的丰富有用的知识，并加以运用。书对我们有很大帮助，但并不是说读九百种书的人，就一定比读八百种书的人聪明能干。有些人读了很多书，但不会吸

收，就好像胃有毛病的人一样，吃的很多，不会吸收，仍然很瘦。而有的人吃的不多，但能够吸收，身体却很好。

在这里，秦牧用很生动的例子，说明了吸收和运用对于读书的重要性。我们可以把这视为秦牧读书学习的方法之十。

秦牧所开列的读书学习方法，虽然有点面面俱到，缺乏鲜明的个性，但其中有些方法仍是应该引起我们重视的，如融会贯通、记住重要东西、要用主要精力攻坚、精读和泛读的结合等等，都可以说是读书中可用的良方妙丹，足够供我们借鉴和参考。当然，他还针对学校中读书“重理轻文”的现象发表过很好的意见，不过重点在于探讨思想观念。

外国名家读书法

塞涅卡读书法

塞涅卡(约公元前4—65)是古罗马著名的哲学家和戏剧家。曾任尼禄皇帝的家庭教师,后又成为尼禄的主要顾问。主要哲学著作有《幸福的生活》《论短促的人生》等。戏剧多模仿古希腊悲剧,有《美狄亚》《俄狄浦斯》等,对英国伊丽莎白时代和法国17世纪的戏剧作家颇有影响。他对读书方法也曾发表过独特而又精彩的议论。

第一,主张人们要去研读那些有才华的大作家的作品。

曾经有人向塞涅卡请教过有关读书方法的问题,想阅读各种不同作家的书。他立刻在回信中指出道:

> 关于你提到的那种阅读方法,即对许多不同作家和各种各样的书籍的阅读,必须注意不能有杂乱散漫和随意任性的成分。如果你想从阅读中获得你永远铭记在心的知识,你就应该花更多的时间去研读那些无疑是富有天才的作家们的作品,不断从他们那里取得养料。

他所谓的"富有天才的作家们的作品",很大程度上就是指那些古今公认的经典作家的书籍,他认为首先选择这些书籍来加以攻读和理解,肯定是有益而不会错的。

第二,反对走马观花地阅读。

塞涅卡根据自己的阅读经验,一直反对无重点、不集中、走马观花式的阅读方法。他曾说：

> 对于任何一个大作家的作品都没有深刻的了解，而是从一个作家跳到另一个作家，走马观花式地阅读所有作家的著作，这样的人就像那种旅游者。刚吃即呕的食物不为身体所吸收，也就对健康无所裨益。不断改变治疗方法最不利于治愈疾病。

他还尖锐地指出："有许多书籍甚至只是有害无益。"为了说明其中的道理，他还打了个比方："一个接一个地品尝菜的味道，正是胃口不好的表现；食物名目繁多，种类殊异，不是滋补身体，而是戕害健康。"为此，他诚恳地劝告别人："还是一直研读成熟作家们的作品吧，如果产生了转换的念头，就立即回到已经熟悉了的作家们那里去。"

第三，主张读后要认真思考并当天消化。

这似乎主要是针对哲学书籍的阅读而言，因为塞涅卡首先是一位哲学家，并且是新斯多葛主义的主要代表人物之一，曾阅读过许多哲学家的经典著作。他曾结合自己的切身体会而谈论道：

> 浏览许多不同思想之后，要选取其中一个，认真思考并当天予以彻底消化。我就是这样做的。在我一直阅读着的那些思想著作中，我牢牢抓住其中一个。

塞涅卡后来成为古罗马时代非常著名的哲学家和学者，或许就是与他以上一再主张并亲自实践的读书方法有关。可恨尼禄皇帝荒淫残暴，后竟勒令他自杀，这不能不说是当时学术界和文学界的一个惨重损失。

蒙田读书法

蒙田(1533—1592)是法国文艺复兴时期的重要思想家和文学家。自幼受到过良好的教育,后专攻法律,曾在波尔多法院供职十余年。后又曾当选并连任两届波尔多市市长。他爱好出游,曾游历过瑞士、意大利、德国等地。他的散文《试笔集》对西方近代文学曾带来很大影响。他以博学著称,在对人性、道德等问题进行议论的同时,对读书也发表过不少有益而独特的见解。

在蒙田的一生中,始终把读书当作一件愉快而有益的事。他曾经说:“读书,我只寻求那些能够令人愉快且又朴素无华的篇章;学习,我只学习这样的知识:它能够告诉我,我当如何认识我自身;我当如何对待生和死。”

虽然蒙田一再强调说明自己读书只是为了愉快、消闲或增进知识,从来不抱有谋利的念头,但他对读书还是归纳出了一套基本方法。

第一,他读书从不钻牛角尖,钻不进去时就暂时移换。

他曾直言不讳地谈起自己的读书经验:“当我在读书中遇到某些费解的地方时,我从不一味冥思苦想;倘我尝试一二次后仍不得要领,我就把它甩开。因为在这种情况下继续死啃它们,无异于浪费我的精力和时间。”暂时甩开以后,蒙田大致采用两种办法:一种是间隔一段时间后“再回过头来不断地看看”；另一种是换一本书读。用他自己的话来说：“倘若某书使我感到厌倦，我就丢开它去读另一本，只是在我无所事事时，我才再去问津那本曾使我厌倦的书。”

第二，对读过的书多做笔记和记号。

蒙田自称自己的记忆力不好，有些曾经读过的书会忘记，又会当作新书重读，为了避免这一现象和浪费时间精力，他养成了做笔记和作记号的习惯。他说：“为了能稍稍弥补一下这方面的缺陷，一段时间以来，我养成这样一个习惯，即在那些业已读过而无意再读的书尾做上记号，诸如阅毕日期，形成总的看法等。这就能提醒我记住，我在读书过程中所形成的那些关于作者性格的印象的看法。”用我们现在的话来说，就是能加深记忆。

第三，能正确处理好读书与身心健康之间的关系。

蒙田曾不止一次地说，他所读的书“多为寓娱乐和教益于一身的作品……这类作品使我学到调整情绪和培养性格的知识”。他不赞成那些置健康与生命于不顾的拼命读书的现象。他曾诚恳地告诫别人：

> 书给人带来乐趣。但是，啃得太多，最后便兴味索然，还要损害身体，而快乐和健康却是我们最可宝贵的。倘若结果竟弄到有损身心的地步，那么我们就抛开书本吧。

由此可见，蒙田虽然毕生酷爱读书，为此并特意布置了一间书房，经常在里面随兴所至地翻阅各种图书，自得其乐。但他还是把人的快乐和健康置于读书之上，并认为当读书不再是快乐或有害身体健康的时候，就应该放弃读书。他说：“无论主持家政、钻研学问、外出行猎或处理其他事务，都应当以不失其乐趣为限度，要注意不要超过这个极限，不然苦便会开始掺进乐中来。”他还把读书和养生巧妙地结合起来，并坦率地介绍给别人，“我嘛，我只喜欢有趣而且易读的书本，它能调剂我的精神。我也喜欢那些给我带来慰藉、教导我很好处理生死问题的书籍”。

总之，蒙田虽然是一个学识渊博、思想深刻而又刻苦攻读并追求生活真理的思想家和文学家，但他所提倡的读书态度和读书方法却又是那样的豁达和开明，能给我们诸多的教益和启迪。他在晚年时曾对自己一生的读书和学习生活作过如下的总结：

> 少年时候，我学习是为了自我炫耀；后来年岁渐长，便为了追求知识；现在则是为了自娱，而从来不曾抱过谋利的目的。

蒙田通过对自身的解剖和总结，对不同的年龄阶段，提出了三个不同的学习目的，这基本上也是比较符合人生的现实状况的。

培根读书法

弗兰西斯·培根(1561—1626)是英国16至17世纪的著名哲学家。他所提出的“知识就是力量”的著名论说,如今已传遍全世界,为越来越多的人所信服。许多人就是在他这一句话的鼓动和勉励下,才进入了知识的宝库,成为各方面的杰出人才。而就他本人来说,也是一位知识丰富、博学多才的人,除了在人类哲学史上有巨大影响外,对于神学、文学、法律以及自然科学都有研究。曾任英国女王的特别法律顾问、大法官和上议院议长等职。著有《新工具》《论科学的价值和发展》《论古人的智慧》《论说文集》。他之所以如此博学和有所作为,是与他本人的勤奋好学和合理的读书方法密不可分的。

在培根看来,读书有多种用处,它“可以作为消遣,可以作为装饰,也可以增长才干”。这三种用途在什么情况下才能分别发生作用呢?培根接着解释道:

> 孤独寂寞时,阅读可以消遣。高谈阔论时,知识可供装饰。处世行事时,正确运用知识意味着才干。

读书虽然有以上三种不同的用处,但归根结底,培根认为“读书的目的是为了认识事物原理。……为了寻找真理,启迪智慧”。而那些为了挑剔辩驳去读书,或是为了吹嘘炫耀、迷信书本而去读书,都是不可取的。与此同时,他还告诫人们读书时应注意的三个方面。

第一,读书不宜太慢。

培根认为“读书太慢会弛惰”,因此,他希望人们读书应思想敏锐,注意力集中,不要过慢,这样容易生效。

第二,不要装模作样。

培根认为“为装潢而读书是欺人”。这种情况在青年或学生中尤为多见。有些青年为了在友人或恋人面前装斯文,会故意拿几本书放在床头案前;有些学生怕老师或家长责怪自己不用功,会故意装着在读书,而当老师、家长一走,马上又玩了起来,把书束之高阁,这些都属于装潢门面的做法。

第三,不要照搬书本。

培根认为“只按照书本办事是呆子”。也就是我们通常所说的“书呆子”,他们最明显的特点是书上怎么说便怎么办,一点也不知变通或灵活使用,我们平时所说的“死读书”“读死书”,都属此类。

既然如此,那么培根又提倡什么样的读书方法?究竟如何读书才算合理的呢?归纳起来,大约有三点。

第一,对于不同的书,可采取不同的阅读方法。

关于这一点,他的论述最多,也最能启发人,使人获益。如他说:

> 书籍好比食品,有些只须浅尝,有些可以吞咽。只有少数需要仔细咀嚼,慢慢品味。所以,有的书只要读其中一部分,有的书只须知其中梗概,而对于少数好书,则要通读,细读,反复读。

他甚至说:“有的书可以请人代读,然后看他的笔记摘要就行了。”不过,他立刻又加以说明:“但这只应限于不太重要的议论和质量粗劣的书。否则一本书将像已被蒸馏过的水，变得淡而无味了。”

第二，对不同的书可作不同的选择。

由于古今中外的书浩如烟海，它们的类别和内容各不相同，在此情况下，培根认为可以根据自己的需要和知识结构加以适当的选择。在他看来，“读史使人明智，读诗使人聪慧，演算使人精密，哲理使人深刻，道德使人高尚，逻辑修辞使人善辩”。

第三，光读书求学问还不够，还得运用和实践。

培根是个非常聪明智慧的人，不单纯是个学者，还涉足政坛，参与政治，曾任英国女王的掌玺大臣，因此，他一直注意并强调书本知识的运用和书本知识与实践经验的结合。他说：“学问虽能指引方向，但往往流于浅泛，必须依靠经验才能扎下根基。”为了使人进一步理解他所说的意思，他又将几种人的情况加以比较：

> 狡诈者轻鄙学问，愚鲁者羡慕学问，聪明者则运用学问。知识本身并没有告诉人怎样运用它，运用的智慧在于书本之外。这是技艺，不体验就学不到。

他这里所说的“技艺”，实际就是指的读书技巧。总之，培根对读书学习的方法已作了很详细的指导，这也是他的经验之谈和切身体会，他一直把读书学习视为人生的一件大事，认为“读书使人充实”，“知识能塑造人的性格”，而“精神上的各种缺陷，都可以通过求知来改善”。因为在他看来，“人的天性犹如野生的花草，求知学习好比修剪移栽”。归根结底，读书求知与人的聪明智慧、性格形象等各方面都有着千丝万缕的联系。

卢梭读书法

卢梭(1712—1778)是法国18世纪著名的启蒙思想家和哲学家。生于瑞士。他所撰写的《社会契约论》《论人类不平等的起源和基础》等著作,对法国大革命曾带来不小的影响。但他同时又是一位文学家,他所撰写的自传《忏悔录》和小说《新爱洛绮丝》等,对法国的文学,特别是感伤主义和浪漫主义曾产生十分深远的影响。由于其家境贫寒,从小流浪,全靠自学以及一些朋友和牧师的指教,才使他博览群书,知识渊博,成为法国文学界和思想界的巨人。他在《忏悔录》中曾零零碎碎地回忆起自己的读书生活,其中也涉及一些读书方法,现归纳为四点。

第一,读书不要求多,而在于要多思考。

卢梭早年曾被人送到很有名望的德·古丰伯爵的家里当仆人,这位老人有个最小的儿子古丰是位神父。这位古丰神父很喜欢卢梭,非但一点也不把他当仆人看待,而且还很和蔼耐心、饶有兴趣地教他学习和读书。卢梭在他家里读了英国散文作家艾迪生编的《旁观者》、伏尔泰的《拉·亨利亚德》等一些书。古丰神父教他的读书方法就是"读书不要贪多,而是要多加思索",卢梭遵照他的方法读了不少书,他回忆说:"这样的读书使我获益不少。"后来他曾弄到一本拉密神父撰写的

《科学杂谈》,曾“反复读了它上百遍”,也收到了很好的效益。

第二,先接受和理解书中的思想,再对众书加以比较和选择。

卢梭有一段时间经常看哲学著作,如洛克、马勒伯朗士、莱布尼茨、笛卡儿等。读多了,他发现这些作者的学说“差不多总是互相冲突的”,曾拟订过一个要把它们统一起来的计划,结果耗费了时间和精力,也毫无结果。于是,他放弃了这种方法,而采取了另一种方法。具体如下:

> 我每读一个作者的著作时,就拿定主意,完全接受并遵从作者本人的思想,既不掺入我自己的或他人的见解,也不和作者争论。我这样想:“先在我的头脑中储存一些思想,不管是正确的还是错误的,只要论点明确就行,等我的头脑里已经装得相当满以后,再加以比较和选择。”我知道这种方法并不是没有缺点的,但拿灌输知识的目的来说,这个方法倒是很成功的。

有几年时间,他就一直用这种方法阅读,等各种知识和观点装满脑子,然后在“旅行或办事而不能阅读书籍的时候,我就在脑子里复习和比较我所读过的东西,用理智的天平来判断每一个问题,有时也对我的老师们的见解做一些批判”。这个方法果然灵验。后来他曾深有体会地说:“我的能力虽然很差,但我之所以还能有些进步,应当完全归功于这个方法。”

第三,各类书交替阅读,对一些问题交替研究。

卢梭曾坦率地承认自己读书有两个毛病,一个是记不住,另一个是不能长时间精力集中,用功的时间稍长一些就会感到疲劳,“甚至我不能一连半小时集中精力于一个问题上……如果我必须用心去读一位作家的著作,刚读几页,我的精神就会涣散,并且立即陷入迷惘状态。即使我坚持下去,也是白费,结果是头晕眼花,什么也看不懂了”。针对自己阅读上的这种先天不足,他就每本书略看一会儿,等注意力要分散时,便换一本书或换一个问题加以思考,这样即使毫不间断,他也不会感到疲倦和精力分散。因此他就充分利用自己所发现的这一特点,对一些书和问题交替研究,即使整天用功也不觉得疲劳。

第四,喜欢在露天下的自然环境中看书。

卢梭早年在华伦夫人身边生活时,曾读过历史、地理、几何、数学、拉丁文等学科。那时,他的身体比较虚弱,除了读书,还得干一些轻微的活儿。所以,每到下午,他因不适应关在屋子里读书,便干脆在院子或田园里看书。不论是到鸽棚、菜园、果园或葡萄园,他总是随身携带着书本,干活累了,就坐下来看一会儿书,这样的效果比在屋里看书还好。他后来回忆说:“我自由自在、毫无拘束、不费心思地看一些书。”这种独特的读书方法和读书环境,却是学校和图书馆里的学子们难以领略到的。

当然,卢梭也曾苦学过拉丁文等语言,但似乎并没有什么特别的良方,这里就不作介绍了。

卢梭是通过自学成才的。他在文学、哲学、音乐、教育学等领域中所取得的一些成绩,基本上都是靠刻苦自学才摸索出来的。而他自学的一套方法,也是根据自己记忆力差、身体弱等一些特殊情况而摸索出来的。他在读书和学习中也曾走过一些弯路,但他凭着自己“难以置信的毅力”和“顽强的、不间断的”努力,终于寻找出了一些适合自身情况的读书道路,并直接通向了自己的成功之门,这是十分值得庆幸的,也足以供我们参考的。

在卢梭的一生中,经常与书为伴,当他遭遇痛苦或不幸的时候尤其如此。他曾说:“也许是由于我认为努力学习直到生命的最后一刻是件美好的事。”他是这样想,也是这样做的。

歌德读书法

歌德(1749—1832)是德国18至19世纪著名的诗人和剧作家，也是著名的思想家和学者。除了《少年维特的烦恼》《浮士德》等文学名著以外，他在自然科学方面也很有贡献，曾撰写过有关植物形态学和颜色学方面的论文。由于他的博学，又善于思索和总结人生的种种问题，因而对读书也发表过不少意见，但都比较零碎。然而，经过细致的整理与归类，仍可以看出他在读书上的一些主要方法。

第一，认为知识和真理应当通过自己的努力学习和不懈追求而去获得。

德国著名的剧作家和思想家莱辛曾表示：假如上帝把真理交给他，他会谢绝这份礼物，宁愿自己费力去把它找到。

歌德对此非常赞赏，他认为真理是应该通过学习、思考、探索和辛勤的劳动而去获得，如果上帝恩赐，垂手可得，那就没有多大的意义。

第二，主张对每一门学科都要专心去学，尽量学好它。

当时德国的一般学校里课程安排很多，有些设置不一定合理，歌德对此很有自己的看法。当爱克曼向他谈起大学教师讲课的问题时，歌德不满地说："一般地说，他们在学校里教的东西太多了，太多了，而且是些无用的东西。一些个别的教师把所教的那门课漫无边际地铺开,远远超出听课者的实际需要。在过去,化学和植物学的课都属于医科,由一位医生去教就行了。现在这些科目都已变成范围非常广泛的学问,每一门都要用毕生精力来学,可是人们还期望一个医生对这两门都熟悉!这种办法毫无好处。”针对这种情况,歌德提出了自己的学习主张:

> 一个人不能骑两匹马,骑上这匹,就要丢掉那匹。聪明人会把凡是分散精力的要求置之度外,只专心致志地去学一门,学一门就要把它学好。

第三,仅有书本知识不够,还需实践和运用。

歌德不仅博览群书,谙熟音乐、绘画、雕塑等各门艺术,而且一向注意运用,关注到书本知识和实践知识的结合。他曾说:“理论本身对它自己是没有用处的,但它却使我们相信各种现象之间的关联性。”又曾对爱克曼说:“因为我们对自己学习过的东西,归根到底,只有能在实践中运用得上的那一部分才记得住。”实践和运用不仅能加强记忆,而且也能增强我们的判断能力。他之所以强调自然“总是正确的;而缺点和错误总是属于人的”,“知解力高攀不上自然”等,其实质都是强调实践的重要性。

第四,主张向古代的经典学习。

我们知道,歌德早年曾与席勒等人在文学上发动“狂飙运动”,为德国的浪漫主义代表作家之一,但是他还是希望人们要向古代的经典作家学习,并不因自己开启浪漫主义风气而抛弃古代经典。他告诫人们:“古典主义的东西是健康的,而浪漫主义的东西则是病态的。”并说:“让我们记住古人是多么地伟大,尤其是苏格拉底学派如何给我们揭示出全部生活与行动的本源和准则。”在谈到当时德国的戏剧时，他对爱克曼说：“我们要学习的不是同辈人和竞争对手，而是古代的伟大人物。他们的作品从许多世纪以来一直得到一致的评价和尊敬。一个资禀直正高超的人就应感觉到这种和古代伟大人物打交道的需要，而认识这种需要正是资禀高超的标志。让我们学习莫里哀，让我们学习莎士比亚，但是首先要学习古希腊人，永远学习希腊人。”

除了以上所谈的一些读书方面的见解以外，歌德也谈到过外语学习的重要性。虽然比较琐碎，但仍有一定的启发性。如他说：“法文是一种社交语言，特别在旅游中少不了它。”又如他曾主张在德国学校应“继续不断地推行希腊语和拉丁语的教育”，以便让人们直接阅读古代的经典著作，掌握高度的文化知识。他还根据自己学习外文的体会与别人交流道：“很可注意的是，听觉和一般听懂语言的能力比会说语言的能力要先走一步，所以人们往往很快就学会听懂，可是不能把所懂得的都说出来。”

总之，歌德是个好学不倦的人，直到他 83 岁离开人世。他生前不仅自己热爱学习，热衷读书，不断地探索真理和科学，而且一再地教诲青年：“如果你能读书，就应读懂”，“对于书籍就跟交新朋友一样”。正由于他的勤奋读书和刻苦探索，以及他人格的伟大，才使他集文学创作与科学研究于一身，成为德国历史上最伟大的人物之一。

兰姆读书法

兰姆(1775—1834)是英国19世纪著名的散文作家。也写诗与剧本等。自幼好读书,与诗人柯勒律治为同学,又是终身好友。著有《伊利亚散文集》等。由于他爱好读书,所以发表过不少自己读书的心得和体会。

兰姆的读书热情恐怕要超过一般的知识分子。他曾经说:“我把相当一大部分时间用来读书了。……除了走路,我便读书,我不会坐在那里空想——自有书本替我去想。”他不仅喜欢读书,而且所读之书的范围也相当广泛。他坦诚地说:“在读书方面,我百无禁忌。高雅如夏夫茨利亚,低俗如《魏尔德传》,我都一视同仁。凡是我可以称之为‘书’的,我都读。”除了《礼拜规则》《宫廷事例年表》以及休谟和个别人的哲学著作和历史著作以外,他“差不多什么书都可以读。我庆幸自己命交好运,得以具有如此广泛而无所不包的兴趣”。

与众不同的是,兰姆非常重视和讲究读书的季节、时间和地点的选择。认为在什么情况下读什么书才比较适宜,实际上也就是读书环境的问题。例如,他认为在开饭前的短暂时间或五六分钟光景,是不适合去拿一部《仙后》的书或严肃的布道文来读的。这时只应消遣,可读一些轻松愉快的短文,把时间打发掉就是。

再如，兰姆在《读书漫谈》中写道："严冬之夜，与世隔绝，温文尔雅的莎士比亚不拘形迹地走进来了。在这种季节，自然要读《暴风雨》或者他自己讲的《冬天的故事》。"他认为，严寒的冬天，读一些《暴风雨》或《冬天的故事》等一些与冬天或风雨相关的文学作品，不仅与环境相合，而且别有情趣，更能领会到文学作品中所渲染的气氛和魅力。

弥尔顿是17世纪英国大革命时期的代表诗人，曾写有长诗《失乐园》《复乐园》和《力士参孙》。其中《失乐园》运用《圣经》题材，塑造了叛逆者撒旦的形象；《复乐园》借基督受难的故事，反映了英国大革命失败后诗人对革命的态度。由于这些诗都与宗教有关，表达的内容也比较严肃，因而兰姆别出心裁地认为，"开卷读弥尔顿的诗歌之前，最好能有人为你演奏一曲庄严的宗教乐章"。他觉得这样才更容易领会弥尔顿诗中的意味和精神。不过，他又补充说明，如果听众摒除杂念，肯洗耳恭听对弥尔顿诗歌的朗诵，那么"弥尔顿自会带来他自己的音乐"。也就是说，弥尔顿诗中自身就有音乐和旋律，但那要读者自己静心去聆听和体会。

除了注重读书的时间和季节，兰姆也比较注意被朗读作品的取舍。在他眼里，莎士比亚、弥尔顿等一些经典作家的诗歌是宜于朗读的，但"为了一时一事而赶写出来，只能使人维持短暂兴趣的书，很快地浏览一下即可，不宜朗读"。而对于"时新小说，即使是佳作"，他也认为不宜朗读，每当听到有人读这些时新作品，他便感到非常讨厌。他对读报似乎也抱有同样的成见。

不过，令人奇怪的是，兰姆如此注意读书的环境和气氛，但在读书地点的选择上，他与卢梭的选择却恰恰相反。卢梭喜欢在大自然中静心读书,而兰姆却多喜欢在室内读书。虽然他也曾羡慕一位牧师能在斯诺山上一边走路,一边攻读巨著,“对他那种远避尘俗、孑然独行的风度常常赞叹”,但他不得不承认,“这种超然物外、凝神贯注的脾气与我无缘”。其主要原因,就是他在户外读书精神无法集中,会为户外一些掠过眼边的人或物所干扰,使他好不容易记住的书本知识一下忘到九霄云外,所以他坦率地说:“我不能算是一个户外读书的热心支持者。”

兰姆的读书方法虽不显得重要,却很独特,未必能得到大多数人的赞同,但却能得到一部分人的由衷的赞赏和拥护。

叔本华读书法

叔本华(1788—1860)是德国19世纪著名的哲学家,唯意志论创始人。早年曾入格丁根大学学习医学,后入柏林大学攻读哲学。随后在柏林大学任教,辞职后移居法兰克福。他一生读书甚多,知识也相当渊博,除哲学与医学外,对物理学、法律学、数学、历史、音乐等都有涉猎。主要著作有《作为意志和表象的世界》《论处于自然界中的意志》《伦理学的两个基本问题》《随笔与箴言》等。

正因为叔本华知识丰富,博览群书,所以他也积累了比较丰富的读书经验,形成了自己的读书方法,写过《读书与书籍》《关于思考》等一些文章,就如何读书的问题提出了自己的一些看法与见解。可以归纳为四点。

第一,读书要思考。

叔本华非常重视读书中的思考问题。他说:"读书而不加思考,决不会有心得,即使稍有印象,也浅薄而不生根,大抵在不久后又会淡忘丧失。"这就像吃东西一样,营养被吸收的只有五十分之一,其余的则为呼吸、蒸发等原因而被消耗掉了。在叔本华看来:"读书不过是自己思考的代用物而已。我们只可以把书本当作'引绳',阅读时依靠他人把自己的思想导向某方面。"

由此可见,他是把思考看得比读书更重要的,而读书只不过起“引绳”的作用而已。他在《关于思考》中甚至这样说:

> 一种纯粹靠读书学来的真理,与我们的关系,就像假肢、假牙、蜡鼻子或人工植皮。而由独立思考获得的真理就如我们天生的四肢:只有它们才属于我们。这就说明,为什么一个思想家和一个学者是截然不同的。

鉴于世界上所有的书未必都是好书,而有些书还会使人走上邪路,因而叔本华又提醒人们读书时心中要有个“守护神”,靠他来指点迷津,引向正道。而这个“守护神”,他认为“只有能够正确思考的人才有之”。凡此,都说明了叔本华所强调的独立思考,在我们读书时所应占有的位置。

第二,决不滥读。

叔本华尽管自己知识渊博,涉猎到人类知识的各个领域,社会科学和自然科学都能通晓,但他还是再三告诫人们在读书之前应谨记“决不滥读”。他一方面承认“买书又有读书的时间,这是最好的现象”。但他又指出:“一般人往往是买而不读,读而不精。”因为时间有限,而且书也有优劣之分,所以叔本华希望人们应该有选择地进行阅读。

就当今世界来看,随着人类出版业和印刷术的发展,世界上的书会越来越多,其中有些书是为了赚钱而出笼的;而且,读书愈多,或整天迷于读书的人,虽然可以借此休养精神,但他的思维能力必将逐渐丧失。因此,叔本华认为一定要有选择地看书。如有时间看那些大众化的书,不如把宝贵的时间去读那些“伟人的已有定评的名著,只有这些书才是开卷有益的”。

第三，提倡读原著。

叔本华曾有这么一个观点，无论什么时代，都有两种文艺或思想，似乎各不相悖地并行着，“一种是真实的，另一种只不过是貌似的东西”。为此，他有针对性地批评了某些读书现象。他说：

有许多书，专门介绍或评论古代的大思想家，一般人喜欢读这些书，却不读那些思想家的原著。

当然，他也分析了造成这种现象的原因，认为主要有两个：一个是为了赶时髦，对历史的东西缺乏深入的了解；一个是由于大思想家的著作比较艰深，读起来比较吃力。叔本华对这种读书现象深表痛心。他在《读书与书籍》一文中曾以十分惋惜的口吻说：

他们宁愿让大思想家的名著摆在书架上，但那些平庸文人所写的毫无价值的书，只要是新出版的，便争先恐后地阅读，太愚蠢了！

他还以一种先见之明的身份告诫别人：“平凡的作者所写的东西，像苍蝇似的每天产生出来，一般人只因为它们是油墨未干的新书，而爱读之，真是愚不可及的事情。这些东西，在数年之后必遭淘汰。”而只有那些大思想家的原著，才是不朽的。因此，他希望人们能够养成看原著的习惯。

第四，重要的书要再读一遍。

叔本华曾再三强调：“任何重要的书都要立即再读一遍。”他强调这一点，主要有以下两个原因：

一则因再读时更能了解其所述各种事情之间的联系，知道其末尾，才能彻底理解其开端；再则因为读第二次时，在各处都会有与读第一次时不同的情调和心境，因此，所得的印象也就不同，此犹如在不同的照明中看一件东西一般。

叔本华所强调的重要的书要再读一遍的理由，与中国古代教育家所说的“温故而知新”，虽略有不同，但的确有他个人的体验和见解在内。

一百多年来，叔本华在中国一直被视为唯心主义哲学家，但他的学说和思想对王国维等人曾产生过影响，而从他以上对读书问题所提出的一些方法和主张来看，仍有不少可取之处，可给人以多种启发。

梭罗读书法

梭罗(1817—1862)是美国19世纪著名的作家、先验主义文学的主要代表人物。幼时家境贫寒,靠自身努力考入哈佛大学,毕业后当过教师,后与先验主义领袖爱默生相识,开始发表诗与散文。主张回到自然,曾一度远离城市,隐居湖边。支持废奴运动。有散文集《沃尔登,或林中生活》《缅因森林》《杂记》《文选》等。他对读书问题也发表过不少独特而新颖的见解。归纳起来,其主张的方法和经验大约有三点。

第一,应该把最好、最灵敏、最清醒的时间用于读书才好,因为读书不仅是一种实用,而且是一种崇高的智力锻炼。

梭罗认为,读书如仅为了实用,似乎太狭窄,也不算是一种真正的阅读。他在《阅读》一文中说:

> 伟大诗人的作品人类还从未读通过呢,因为只有伟大的诗人才能读通它们。它们之被群众阅读,犹如群众之阅览繁星,至多是星象学地、而不是天文学地阅览的。许多人学会了阅读,为的是他们的可怜的便利;好像他们学算术是为了记账,做起生意来不至于受骗;可是,阅读作为一种崇高的智力的锻炼,他们仅仅是浅涉略知或一无所知;然而就其高级的意义来说,只有这样才叫阅读,决不是吸引我们有如奢侈品,读起来能给我们催眠,使我们的崇高的官能昏昏睡去的

那种读法，我们必须踮起足尖，把我们最灵敏、最清醒的时刻，献予阅读才对。

在梭罗看来，如果阅读仅是为了生活或工作中某一方面的便利，那还是一种低层次的阅读，算不得真正的阅读；只有当我们把“阅读作为一种崇高的智力的锻炼”，对我们的精神或情操有所影响的时候，才是一种高层次的阅读，也才算得上是一种真正的阅读。用我们现在的话来说，也就是陶冶性情、获得精神力量的意思。他认为精神和性情上的得益要大于某一方面的实用。正因为如此，他主张要把一天中最好的时光，也就是他所说的“最灵敏、最清醒的时刻”，用在读书上才对。而不是把读书仅作为一种业余爱好或消闲之用，否则是太可惜了！

第二，一个人能识字之后，应该挑选最好的文学作品阅读。

在我们的生活中，常可以看到各种读书现象，有些人喜欢读通俗读物；有些人已读高中或大学，仍对那些低幼读物或看图识字发生莫大兴趣；有些人则喜欢读一些轻松读物……各人兴趣不同，自然不可强求一律。但是，梭罗认为一个人如果有了阅读能力之后，最好应该挑选一些最好的文学作品来加以阅读。他说：

> 我想，我们识字之后，我们就应该读文学作品中最好的东西，不要永远在重复a—b—ab和单音字，不要四年级五年级年年留级，不要终身坐在小学最低年级的教室里。许多人能读就满足了……于是他们只读一些轻松的东西，让他们的官能放荡或单调地度过余生。

他的意思是说，随着自己阅读能力的提高和加深，不应仍停留在老地方，而应该去选择一些更好、更高层次的作品来读。但这种最好的文学作品和书籍，并不是人们难以寻觅的珍本，而恰恰是我们最常见的一些经典作品,除了《圣经》以外,如英文、希腊文、拉丁文中的一些古代经典作品,都在此列。因此,他曾不无感慨地说:“任何一个人都为了拣一块银币而费尽了心机,可是这里有黄金般的文字,古代最聪明的智者说出来的话,它们的价值是历代的聪明人向我们保证过的。”

因此,他建议人们应选择这些经典的文学作品阅读,而且要尽量读原作。

第三,读书时应注意书与我们自身境况和生活的关系。

梭罗虽然认为读书只为利用是种低层次的阅读,但他却不反对读书与生活、与人生感悟的结合,并希望人们在阅读时注意与自己生活境况的联系。他在《阅读》中说:

> 并不是所有的书都像它们的读者一般愚笨。可能,有好些话正是针对我们的境遇而说的,如果我们真正倾听了,懂得了这些话,它们之有利于我们的生活,将胜似黎明或阳春,很可能给我们一副新的面目。

他认为对书的阅读有时可以对我们的生活带来启迪,改变我们的生活。他接着说:

> 多少人在读了一本书之后,开始了他生活的新纪元!一本书,能解释我们的奇迹,又能启发新的奇迹,这本书就为我们而存在了。

梭罗所提出的一些读书方法,虽然与其他人的不太一样,可以说是一些层次比较高的读书方法,但对我们仍有启发。如果我们真正领会了他的精神实质,达到了他所要求和希望的那种读书境界,那对我们的思想境界和人生目标,仍会带来莫大的意义和好处。

马克思读书法

马克思(1818—1883)是马克思主义学说的创始人,无产阶级的革命导师,也是世界公认的大学者。生平著作极富,《资本论》《政治经济学批判》《哥达纲领批判》等都是他著名的代表作。在他一生的革命生涯和学术生涯中,始终都与书为伴,好学不辍。19世纪中叶的欧洲,曾流行着一种"自白书"的文字游戏,通过其中各项的回答,基本上可以看出一个人的品格和爱好。在"您最喜爱的事"一栏中,马克思清清楚楚地答道——"啃书本"。由此可见,读书在马克思的一生中,已经占据了极其重要的地位。

他的朋友李卜克内西在回忆马克思时曾说:"学习!学习!这就是他经常向我们大声疾呼的无上命令;他自己就是这方面的榜样。"

马克思生前学识之渊博,读书之广泛,是极少有人能与他相比的。他不仅以毕生精力专门研究了政治经济学、哲学、政治学、法学、历史学和社会学等各种学科,而且还酷爱文学,阅读过大量的诗、小说和散文。

作为一位伟人,马克思之所以能获得巨大的成功,在各个学术领域中都能有所作为,成为一个时代思想的高峰,是与他科学合理的读书方法密不可分的。

第一,读书喜作摘要和笔记。

马克思读书，很有系统性，经常是带着目的有针对性地阅读。每逢书中他自认为重要和有参考价值的地方，都加以摘要，并作笔记。如他进行政治经济学研究时，在伦敦大英博物馆曾阅读了一千五百多种有关经济学、文化史、技术史方面的书籍，且一边读、一边认真作摘要和笔记。正是在这一基础上，他写下了《政治经济学批判》《工资、价格和利润》《资本论》《剩余价值理论》等一系列著作。

当《资本论》第一卷撰成并出版以后，马克思因劳累过度，患了疾病，工作时有中断，但他的读书习惯依然未改，而且一边读，一边仍坚持写读书笔记。据贝马·鲁贝尔和马·马那尔撰写的《没有神话成分的马克思？他的生平和著作的编年研究》一书中记载：

> 他的读书摘录填满了50本左右的笔记本——几乎有3万页，都是密密麻麻地写的小字。他所阅读和收集的成吨材料，使恩格斯感到惊诧。

马克思所作的这些大量的摘录和笔记，无论对于他的科学研究和所从事的写作，还是对于他理清思路和掌握知识，都起了难以估量的作用。

第二，坚持有规律性的读书生活。

马克思的一生虽然颠沛流离，在法国等许多国家流浪或暂寓，但他的读书生活一直没有间断。自从1849年夏迁居伦敦后，马克思的经济陷入困境，家庭生活十分艰难。但他依然坚持读书和科研工作，并在其中找到了“无穷的安慰”。他当时每天早上9时准时来到大英博物馆阅览图书，直到晚上7时回家。不管风吹雨打，春夏秋冬，每天都是如此。连博物馆里的工作人员都认识了他，知道他的专座。由于多年从不间断的阅读，以致他的座位底下出现了他双脚踩出的印痕。

大英博物馆是设于伦敦的英国国立文化机构，馆内收藏了大量的文学、科学、艺术等方面的文献古物，其中包括图书馆、独立的自然史博物馆，以及手稿部、古代东方部、希腊罗马古物部、版画绘画部等。马克思从中所获得的知识是难以估量的。

即使在他生命的最后10年，这时他虽然调整了自己的读书和科研时间，并已有了自己的书房，但仍有一定的规律性。通常来说，他每天总在早上八九点钟起床，喝一点清咖啡，在阅读了当天的报纸后，就到自己的书房看书、写作，一直进行到半夜，有时甚至更迟。他人生最后10个年轮的历程，基本上就是这样度过的。

第三，紧张的阅读和轻松的阅读有机结合。

马克思主要从事的是政治经济学、哲学、政治学等方面的研究，他在这方面投入了大量的精力，孜孜不倦，数十年如一日，因而阅读任务也相当繁重和紧张。由于马克思早年爱好文学，喜欢阅读文学作品，并曾做过当诗人的梦。因而，每当他工作疲倦，在理性的书籍里徜徉过久而需要休息时，他便捧起一本诗集，或者是一部小说，走进另一世界，并以此来调剂和舒缓自己疲劳而又绷紧的大脑，取得了很好的效果。据弗兰茨·梅林所著的《马克思传》说：

> 马克思把欣赏文学当作精神上的休息。在他整个一生中，文学始终是他的一种慰藉。他在这方面拥有极其广博的知识……

马克思在“自白书”的“您最喜爱的诗人”一栏中，所填的是莎士比亚、埃斯库罗斯、歌德，在“您最喜爱的散文家”一栏中，所填的是狄德罗。是的，马克思对以上这些文学家的确都很喜欢，如他对古希腊剧作家埃斯库罗斯的原著每年都要读上一遍。不过他的文学阅读的面极其广泛,爱好和熟悉的作家远不止这几位。在诗人方面,荷马、奥维德、但丁、海涅等人的诗歌,都是他所喜欢和熟悉的。他所喜欢的小说家的作品也有不少,如法国的巴尔扎克,英国的瓦尔特·司各特、菲尔丁、狄更斯,西班牙的塞万提斯,而惊险小说和幽默小说等,也都是他所喜欢阅读的。至于他所阅读过的小说,如雨果、大仲马、夏多勃里昂等的作品,那就更多了。梅林说他“精通上至中世纪的德国文学”,柏拉威尔则说他“晚年着手攻读中世纪英国文学”。

不过,不管马克思喜欢阅读哪一国文学,诗或小说,散文或戏剧,他都是作为一种休息和消闲来处理的,这样既能够从紧张的工作中暂时解脱出来,又能够增长许多新的知识,并对他写作论著带来许多文采,有的还直接加以引用,真所谓相得益彰。在他平时的散步和休息式的交谈中,他也可以随意地引用莎士比亚、但丁、歌德等人的诗句,丰富了谈话的内容,也增添了不少情趣。有时高兴起来,还喜欢大声朗读小说和诗歌。

马克思所阅读的文学书籍虽然多为世界名著,但他对有些被别人轻视或认为不登大雅之堂的文学作品,也会阅读。诚如梅林所感慨的:

> ……在文学方面,马克思也是一个了不起的人,一个不能用任何死板公式来衡量的具有独到见解的学者。因此,他在选择文学读物方面完全没有洁癖,有时对于那些使学院审美家们望而生畏的读物,他也并不嫌弃。

除了通过阅读文学消除疲劳,使精神轻松,获得休息外,他还会到一个与文学完全不同的领域中去寻找乐趣和快乐,那就是数学。有些人常把数学和文学对立起来,马克思则不同,对二者各有所好。恩格斯等不少友人都曾断言马克思在数学方面也有一些独特发现。每当马克思紧张工作之后,特别是当他生活中遇到重大不幸或精神异常痛苦的时候,他便会去翻阅数学方面的书籍,解析数学习题,到数学中去寻求对痛苦和不幸的解脱。用梅林的话来说:“因为数学对他有一种镇静的效力。”

第四,明确和妥善认识书籍阅读和自身创造之间的关系。

对于书籍,由于对各人的帮助不一样,所以每个人也都作出了不同的理解和评价。如有些人把书视为自己的朋友,有的视为老师,有的视为精神食粮,有的视为智慧或快乐的来源,有的视为人类进步的阶梯。也有的人把它作为自己的装饰品,附庸风雅。但马克思却不一样。虽然他早年也得到过书的启示,读过难以计数的书,可他却指着案桌上的书,对他的朋友说:“它们是我的奴隶,必须按我的意志为我服务。”

这话在有些人看来,或者会以为马克思有点狂傲,但在这里,至少可以说明三点:第一,马克思读书,既钻得进,又拔得出,他在书海里徜徉,却没有淹没在其中,仍能发出自己的声音;第二,马克思把欧洲当时所有的经典著作大致上都读通了,他没有拜服其下,而是站在这些经典之上,又站在时代的高度以审视的眼光加以俯瞰,所以站得高,看得远;第三,马克思读书,已经达到了一个相当高的境界,否则是说不出这种话,难有这样的体会的。高尔基、卢梭等人都曾极力赞美书籍,但都达不到马克思这样的境界和高度。有些人看书是被书牵着鼻子走,失去了自己的主张和思想,而马克思则把书视为自己的奴隶,为自己的意志服务,简直是天壤之别。

马克思之所以会有这样的体会,产生这样的读书方法,这恐怕与他最喜欢的座右铭"怀疑一切"有关。他所谓的"怀疑一切",不仅对现实生活和制度中的一切不合理现象产生怀疑,也包括以往书籍和学术中的一些错误和谬论。他常常是以批判的眼光来看待以往的各种书籍和学术的。用拉法格的话来说:"书籍是他的思想工具,不是奢侈品。"

最后,我们要谈一下马克思是如何学习外语的,也就是他学习外语的方法。

马克思常说:"外国语是人生斗争的一门武器。"因此,他对外语的学习非常重视,经常为了更准确地了解一个国家的社会现状或学术动态,而自觉地学习有关此国的文字,以便直接读懂原著。

马克思是德国人,对于德语的熟悉是不容置疑的。但他从青年时代开始,就扎实地掌握了希腊文和拉丁文,以后又通过自学,陆续掌握并精通了英、法、意大利、西班牙等多种语言。那么,他是通过什么方法来学习外语的呢?

简单说来,只有一句话,那就是阅读文学作品。柏拉威尔在《马克思和世界文学》一书中说:"他认为一个人如果没有机会到外国去生活,阅读伟大的文学作品便是掌握那些国家的语言最有效的途径。"

就拿马克思本人来说,他就是通过阅读莎士比亚和科贝特的文学作品来学习英语,又通过阅读但丁和马基雅弗利的文学作品来学习意大利语,通过阅读塞万提斯和卡尔德隆的文学作品来学习西班牙语……直到晚年,他还通过阅读普希金的《叶甫盖尼·奥涅金》和赫尔岑的《回忆录》来学习俄语。

因为文学的语言是最为丰富复杂的,也最能代表一个国家语言的风格和特色,马克思从阅读文学作品入手,既有一种趣味在内,又可以直接进入到一个国家的语言状态之中,获得许多知识,所以起到了良好的效果。

当然,除了方法以外,马克思之所以能够成为一个时代的思想的高峰,形成一个博大精深的思想体系,是与他终身刻苦勤奋的攻读以及勇于探索和创造的精神密不可分的。他曾说:"在科学上是没有平坦的大道可走的,只有在崎岖攀登的小路上不畏劳苦的人,才有希望达到光辉的顶点。"

这也是他本人最真实的写照。

列夫·托尔斯泰读书法

列夫·托尔斯泰(1828—1910)是俄国19世纪的大文豪。他的《战争与和平》《安娜·卡列尼娜》《复活》等小说享誉全世界,而他的高尚的人品和渊博的知识,也得到后人的颂扬。阿·托尔斯泰曾推崇他为"一座完整的科学院"。他对艺术、教育、宗教、音乐等各个领域都有深厚的修养和富有个性的见解,其作品对世界文学产生很大影响。同样的,在读书的领域中,他也有自己富有个性的见解和与众不同的方法。

第一,善于总结和回顾自己的读书经历,并加以归纳。

与一切伟大的作家一样,列夫·托尔斯泰也很重视一个人的读书和学习问题。早在1870年,他就在他的笔记中写道:"一个想学习的人在浩瀚的书海中如何去找寻他所需要的书呢?"

为了使人们了解他对文学作品的阅读情况,1891年,六十余岁的托尔斯泰曾给友人列德尔列的一封信中开了一份书单,题为《对我产生了印象的书籍》(以下列举俄国作家的作品):

童年至十四岁左右

《黑母鸡》——波戈列里斯基作　印象很深

俄罗斯壮士歌:《多布雷尼亚·尼吉奇契》　印象极深

《伊利亚·姆罗米茨》　印象极深

《阿略莎·波波维奇》,民间故事　印象极深

普希金的诗:《拿破仑》　印象深

十四岁至二十岁

普希金的《叶甫盖尼·奥涅金》　印象很深

果戈理的《外套》《两个伊凡》《涅瓦大街》　印象深

果戈理的《魏》　印象极深

《死魂灵》　印象很深

屠格涅夫的《猎人笔记》　印象很深

德鲁日宁的《波琳尼卡·萨克斯》　印象很深

格里戈罗维奇的《苦命人安东》　印象很深

莱蒙托夫的《当代英雄》《塔曼》　印象很深

二十岁至三十五岁

邱特切夫的诗　印象深

柯尔曹夫的作品　印象深

费特的诗　印象深

三十五岁至五十岁

壮士歌　印象很深

不过,托尔斯泰也向友人说明:这份书单仅供参考,不要出版,“因为它很不全面”。

然而,托尔斯泰尽管认为自己所开的这份书单“很不全面”,但他在六十多岁时尚能把过去各个年龄阶段所阅读的书籍分成“印象深”“印象很深”“印象极深”这样三个层次,这说明他还是很善于总结和回顾自己的读书经历的。因此,善于总结和回顾自己的读书经历,并

加以归类，可以视为托尔斯泰第一个值得引起重视的读书方法。

第二，托尔斯泰认为读文学作品，一定要注意作者的性格。

他在1853年的日记中曾写道：

> 读书，尤其读纯文学的书——要把主要的注意力放在该作品中所表现的作者的性格上。

因为我们以往读文学作品有个习惯，即很注意文学作品中的人物性格，如《三国演义》中的张飞、关羽，《水浒传》中的李逵、鲁智深，一谈起就会眉飞色舞，兴致勃勃。但很少有人会去关注小说作者如施耐庵、罗贯中的性格在作品中是如何体现的。而托尔斯泰却恰恰相反，强调人们应去关心后者，要在读文学作品时关注到作者的性格表现。也就是告诫人们不仅要读文学作品，而且要注意到写这一文学作品的作家，也就是我们通常所说的知人论书。当然，他所说的"作者的性格"，不仅仅是指作家本身的个性如何，同时也包括了一个作家在文学上的表现风格或个性如何。据高尔基回忆："我总觉得（我相信我并没有错）列·尼不大喜欢谈文学，可是对文学家个人却蛮感兴趣。他常常问：'你认识他吗？他是什么样的人？他出生在什么地方？'——诸如此类的问题我时时听到。他的论断几乎总是从某个特殊的方面揭示了一个人。"这正说明了托尔斯泰阅读文学作品的主要特点：既关心文学作品中的人物性格，更关注"文学作品中所表现的作者的性格上"，从而进一步印证了他的读书观点。这可以视为托尔斯泰第二个值得引起重视的读书方法。

第三，托尔斯泰喜欢朗读文学作品，并在朗读中感受或评判一篇文学作品的好坏。

我们从高尔基等许多作家的回忆来看，托尔斯泰在休息、闲暇或与友人聊天的时候，经常会动情地朗读起他所喜欢的一些文学作品，并经常因朗读而感动地掉下眼泪。如他对契诃夫、普希金的小说就很喜欢，常加朗读。有一次他曾对拉扎列夫斯基说："契诃夫有几篇小说实在是妙不可言。您知道，我把我特别喜爱的他的小说都挑选出来，反复地读，兴趣盎然。"

有时候，托尔斯泰在朗读之后，还会加以评说。如有一次，名画家列宾要求托尔斯泰能给他们朗读点文学作品，托尔斯泰便挑选了库普林的《夜班》和《开步走》两篇小说。在读后一篇时，他还没有读完，便感动得哭起来了。在朗读结束时，他还向列宾等人评议道："艺术中间主要的东西便是分寸感。一幅画，画了九笔正确的线条，只要一笔虚假的线条便整个都破坏了。库普林的长处在于，他没有一点多余的东西。"

又如，托尔斯泰非常欣赏普希金的作品，直到生命的最后日子里还经常朗读他的作品。据戈里顿维伊则尔《在托尔斯泰身旁》中追忆："列·尼以别人不可模仿的嗓音朗读《黑桃皇后》中伯爵夫人家那整整一个场面，还有托姆斯基的来访等等。" 读完以后，他又赞叹道："有节制、准确、不显眼的手法，没有一处败笔。了不起！妙绝了！"

像托尔斯泰这样喜欢朗读别人的作品，然后再加以评说的情况，在其他著名作家的身上并不多见，但这对于加深一篇文学作品情愫和内涵的理解，却有极大的好处，这不妨可视为托尔斯泰第三个值得引起重视的读书方法。

除了以上三点以外，托尔斯泰还有一些读书方法也应值得注意。

例如，他在阅读书籍之外，还常喜欢与人谈论，交流思想和读书心得，他认为这一点很重要。在1853年的日记中甚至写道："与人交谈一次，往往比多年闭门劳作更能启发心智。思想必定是在与人交往中产生。"又如，他不迷信那些一等作家或最低作家之类的划分，在他看来，"被划为第一等的作家也有非常坏的东西，而被划为最低一等的作家反而有非常好的东西。因此，如果一个人相信了这种对作家划分等级的办法，相信了在一等作家那里一切皆好，在低等作家或不知名的作家那里一切都差，那么，在理解上他只会陷入歧途并且失去许多有教益的和有启发性的东西"。凡此，都是一些很值得借鉴的读书经验。

不过，托尔斯泰的读书方法主要还是以上三点。只要我们能吸取其中的一点，我想，对于我们终生的受益将是无穷尽的。

吉辛读书法

乔治·吉辛(1857—1903)是英国19世纪著名的小说家和散文家。青年时曾因偷钱救助一名妓女而被判短期徒刑。后在朋友帮助下,到美国教了几个月的课,因生活贫困而重回英国,任教师和编辑。曾写有《曙光中的工人》《人间地狱》等22部小说。其散文集《四季随笔》在中国的影响很大,可说是他在散文方面的代表作。他一生爱好读书,也收藏一些书籍,因而也积累了一些读书经验,并在散文和回忆录中时而谈到,对我们也有一定的借鉴意义。

由于吉辛对读书问题谈得比较琐碎,很不系统,经初步梳理,大约主要有三点。

第一,读书中遇有一些感动过自己或自己喜欢的段落和句子,就把它摘抄下来。

对于读书,每个人的习惯千差万别,有作为消遣的,有一边听音乐一边看书的,有写下笔记的,也有只看不记的或看一半就扔了的。吉辛也有自己的习惯。他虽然有看书动笔的习惯,却不是写笔记,而是摘抄一些自己所喜欢的内容或句子。他曾在《四季随笔·春天》中说道:

> 以前,我在读书时,如果遇见某些使我感动或喜欢的章句,就记在日记本上备用。每当我读到一段感人的诗文,我便想到将来写作时

可能引用它。

后来吉辛把这认为是自己“文学生涯中养成的坏习惯”，并想力图排除这种习惯，力求形成自己独特而富有创造性的见解，这当然对自己提出了更高的要求。不过，读书中对自己感兴趣的段落和句子做一些摘抄，对于初学和刚开始读书的人来说，仍不失为一种较好的读书习惯，没有必要彻底排除，更不应视为一种“坏习惯”。所以，对于吉辛早期曾有过的这种读书方法，我们还是把它拈出介绍给大家。

第二，利用星期日阅读高级文学书。

吉辛从小就有一个良好的读书习惯，就是利用星期日的休息时间阅读“高级文学书”。他所谓的“高级文学书”，实际上就是指荷马、维吉尔、莎士比亚、弥尔顿等一些经典的文学名著。他曾不无荣幸地叙述道：

> 因此，我脑中就将休息日与最伟大的诗文作家的名字连在一起了。整个一生，我都保持着这种习惯。我总想着将星期日的部分时间，用来静静地读些书，读那些在大多数日子里极易被人放在一旁的书。

他之所以要选在星期天读这些书，主要出于两种考虑：第一，星期日相对闲逸些，心情也比较好，相对宁静一些；第二，像荷马、维吉尔、莎士比亚等人的作品，也需要用宁静的心情来阅读，“因为这些不朽的伟大作家，对于那些心血来潮，匆匆拜访一下的人，是不会热情相待的。要有庄严悠闲的环境与习于宁静的头脑”。

由于这种习惯的养成，无意中使他造成了这样一种读书方法，即：星期日读荷马、维吉尔、莎士比亚、弥尔顿等一些“高级文学书”，平时则读“那些新出版的吸引人的书”。

第三，对一些有价值的书，应该不止一次地细读。

吉辛一直有读书的习惯，而且喜欢买书和藏书，他虽然穷困，但对于他所喜欢的书，却宁可节衣缩食也要把它买下来。对于其中一些他自认为有价值的书，他经常会从书架上抽下来仔细阅读和品味。他曾说：

> 只要默默沉思，这些书就一本又一本呈现于我脑中：那些温和而宁静的书，那些高尚和鼓舞人的书，那些值得多次细读的书一本一本呈现出来。

有一次他在日记中记载道："这个夏天，我没有读什么新书，但曾把多年没有开卷的一些旧书，重新翻阅了一遍。"他甚至这样写道："没有什么方法比重读一本学生时代的书更好了，该书即使作为学生用书，也曾是我的最大喜悦。"由此可见，吉辛并不把重读旧书视为厌倦，而是感到一种喜悦和乐趣，特别是那些有价值的和高尚的书，对他尤其如此。

除了以上三点以外，吉辛在读书之余，也喜欢作些思考、回忆或幻想。如他曾说："虽然我读书比从前减少了，思考却比从前增多了。"又说："如果我在读书，在我面前书页上的每一种思想，一句话，也可能只是一个字，都可以毫无疑问地唤起我的记忆。"像诸如此类有关读书的经验和话语很多。但以上三点似乎更为重要。特别是利用星期日读"高级文学书"，平时读新出版的吸引人的书这一点，尤为新颖别致，是其他人的读书经验很少见到的。有兴趣的人，不妨也可以试试。

高尔基读书法

高尔基（1868—1936）是苏联著名的作家。出生于木工家庭，做过学徒、码头工、面包师傅等多种工作，流浪祖国各地。后全凭自学，成为苏联一代杰出作家。他所写的《母亲》等长篇小说，曾受到列宁的好评，在国内外都产生过广泛影响。

由于高尔基自幼家境贫寒，无法受到良好的教育，全靠书籍引导他认识人生，走上人生道路，因而他对书籍一直怀有深厚的感情，视为人生道路上的良师益友。他曾在《童年》《在人间》《我的大学》自传体三部曲中详细地记载了他的读书生活。由于书籍在他的成长道路上有着举足轻重的意义，因而他对书籍产生了一种由衷的感激和赞美之情。他在《我怎样学习的？》一文中深情地写道：

> 差不多任何一本书都告诉我许多我所不知道的和未曾见过的人物、感情、思想和关系等等，好像在我眼前打开一扇通向未知世界的窗子——当我意外地感觉到这一点的时候，是多么地惊讶，我几乎无法非常明白、确切地说明。
>
> 最初，我醉心于书籍在我面前展开的世界的新鲜和精神上的光辉意义，我以为书籍比人更美丽，更有趣，更可亲。
>
> 书籍在我面前不断地展开了新的世界。

当然,这还是他初步阅读书籍时的感觉,随着阅读的加深加多,他对书的感觉又不一样。他写道:

我读得越多,书就使我和世界愈接近,生活对我变得更加光辉、更加美丽。

每一本书就像阶梯的一小级,每攀登一级,我就愈脱离动物走向人——走到更美好的生活的理想,到达对于这种生活的渴望。

最后,他总结了书籍在他人生道路上的特殊意义:

书籍鼓舞了我的智慧和心灵,帮助我从泥沼里爬起来。如果没有书籍,那末,我恐怕一定会大量吞下愚蠢和庸俗,而沉溺在它们里面。书籍在我面前更加扩大了世界的范围,同时对我讲着:人生在追求更美好的事物中是多么伟大、多么光辉;他们怎样在土地上完成了许多事业;为了这些,他们怎样地不能不忍受了难以置信的苦难。

书籍在我心里培养起了自己对于生活中的一切坏事的责任感,唤起了我对于人类理智的创造力的宗教式的虔诚之念。

书籍对高尔基的帮助如此之大,而他对书籍的感情又是如此之深,那么,他究竟是怎么读书,通过怎样的方法才得到如此多的帮助的呢?这正是下面所要论述的。

高尔基的读书方法,概括起来,大约有三点。

第一,坏书、好书都要读,再从阅读中区分好与坏。

所谓坏书、好书,有些人恐怕会持异议,认为书无所谓好坏之分,各人眼光不同。这里则指通常人们所说的对青年人有否帮助或害处的书。高尔基因早年生活困顿,四处流浪,没有一个像样的图书馆供他选择,而是拿到什么书就读什么书,包括人们认为不宜阅读的书。通过好书、坏书和各种书籍的广泛浏览，他感到“正派的书固然好，坏的魔道书也好，念得越多越好，要把所有的书都念过，才能找到好书”。也就是说，书是通过比较才能分出好坏的。而且通过好、坏各种书籍的阅读，才能分辨出生活中的好与坏。他曾深有体会地说：

> 我读过无数的坏书，但是这些书对于我也有益处的。我们应该好好地和正确地知道生活中不好的东西，正像知道好的东西一样。应该尽可能地知道更多一些。经验愈是多样化，那么经验也愈加能提高人，而一个人的眼界也就愈加广阔。

不少作家和学者都根据自己的经验来教人们要读什么，不要读什么，而高尔基却根据自己的经验，提出了好书、坏书并读的主张，这不能不说是他读书方法上的一大特色。

第二，读书要虚心，要抱着向他人学习的态度来读书。

有些人读书眼高手低，有些人则爱挑毛病，有些人则出于个人的偏爱和嗜好，追求某一流派和类别，因而失之偏颇，难有客观的公论。高尔基则不然，他对各种文学流派和思想学派都加以阅读和观察，并本着学习的态度，吸取其中对自己有益的东西。他的读书态度既认真，又谦虚。如他在《关于笑话及其他》一文中对青年们说：

> 我个人是毕生向别人学习，而且继续学习的。我曾向莎士比亚、塞万提斯、阿佛古斯特·倍倍尔、俾斯麦、列夫·托尔斯泰、弗拉基米尔·列宁、叔本华、密茨尼科夫、福楼拜、达尔文、司汤达和黑格尔学习，我曾向马克思学习，也向《圣经》学习；我曾向无政府主义者克鲁泡特金、斯蒂涅、宗教的领袖们、民间文学、木匠、牧人、工厂工人和成千的其他的人学习。

众所周知,列宁的学说与克鲁泡特金的学说是格格不入的,托尔斯泰的文学创作风格与福楼拜的也不一样,《圣经》与马克思的主张也不一样,但高尔基却认为都应该学习,甚至主张向宗教领袖和工人们学习,俗话说:“虚心使人进步,骄傲使人落后。”“满招损,谦受益”,在这种谦虚态度的支配下来进行读书,怎么能不受益呢?

第三,读过书再回复到生活中去检验。

由于高尔基长期生活于社会底层,经历丰富,深知生活本身的重要性,因而他一边重视读书,一边也重视生活,并主张对读过的书最好再回复到生活中去检验一下,看看哪些是正确和有用的,哪些是错误和无用的。这样无论对书本知识或生活认识,都会大有益处。他说:

> 读过书之后,我自己感觉到头脑充实了起来,就像满满地盈溢着生命之水的容器一样;于是,我就到值班卫兵或泥土工人们那里去,通过形象对他们讲各种各样的故事,在他们面前尝试着描写。

因为高尔基曾说过:“没有知识是根本不能当作家的。”这里所说的知识包括书本中来和生活中来两部分,缺一不可。而从书本得来的知识和启发如再回复到生活中去,那就会得到更良好的效果。

总之,高尔基以自身的体会,再三向人们告诫读书的重要性,并向人们倾吐自己从中的获益,以及应该如何来读好书。他真像是一位良师益友、忠厚长者,循循善诱,引导人们从书籍中寻找希望和力量,走向美好的未来。

列宁读书法

列宁(1870—1924)是无产阶级革命导师,马克思主义理论家,俄国共产党和苏维埃社会主义共和国联盟的主要缔造者。与马克思一样,列宁不仅是一位革命导师和领袖,而且也是一位具有渊博知识、丰富思想、著作等身的学者。对国家、经济等学说都作出了重大的贡献,有《列宁全集》30多卷。其中有不少著作,都已成为经典。他的业绩,一方面来自实践,一方面也来自书本。

列宁毕生刻苦学习,勤奋读书。据他的夫人克鲁普斯卡娅回忆:"列宁的很多时间是在图书馆里度过的。他住在萨马拉的时候,向图书馆借了很多书。到了彼得堡以后,他整天待在公共图书馆里,他向自由经济学会图书馆和其他许多图书馆借阅大批书籍。甚至当他被关在监狱里的时候,姐姐还到图书馆去给他借书。"

既然列宁如此喜欢看书,那么他又是怎样读书?有哪些读书方法和经验呢?根据他的一些文章,以及各方面人士的回忆和叙述,我们可以归纳出五点。

第一,阅读范围相当广泛。

谁都知道,列宁是非常博学的,知识非常丰富,这与他有广泛阅读的习惯和爱好是大有关系的。在他的办公室里,有着大量的手册、辞典、地图集、报纸和各种书籍。仅这些经过他本人挑选以便经常运用和查阅的书籍,就达2 000册。

列宁所阅读的书,除了马克思、恩格斯等经典著作以外,尚有各种政治、哲学、经济、文学著作,以及有关共产国际的有关材料和文献等。黑格尔、费尔巴哈、狄慈根、倍倍尔、斯宾基、杜勃罗留波夫、皮萨列夫、普列汉诺夫、车尔尼雪夫斯基等人的著作,都是他所注意的。此外,还有青年作家如马雅可夫斯基、爱伦堡、别得内依等人的文学著作。他所喜爱的俄国作家则有普希金、果戈理、契诃夫、谢得林、列夫·托尔斯泰等,并且还对不少俄国作家发表过评论。

除此之外,他对自然科学也很关心。除了俄国科学家的著作,他也阅读达尔文、卡诺等人的著名作品。更有趣的是,他还喜欢收藏和翻阅画册。

正由于他的勤奋和广泛阅读,才使他成为一位知识渊博的革命家和无产阶级革命导师。

第二,读书速度快而有效。

要像列宁那样读这么多的书,如果没有一定的阅读速度是不行的。凡是有机会见到列宁读书和了解他的人都知道,他的读书速度是相当快的。有一次,列宁手里拿着一本外文书在飞快地翻阅,有人便问他:"您是在看全部内容呢,还是仅仅浏览一下?"列宁回答:"当然啦,是全部内容,而且我看得非常仔细。"那人更奇怪了:"难道能够读得这样快吗?"列宁微笑了一下说:"您说得对,我是读得很快。但我应该这样做,我已养成了这种习惯。我必须读很多东西。因此,我不能慢慢地读。"

这件事虽小,但至少说明了两点：首先,列宁承认自己有这种快速阅读的习惯和方法；其次,这种方法和习惯是一般人所极少见的,甚或可以说是他所独有的。有位名叫邦契·布鲁也维奇的人回忆说：

> 弗拉基米尔·伊里奇读书的方法完全是独特的。每当我看见列宁在读书的时候,总觉得他不是在一行一行地读,而是在一页一页地读,并能迅速地掌握全部内容,其深度和准确性令人惊奇不已：过了一段时间后,他能凭记忆援引某些句子和段落,仿佛他是花了很长时间专门研究过这本书似的。正是这个方法使弗拉基米尔·伊里奇能够阅读如此大量的书籍和文章,使人不能不感到惊讶。

另一位名叫E·乌西也维奇的人也说：

> 弗拉基米尔·伊里奇的书是特别多的。如果不了解列宁读书的这个特点,甚至可以说,读得那么多简直令人难以置信。当我第一次见到弗拉基米尔·伊里奇读书的时候,我觉得他是在随便地翻书,只是走马看花地浏览一下书的内容。但是随后在谈起这本书的时候,谁知他对本书的内容掌握得很详细,简直可以说,是经过认真研究的,这使我感到很奇怪。但后来我了解到,伊里奇有一种所谓"综合阅读"的能力：当一个普通读者一眼只能看一两行,最多不过整个句子时,进行综合阅读的人,一下子就能看到半页,甚至是一整页。

第三,读书时思想高度集中,全神贯注。

列宁读书如此快速而有效,令所有了解的人都感到奇怪和惊讶。那么,他为什么能有此神速的方法呢?当然,这一方面与他的天才、渊博的知识和学问有关,但更重要的,是与他读书时思想高度集中、全神贯注的状态和方法密不可分。克鲁普斯卡娅有一句话可谓道破天机：

他读书的时候,全神贯注,因此读得非常快。

而且,当列宁进入读书状态时,注意力就全在书上,诚如克鲁普斯卡娅在1935年所说的,列宁读书时"注意力高度集中"。

第四,读书时喜欢作笔记、写批注,速度也快。

与马克思一样,列宁在读书时也喜欢作笔记,抄摘要,写批注。但他的速度比一般的人又要快得多。

据克尔日扎诺斯基说:"如果书是他伊里奇个人的,他就会毫不犹豫地用铅笔作一些简短的、一针见血的批注。"但他对别人的书,却不写批注。现在,有近千本的书籍、刊物和报纸上都留下过列宁的批注。但据克鲁普斯卡娅回忆,列宁无论作批注,还是写摘要,速度都是异乎寻常地快。她说:

列宁写字快得惊人,他使用缩写词。他写字的速度之快,非一般人可比,他写得很多,写得津津有味。

列宁的批注、笔记、摘要之所以写得如此之快,这一方面固然与他敏捷的思维有关,与他的读书速度合拍,另一方面也是为了珍惜时间,以便能多读多写。这也是他长期养成的一个习惯。

第五,注意图书目录和新书出版动态。

列宁作为一位党和国家的领袖人物,必须时时关心形势和社会的发展,以便作出正确的判断和决策。他之所以能始终站在时代的前列,这一方面与他深入群众有关,另一方面与他经常了解图书出版动态和图书目录有关。

据与他一起工作过的人回忆,图书目录、书刊索引以及《书籍年鉴》,都是他获得新书情报的基本来源。

不仅如此，当他了解或研究某一方面的问题，第一件事，就是了解有关的书刊目录，并经常托别人去借阅有关的图书目录，并从这些目录中来寻找他所需要或感兴趣的书。

由于列宁精通德、法、英等多种外语，并能读波兰文和意大利文的书报。所以，我们最后再叙述一下列宁学习外语的方法。

列宁学习外语并没有很多的诀窍，主要有两种方法：

第一，勤查辞典。

尽管列宁在学生时代曾学过多种外语，但真正得以精通和掌握，还是靠他以后的努力。他学外语的途径之一，就是勤查辞典。

在工作之余，他经常会拿一本外文字典，接连读上好几个小时，他把这作为"休息"。当他被流放到西伯利亚时，他便打算翻译英文著作，首先想到的就是辞典，并写信托安娜·伊里尼奇娜给他找几本英文参考书，其中有《英语语法》《地名和专有名词辞典》。

为了更深入地研究德语，他还订购了巴甫洛夫斯基编写的德文辞典。其对字典的重视，可见一斑。

第二，喜欢对译。

所谓对译，就是把英、法、德等国文字的书翻成俄国文字，然后再从俄文回译到英、法、德文。

1898 年 12 月，列宁曾写信托人寄一部屠格涅夫作品的德文译本。他在信中说："不管屠格涅夫的哪些作品，对我都是一样，不过译文最好是好一些的。德语语法最好是尽量完全的，特别是句法部分。如果是用德语写的，那更好。"

他之所以需要屠格涅夫作品的德文译本，为的是用还原译法来学习德语。1901 年 5 月，他给在监狱中的姐夫写了一封信，信中说：

> 在脑力工作方面，我特别喜欢劝他搞翻译，并且要对译，就是说，先由外文译成俄文，然后从俄文译文再译成外文。根据我的经验，这是一个最合理的学习外语的方法。

这种学外语的方法很少见，列宁却感到很奏效。但有一个前提，就是对要进行对译的书本，在语法方面应比较全，也较具代表性，也就是要选择一下，否则胡乱拿一本来进行对译，效果未必理想。

马克思说："外国语是人生斗争的一门武器。"列宁十分信奉此话。为了深入、准确地读懂马克思、恩格斯著作的精神和原意，他身边备有英、德、法各种版本和文字的马、恩著作，随时翻阅和领会。

当然，除了以上所说的一些读书方法以外，列宁的读书方法和经验还有很多，如理论联系实际、坚持每天上午看大量的报纸、读书时的敏锐和善于思考等等，都值得我们借鉴。不过，我们只要在以上所列的方法中学得几样，就已经很够受用的了。

毛姆读书法

毛姆(1874—1965)是英国20世纪著名的小说家和戏剧家。父母早亡,由伯父抚养成人。先学医,后弃医从文。一生写了30多个剧本,以《史密斯》《圆圈》《苏伊士运河以东》等为代表作,小说则有《人类枷锁》《寻欢作乐》《月亮和六便士》《圣诞假日》等。此外,尚有文学评论、游记、回忆录等多种。

毛姆一生喜欢阅读书籍。他曾说:“养成阅读的习惯实在受用无穷。”又说:“养成阅读的习惯等于为你自己筑起一个避难所,几乎可以避开生命中所有的灾难。”他把读书视为一种快乐。为了让其他人也能获得这一份乐趣,他还为一般读者推荐了一部分世界文学入门书。其书单如下:

英国文学:

笛福:《摩尔·弗兰德斯》; 斯威夫特:《格列佛游记》; 菲尔丁:《汤姆·琼斯》; 斯特恩:《特里斯川·项狄传》,《感伤旅行》; 包斯威尔:《约翰生传》,《海柏雷德群岛旅行记》; 约翰生:《诗人传》; 吉本:《自传》; 狄更斯:《匹克威克外传》; 巴特勒:《众生之路》; 奥斯丁:《曼斯菲尔德庄园》; 赫兹里特:《桌边闲话》; 兰姆:《伊利亚散文集》; 萨克雷:《名利场》; 艾米丽·勃朗特:《呼啸山庄》; 特罗洛普:《尤斯塔斯的钻石》;梅瑞狄斯:《利己主义者》;乔治·爱略特:《米德尔马契》;柏格雷夫编:《精华集》,《牛津版英国诗选》;吉拉德·布莱特:《英国短诗珠玉》;莎士比亚的悲剧。

欧陆文学:

塞万提斯:《堂吉诃德》;蒙田:《试笔集》;歌德:《威廉·麦斯特的学习时代和漫游年代》;屠格涅夫:《父与子》;陀思妥耶夫斯基:《卡拉马佐夫兄弟》;托尔斯泰:《战争与和平》,《安娜·卡列尼娜》;拉法耶特夫人:《克莱芙王妃》;普雷沃:《曼侬·莱斯柯》;伏尔泰:《老实人》;卢梭:《忏悔录》;巴尔扎克:《高老头》;司汤达:《红与黑》,《巴马修道院》;福楼拜:《包法利夫人》;康斯坦:《阿尔道夫》;大仲马:《基度山伯爵》;普鲁斯特:《追忆逝水年华》。

美国文学:

富兰克林:《自传》;霍桑:《红字》;梭罗:《湖滨散记》;爱默生:《随笔》,《英国人的性格》;爱伦·坡的侦探小说;亨利·詹姆斯:《美国人》;麦尔维尔:《白鲸》;马克·吐温:《哈克贝利·费恩历险记》;帕格曼:《俄勒冈小站》;艾米莉·更生的诗;惠特曼:《草叶集》。

毛姆所开列的书单和所推荐的文学作品,虽然仅限于欧美诸国,有着很大的局限性,但他并没有强加于人,而是向人们说明,“虽然,阅读这些书使我更觉富足,没有读过这些书,我一定不会成为今天的我,但我仍然请求你:如果你读了之后,觉得它们不合胃口,那么,请就此搁下,除非你能真正享受它们,否则毫无用处”。

毛姆既然把读书视为一种乐趣,那他本人究竟又是如何读书,有些什么读书方法呢?

下面简要介绍四点。

第一，毛姆会同时读五六本书。

说来也真是不可思议。历来人们总是提倡一本一本地读书，而且是一本读完再读另一本，如要读有所得，还得专心致志为好。但毛姆却恰恰相反，认为对他来说，同时读五六本书也许更合适。他的原话是在《书与你》中的《读书的方法》一文中。他说：

最好，你还是随自己的兴趣来读；我也不劝你一定要读完一本再换另一本。就我自己而言，我发觉同时读五六本书反而更合理。

既然他是在《读书的方法》中说的，显然他是把这作为一种读书方法提出来的。当然，他也说明，这是就他自己而言的，并不强加给别人。他之所以采取这种特殊的读法，也有他自己的理由。他接着说："因为，我们无法每一天都保有不变的心情，而且，即使在一天内也不见得会对一本书具有同样的热情。在这种情况下，我们不能不为自己打算。"

这种理由也是说得太奇妙了。毛姆的这种读书方法简直使那些沉浸在小说故事或喜欢一口气看完一本小说的人们无法理解，但他偏偏用的就是这种读书方法。大千世界真是无奇不有。

第二，每天在不同的时间里读不同的书。

人们在一天中有时读不同的书，甚或读些杂志报纸等，这是常有的事，但像毛姆那样有规律地安排和阅读，却又是极为罕见的。他每天的读书计划大致如下：

清晨，在开始工作之前，我总要读一会儿书，书的内容不是科学就是哲学，因为这类书需要清新而且注意力集中的头脑，这样我一天开始了。当一天的工作完毕，心情轻松，又不想再从事激烈的心智活动时，我就读历史、散文、评论与传记；晚间我看小说。

毛姆说："至于我，当然选取最适合我自己的计划。"从他上面所安排的每天的读书内容来看，虽然很少见到，也很少有人试行，但的确还是有其一定的合理成分，但每天都是这样文、史、哲地周而复始，效果究竟如何，只有他毛姆知道了。

第三，身边常常喜欢带一本诗集来随时阅读。

毛姆主要是剧作家和小说家，并不以诗驰名，但说来也奇怪，他身边常常喜欢带一本诗集，随时可以翻看阅读。他是这样说的：

此外，我手边总有一本诗集，预备在有读诗的心情时读之。在床头，我放一本可以随时取看，也能在任何段落停止，心情一点不受影响的书，可惜的是，这种书实在不多。

很显然，毛姆手边或床头总放一本诗集，其根本用处仍是为了增加乐趣。而诗歌的短小篇幅和随时可停断的特点，也适合于他的这种想法和习惯。

第四，读书要有自己的判断。

毛姆虽然本身也写过不少文学评论，但他却并不主张人们盲从批评家的话，认为每个读者都应有自己对书的判断和发言权，而不必人云亦云，对于他所推荐的书单也是如此。他说：

每个人都是他自己最好的批评者。不论学者们对一本书的评价如何，纵然他们众口一致地加以称赞，如果它不能真正引起你的兴趣，对你而言，仍然毫无作用。别忘了批评家也会犯错，批评史上许多大错误往往出自著名批评家之手。你正在阅读的书，对于你的意义，只有你自己才是最好的裁判。这道理同样适用于我即将推荐给你的书。

应该说，毛姆的读书方法似乎很开明，既不像有些学者那样认真规范，也不像有些作家那样浪漫随意。除了第四点，他的方法却又是那样新鲜别致，闻所未闻，完全可以说是一种开拓，是他根据自己的情况所设计出来的一套读书方法。当然，我们不必去模仿他，而他也不会赞成我们去模仿，但如果我们每一个人都能学到他的精神，都能根据自己的情况，包括家庭、工作、生活等实际，设计出一套符合自己要求而又十分有效的读书方法，那就很不错了。

爱因斯坦读书法

阿尔伯特·爱因斯坦(1879—1955)是20世纪最有影响的自然科学家和物理学家。他所提出的相对论理论曾震动了整个物理学界,为世人所瞩目。早在26岁时,他就在光电效应理论、布朗运动理论和狭义相对论三个不同领域中取得重大突破和历史性成就。后来他再接再厉,又建成了广义相对论,包括等效原理、广义相对性原理、引力场理论和质点动力学。他的成功,肯定是与他刻苦学习和良好的学习方法密不可分的。尽管他本人不专门论说,但我们还是可以归纳出四点。

第一,勤奋刻苦的自学精神和自学习惯。

尽管爱因斯坦在答复别人的问题时,曾说明兴趣对一个人的事业成功具有十分重要的作用,而没有提及勤奋刻苦的因素,但实际上,勤奋刻苦的自学精神可以说是他事业成功的先决基础。

爱因斯坦的父亲是电器作坊的小业主,对他的学习和事业等并没有特别的关照。爱因斯坦后来的成功,与他从小就有的刻苦自学的习惯是分不开的。11岁时,他就读完了一套通俗科学读物,并对科学开始发生兴趣。12岁时,他又自学了欧几里得几何。这两件事,对他以后的发展道路产生了极大的影响。

除此之外,他还阅读其他人的著作,并对哲学发生兴趣,13岁就开始读康德的书。后来,他在《自述片断》中曾说:“我的那一点零散的有关知识主要是靠自学得来的。”

1898 年,爱因斯坦在苏黎世工业大学读书时,在写给他妹妹的一封信中曾说:

> 唯一使我坚持下来、唯一使我免于绝望的,就是我自始至终一直在自己力所能及的范围内竭尽全力,从没有荒废任何时间,日复一日,年复一年,除了读书之乐外,我从不允许自己把一分一秒浪费在娱乐消遣上。

由此可见,爱因斯坦在苏黎世工业大学读书期间,对自己的要求很严,几乎把所有的时间都用在读书上,而不去追寻什么娱乐消遣活动。这时他几乎已完全养成了勤奋读书、刻苦钻研的学习习惯,他日后的成功和荣誉,肯定与他早年就已养成的这种勤奋刻苦的自学精神和自学习惯是分不开的。

第二,读书学习可以根据自己的情况和目标追求而有所舍弃。

爱因斯坦对自己曾有所描画,其中有一句说:“我是一个执意的而又有自知之明的年轻人。”

1896—1900 年,在苏黎世工业大学读书的爱因斯坦发现自己要成为一个好学生,在学习上仍有许多不足。他说:“我很快发现,我能成为一个有中等成绩的学生也就心满意足了。要做一个好学生,必须有能力去很轻快地理解所学习的东西;要心甘情愿地把精力完全集中于人们所教给你的那些东西上;要遵守秩序,把课堂上讲解的东西笔记下来,然后自觉地做好作业。遗憾的是,我发现这一切特性正是我最为欠缺的。”

因此,爱因斯坦决定根据自己的情况来调整自己,更合理地安排自己的学习生活。他在《自传片断》中是这样说的：

于是我逐渐学会抱着某种负疚的心情自由自在地生活，安排自己去学习那些适合于我的求知欲和兴趣的东西。我以极大的兴趣去听某些课。但是我"刷掉了"很多课程，而以极大的热忱在家里向理论物理学的大师们学习。这样做是好的，并且显著地减轻了我的负疚心情，从而使我心境的平衡终于没有受到剧烈的扰乱。这种广泛的自学不过是原有习惯的继续。

就是这样，爱因斯坦根据自身的特点、志向和兴趣，不求面面俱到、全面发展，而是毅然地舍弃和"刷掉了"学校里的许多课程，把精力和热忱集中在物理学的学习上。结果不出所料，他在物理学方面果然取得了重大的成就。事实证明：爱因斯坦的这一大胆舍弃和合理调整，以及所作的选择，完全是符合自己的实际情况的。

第三，读书学习之外，常与同学讨论。

在读书之余，与同学或朋友一起讨论书中的内容，或就某一问题互相交流切磋，那在我们的学习中是经常碰到的。爱因斯坦也有这个习惯。

早在他读中学的时候，就与两个青年朋友经常在晚上一起学习和讨论各家哲学著作，谈论哲学和科学的各种问题。即使到了大学读书，他仍有这个习惯，在苏黎世工业大学读书时，他与马尔塞耳·格罗斯曼建立了真正的友谊，这种友谊与他们共同的学习与志趣是分不开的。爱因斯坦后来回忆道：

每个星期我总同他去一次里马特河口的"都会"咖啡店，在那里，我同他不仅谈论学习，也谈论着睁着大眼的年轻人所感兴趣的一切。

他不是像我这样一种流浪汉和离经叛道的怪人，而是一个浸透了瑞士风格，同时又一点也没有丧失掉内心自主性的人。此外，他正好具有许多我所欠缺的才能：敏捷的理解能力，处理任何事情都井井有条。

就这样，他们经常谈论学习和交流学习心得，后来这位同学成为著名的大学数学教授和数学家，最后又帮助他建立了广义相对论。因为广义相对论中不仅有物理学的论断和解释，还牵涉到一些数学问题，这方面他解决不了，才请格罗斯曼来一起帮忙的。由此可见，学习中的讨论交流不失为一种很好的学习方法，有时对双方都有好处。

第四，提倡深入理解，反对死记硬背。

爱因斯坦出生于德国西南部的古城乌耳姆一个犹太人的家庭。当时的德国学校，教育纪律十分严格，盛行的又都是一些死记硬背的读书方法。爱因斯坦对此十分厌恶，他喜欢“自由行动和自我负责的教育”，学习中喜欢采用理解的方法。他在回忆自己要考大学的那段生活时曾说：

热衷于深入理解，但很少去背诵，加以记忆力又不强，所以我觉得上大学学习决不是一件轻松的事。

以后，即使到了大学读书，他仍坚持“深入理解”的学习方法，而决不去搞那些不必要的死记硬背。

爱因斯坦成名很早，而且最初的成功完全是在没有名师指导，全靠自己的努力奋斗而取得的。因此，纵观爱因斯坦的一生，基本上是靠自学成才，是靠自学才逐渐进入自然科学的研究领域的。所以他自学的方法和精神尤其值得我们珍视。此外，他的有所舍弃和有所追求、强调深入理解等一些方法，也大可值得我们借鉴。

伍尔芙读书法

伍尔芙(1882—1941)是英国20世纪著名的作家。尤以小说得名。其小说摈弃传统的小说结构,注重心理描写和意识流的创作方法,是最早运用意识流手法进行创作的作家之一,对20世纪的小说创作颇有影响。主要作品有长篇小说《达洛威夫人》《到灯塔去》《海浪》《出航》等。由于其父是作家,因而自幼她就得到丰富的文化教养,读过许多书。

不过,伍尔芙尽管自己曾读过许多书,但她却不主张在读书问题上有什么条条框框。她在《怎样读书》中曾说:"读书,哪里有什么规章制度可言呢?"又说:"指导我们怎样读书,读哪些书,用什么价值标准来衡量所读的书,那就只能破坏这个洞天福地赖以生存的要素——自由精神。在别处,我们也许不能不听命于法律和习俗,在书斋里却没有这种事。"

话虽这么说,但伍尔芙也不得不面对这么一个事实,也就是,从古到今,这么多的诗集、小说、散文、历史、哲学、回忆录、辞典、政府文件,"以及由不同气质、不同种族、不同时代的男男女女,用不同文字写成的不同书籍。磕磕碰碰,塞在一个架子上……我们该从哪儿下手呢?我们怎么从这茫茫书海中理出个头绪来,好从这里边得到最深、最广的读书之乐呢?”

所以,伍尔芙尽管不主张在读书问题上有什么束缚和方法限制,但在她的读书生涯中,还是形成了一套她自己所特有的读书经验。

如果作为方法来归纳,大约可以有四点。

第一,读一本书时,既不要先入为主,也不要冷眼旁观,而应敞开心智,无所违碍。

每个人的读书态度是千差万别的,而对每类书的要求也各不相同,有的尚未翻书,就有一种愿望闪现脑中,有的则冷眼旁观,无动于衷,伍尔芙认为这两种态度都要不得,而应敞开心智,无所束缚。她说:

> 如果我们在开卷之始就能摈弃这一切先入为主的想法,那多好啊!不要对你眼前这本书的作者指手划脚,要进入他笔下的角色,做他的助手。如果你首先就冷眼旁观,评头论足,那就怪不得你得不到书中的真趣了。如果你能敞开心智而无所违碍,那么读不了几行,就可以从行文的峰回路转之间,体味出那蕴藏着的细不可寻的寓意和暗示;于是,你就蓦然站到一个跟旁人全然不同的人的面前了。你沉浸其中,优游其中,很快就会发现,作者一步步向你描述的东西,要比开头明确得多。

用我们现在的话来说,伍尔芙所谓的要“敞开心智而无所违碍”,就是要将自己平心静气地投入到书本中去,与书打成一片,即使打不成也无妨。实际上她的这种主张和读书态度,与中国的女作家冰心倒是颇有几分相似的。

第二,读书应进行一些比较。

读书应进行一些比较,并不是伍尔芙的发明,这样的读书方法古

已有之。但像伍尔芙这样在读书时极其重视比较的作家,似乎还很少见。她说:

> “我们只要比较一下就是了”——这几个字道出了全部秘密,读书之道的复杂,尽于斯矣。

伍尔芙打了个比方,她认为读者如果能对各种书进行比较,那么,“我们就不再是作者的朋友了,我们成了他们的判官”。如果是朋友,尚有同情和原谅存在;如果是法官,那就应该严厉和公正一些。那么,为了严厉和公正,读者究竟应该进行怎样的比较呢?伍尔芙是这样说的:

> 让我们把每本书都和同类书当中最伟大的著作来一番比较。那些我们看过的书,由于我们下了断语,它们的形象便固定下来,长留在人们心中了——笛福的《鲁宾孙漂流记》,奥斯丁的《爱玛》,哈代的《还乡》,无不如此。把每一本小说都拿来跟这些巨著比较一下吧(最新的、最不重要的小说,也有权利跟最好的比一比)。诗也如此——陶醉感或者说韵律消失之后,辞藻的华光隐退之后,就有一个幻象回到我们脑际。必须把它跟莎士比亚的《李尔王》、拉辛的《费德尔》和华兹华斯的《序曲》比一比。如果不同这些作品相比,那就跟同类当中最好的或在我们看来最好的作品相比也行。而我们可以肯定地说:新诗和新小说之所谓新,只是最表面的东西;我们一直用以品评老书的标准,只须稍加修改就能用于今日,毋需另起炉灶。

当然,这是伍尔芙的比法,其他人也可根据自己的不同兴趣和角度加以比较。但是有一点是可以肯定的,伍尔芙的比较是多方位的,而且基本上限于文学作品的范围内。至于历史、哲学或其他类书的比较,她没有说起,只能由读者自己去领会并引申和发挥了。

第三，读书应有自己的想象力、观察力和判断力，不能依赖别人的见解。

伍尔芙把敞开心智而无所违碍的读书态度和方法称为读书的"第一阶段"，而把评论、品味书籍称为读书的"第二阶段"，并认为"第二阶段"要比"第一阶段"更复杂一些。因"一个读者要完成读书过程第二个阶段，竟需要如许的学问、想象力、真知灼见"，也就是要有自己的独立见解，不能人云亦云。她说：

> 我们不会完全依着别人，也不会完全隐瞒自己的观点。……的确，正因为我们有自己的爱憎，所以我们同诗人、小说家的关系才这样亲密，容不得一个外人夹在我们中间。而即使我们判断错了，结果失败，我们的情趣，那震撼我们全身的感觉神经，依然是我们心中的明灯。我们是通过感觉来学习的，我们不能压制自己的性格，否则必然要戕害到它。

为了要使自己对书的感觉正确，不受别人的影响，甚至不受权威人士的影响，那就必须提高自己，依照自己的读书方法来进行读书，用她的话来说，就是"如果按照应该怎样读书的方法来读书，就非得具有想象力、观察力、判断力这些罕见的品质才行"。

所以，如果要使自己读书不依赖别人的见解，就一定要有自己的想象力、观察力和判断力，否则自己的独立见解就无从形成。

第四，应该珍惜读书的黄金季节。

伍尔芙承认，她童年时代也曾背着大人偷读过一些书，那是出于好奇，并不太懂得书中的内容和含意，只有成年后，才逐渐对书有了一种了解，而各种限制也少了。她在《读书时光》一文中回忆道："往后的阅读却截然不同了。也许这是破天荒第一次吧，所有的限制解除了，我们可以随心所欲地读书，图书室任我们自由进出，而且我们的朋友也获得了同样的自由。”

在她看来，人生开始读书的一个大好时光来了。伍尔芙曾毫不掩饰地认为：

读书的黄金季节在18岁至24岁之间。

她把读书的黄金季节划在这一个年龄段，是有她充分的和大量的理由的，这时不仅精力充沛，而且感觉敏锐，她曾由衷地感叹道：“不仅读的书数量多，而且读的书多么不同啊！”她本人就在这个年龄段中读了许多书，受益良多，所以，她也希望别人能珍惜这一黄金季节，多读书，为自己今后的人生铺平一条道路，这与中国的“少壮不努力，老大徒悲伤”的意思比较相近。

从伍尔芙有限的几篇关于读书的文章来看，她不仅在写作上有灵感，在读书上似乎也有灵感。我们一般对书籍都只强调判断力或观察力，但她却还提出一个想象力的问题，而且排在观察力和判断力的前面，这是很少见的。另外，她认为读书应敞开心智，无所违碍，这也是不多见而又十分合理的。凡此，都可以给我们参考和教益。

伍尔芙虽然没有给我们留下系统而明确的读书方法，但她在读书方面却留下了不少启人心扉的金玉良言。我们想在此处摘引一段，一方面给大家作参考，一方面也作为本文的结束：

说实在的，关于读书，一个人能给另一个人的唯一劝告恐怕只是：“不要听什么劝告，凭你自己的直觉，用你自己的理智，得出你自己的结论。”

莫洛亚读书法

莫洛亚(1885—1967)是法国20世纪著名的传记大师和历史学家。曾写过《巴尔扎克传》《拜伦传》《雪莱传》《伏尔泰传》《雨果传》《肖邦传》等许多名人传记。同时,他还写过许多长篇小说,甚至是《英国史》《美国史》《法国史》等不少历史著作。因此,他又是一位非常博学的作家和学者。在读书方面,他曾积累了不少经验和方法,不仅在《人生五大问题》一书中谈到,还曾专门写文章谈起过。

莫洛亚认为,学生的读书学习和一般成年人的读书学习是有区别的,所以他在文章中谈到了两者各自不同的学习方法。为此,先让我们考察一下他在学生读书方法上所提出的要求。

莫洛亚对学生的读书学习的方法和要求,集中体现在《生活的艺术》一书中的《学生的学习》一文中。他一共提出了五点。

第一,学而无规,无以成学。

在莫洛亚看来,"学生的首要任务,是学会学习。思想的形成,首先是意志的形成"。为了让学生学会学习,他认为应该给学生建立一定的学规,否则便"无以成学"。要让学生建立学规,最好的办法就是让他在学校里,甚至是在寄宿制的学校里学习,这样"尽管生活常常相当艰苦,但是,它造就人,在那里,学生们能够学会在社会里谋生。而在家中,他们只是坐享其成”,不利于学规的建成,只有学校才是建立学生学规、养成读书和学习习惯的最好的场所和环境。

第二,教育绝不是消遣。

莫洛亚认为:“教育的目的是基于一定的意愿,确立一个基础的知识范畴,并引导学生达到当代人的知识水准。然后,再通过实践,让学生用在生活中领略到的经验和新的发现来填补这个知识范畴内的空缺。”他认定这是一个教育的“自然程序”。因此,他不赞成对学生进行娱乐教育,那些“图片教学、广播教学和电影教学本身并无效力。只有在学生自己产生积极性并经过努力的条件下,这种方法方可采用”。他觉得如果只让学生听或看,而不进行实际练习,是徒劳无获,不会有什么用处和意义的,“不费力学到的东西,忘得必然快”。

第三,强迫学生参加测验和考试是十分有益的。

随着教育的发展和学生在学习上竞争的加剧,不少家长和改革者都主张应减少学生的测验和考试,以减轻学生过重的学习负担。而莫洛亚却不同意,认为“强迫学生参加测验和考试是十分有益的”。他说:

家长和教育改革者不时地提出取消中学生毕业会考。他们错了。没有竞争,没有惩处,就永远不会有严肃的学习气氛。

为此,他主张应该让学生们去参加各种必要的测验和考试,甚至是强迫。

第四,教育中最重要的是基础教育。

针对有些家长不重视学生初级阶段读书学习的情况,莫洛亚提出了“基础教育”是最重要的教育的观点。他明确地指出:“一切都决定于孩提时代良好的教育方法。读、写、算样样精通本来就很不容易。

大部分人不具备这些基础知识。”为此,他强调对学生必须要从小加强基础教育,读好这些基础课,对他们将来有利。

第五,教学与其多而杂,不如少而精。

依照莫洛亚的观点:“教育的目的不是培养技术员,而是造就人才。”所以,他认为学校里只要设立几门学科就行了,不要搞得很复杂,有些可让学生课外自己去学,“教学与其多而杂,不如少而精”。除了必要的语言、哲学等课程以外,他主张学校教育中让学生“要读历史和学习科学,重要的不是让学生了解最新的发现和最现代的理论,而是让他们懂得什么是历史的方法和科学的方法”。莫洛亚的这些观点是否完全正确,似乎仍可商榷。但他主张最重要的是教会学生懂得和掌握历史的方法和科学的方法,这还是相当有见地的。

以上是莫洛亚对学生读书学习所提出的一些要求、方法和看法。下面让我们再来看看他对一般读书求学者所提出的方法和经验。因为在他看来:“读书,同所有的其他工作一样,也有其规律可循。”他的读书经验和方法大约有以下四点:

第一,应该能具体熟知一部分作家及其作品。

世界上由古及今的书籍已经很多,而人的生命有限,再加上工作诸项,不可能把世界上所有的书都通读或熟知。但莫洛亚主张可具体熟知一部分作家及其作品。他在《生活的艺术》一书中《读书的艺术》一文里说:

> 首先,最好是具体熟知一部分作家及作品。而对大部分作家,只做一般性了解。初读一部作品,常常领略不到其精华所在。年轻时,泛舟书海,如同步入尘世一样,应去寻朋觅友。当发现知音,选择、确

定之后，就要携手并进。

他这里所说的意思，实际上也就是我们通常所说的重点阅读与一般泛读的关系。只是他把阅读的年龄因素结合了进去，并把寻书视同寻友，这样就显得更为生动有趣，也更易被别人所接受和理解。

第二，要相信前人的选择，认识人类的伟大作品。

莫洛亚针对许多读者对人类的伟大作品缺乏足够认识的情况，提出"阅读时，在众多的作品当中，要给伟大的作品一席显赫之地"。当然，他也并不偏废对当代作家的认识，觉得"应该对当代作家感兴趣，这也是必要的"。不过，他还是慎重提醒：

> 但是，不要把自己淹没在一般性书籍的海洋中。名著之多，我们已无暇一一问津。要相信前人的选择。一个人兴许看错，一代人也兴许看错，而整个人类不会看错。

所以，他还是奉劝人们应该重视已被人类反复证明了的伟大作品，如荷马史诗、莎士比亚的作品等，阅读并深刻认识这些作品对我们肯定会有帮助。

第三，读书要聚精会神，富于思考。

莫洛亚读过大量的书籍，但他一直注意选择，勤于思考，对于有些人仅"埋头于干巴巴的铅字之间，却从不冷静地想一想，动动脑筋"，他是不赞成的。认为他们只是一味读下去，不注意思考其中的内容和主题，便"看不出字里行间的现实世界和思想实质。……对丰富的信息资料，也分不出其价值的高低"。为此，他极力主张读书要专心致志，开动脑筋。他说：

> 读书要尽量聚精会神，沉思冥想。如同亲临一场美妙的音乐会、

一次神圣的礼仪。凡是一目十行、断断续续、心不在焉者都不能算是读书。

第四,每读一本书,总在扉页上记一些概括性的话。

莫洛亚承认,读书有"娱乐性的阅读"与"工作性的阅读"之分,而他则有大量工作性的阅读。对于这种阅读,他主张在"每本书读过之后,当再想回味一下思想主题的时候,也没必要把整本书重读一遍"。如果有支钢笔或铅笔,只要在书的扉页上记下思想主题就可以了。他以自己的经验为例:

> 当我读一本历史书或者其他类似严肃的书籍时,我总要在扉页上记上一些概括思想主题的词句,并在每个词的后面标好页码。这样,在需要时,我不必重读全书,而可以直接找到要找的地方。

应该说,莫洛亚的这一读书方法,虽然不像中国古代评点批书那样复杂,有眉批、夹批、旁批等,仅是扉页概括,但也别具一格,十分实用。

综合莫洛亚的读书方法,包括对学生的读书学习的要求,他对学生的读书见解似乎比较传统,未必能够迎合当代学生的口味;但他对一般读者所提供的读书经验,却又有着极大的参考价值和使用价值,特别是第一、第二、第四点,都可说是他个人读书经验的结晶。对于这位显赫一时而又博学的传记文学大师和法兰西学院院士的读书经验,无疑是值得我们参考和借鉴的。

卡耐基读书法

戴尔·卡耐基(1888—1955)是美国20世纪著名的思想家和教育家。出身于一个贫穷的农民家庭,做过销售员,投身过演艺事业,并尝试过小说创作。后来则专门从事写作和授课。他凭着自己的聪明才智,以及对人生、社会的种种切身体会和敏锐的洞察力,在为人处世、经商和事业成功等各方面都有着一系列深刻而科学的见解,对当今人们的生活产生过极大的影响,被誉为“20世纪伟大的人生导师”。

现在,卡耐基的著作已被译成多国文字。在20世纪末也被译成中文传入中国,如《人性的弱点》《卡耐基成功全书》《新编卡耐基经典文集》等,在书店里随处可见。他不仅对人生、处世、讲演、金钱、经商、家庭、生命等方面都发表过极有启示性的议论,而且对读书方面也有着与众不同的经验和见解,并提出了自己的方法。

卡耐基所提倡和建议的读书方法,主要有三点。

第一,利用有限的时间,多读有价值的书。

卡耐基真不愧是一位智慧型的思想家,即使在读书方法方面,也可以说是妙语惊人,与一般的哲匠文豪的见解大相径庭,如他提出的用有限时间多读有价值的书,便是很有新意的建议。他说:

将人生的前30年时间,利用于读有价值的书,是致富的最佳方法之一。贮蓄的钱财有失落的可能，积蓄的知识却永远留存，且以法外利率增加起来。

在学者教授的眼里，如将人生前 30 年时间用于读书，也只是为了积累知识，为专业服务。而卡耐基却把它与致富结合了起来，认为这不仅是积累知识，也是积累财富；不仅是为专业服务，也是为未来的生活服务。如此一来，读书的意义顿时拓宽。而把人生的前 30 年用于读有价值的书，在某种意义上来说，这本身也是一种读书方法，而且可以说是一种最划算的读书方法。可惜的是，在人生的前 30 年，许多人都难以意识到这一点。不过，除去年幼无知的童年和少年，哪怕从青年时代起，有个 20 年时间读最有价值的书，对于我们有限的一生，也够受用无穷了。

第二，要系统而有计划地读书。

卡耐基从前人的读书经验中，认为一个人最好不要盲目地乱读书，而应有系统有计划地读书。他举美国发明家爱迪生为例：说爱迪生初到图书馆看书，就把书架上最先看到的书取下来开始读，读完一本，再取第二本读。有一天，图书管理员问他："你念了多少书了？"他回答："15 英尺。"原来他就是从书架的这头看到那头。图书管理员见他看书没计划，也没受过指导，就教他如何制定读书计划，给他不少帮助。于是，这位连学校门都未进过的少年爱迪生，从此便有计划有系统地读书，终于成了当时知识最丰富的科学家之一。

通过这个例子，卡耐基提出了系统而有计划地读书的重要性，并用陆华斯·乔特的话来启发大家：

散漫的读书是人生的浪漫，最要紧的是有组织地读。

第三,一个人必须不断学习、读书,通过读书来补充新知识。

许多人在青年时代注意学习、读书,或在校时读书很努力,但找到工作,或是成立家庭以后,便不再求学,也不注意读书了,只是用学校学过的有限知识来支配工作。卡耐基认为这样下去,迟早将会被社会淘汰。他以多产作家辛克莱为例。说辛克莱现已60多岁,献身文坛40多年,出版了数百部著作,但他还是有读书的习惯,每天总得抽出一定时间,去阅读许多其他人的著作。并说:“我不论阅读哪一种书籍,都觉得对我非常有益,对于我的写作,多少可以得到一些帮助!”

通过这个例子,卡耐基便加以总结道:

> 这又使我们多了一层证明:工作时必须继续读书,否则,我们将被淘汰,甚至不能工作!

也就是说,一个人即使工作了,仍应不断读书,吸收新知识,学习新东西,以此来补充自己,跟上时代的步伐,否则将会被社会所淘汰。这样的事例和人物,在我们的周围已经发生很多了,值得引起我们的重视,而卡耐基的话正好提醒了我们。

总之,卡耐基非常重视读书。他不仅在读书方面引证了大量的事例,总结了不少有益的读书经验和方法,而且认为读书对于一个人的一生有着难以预测的巨大作用。他在举了艾森豪威尔在读了一本有关军事家哈尼巴尔故事的书籍,受到启发,最终也成为一名军事家的事例以后,曾十分感慨地总结道:“读书就是这样地以未曾预期得到的方法,使许多的人建立了人生的目标。”于是,他再次忠告人们:

> 将儿童们念得懂的有价值书籍,陈列于他们四周,搜集选购各类的书籍,诱发年轻人的读书欲望。

真正的读书使瞌睡者醒来，给未定目标者选择适当的目标。正当的书籍指示人以正道，使其避免误入歧途。

读书对于人们的作用如此之大，希望人们能够重视读书，并从中受益。

费迪曼读书法

费迪曼(1904—1999)是美国20世纪著名的专栏作家、报人,也是著名的广播电台和电视台节目主持人。20世纪50年代中期的一天,《吉斯周刊》的主笔兼发行人威廉·尼可尔斯慕其大名,邀他拟定一份有益于读者阅读的书单。条件是所选的书必须超越一时性的兴趣和价值。也就是希望他推荐一些不是赶时髦的、昙花一现的书,而是具有永久魅力和价值的书籍。于是,费迪曼就根据自己多年的读书经验,为读者开列了一份书单,题为《一生的读书计划》。其中精选并评介了100多种古今世界名著,内容包括戏剧、诗歌、小说、散文、历史、传记、自传等,始于古希腊的荷马,止于现代。从18岁开始成年的人至80岁的老年人,都适合阅读。这份书单的目录如下:

古代:

荷马:《伊利亚特》,《奥德赛》; 希罗多德:《历史》; 修昔底德:《伯罗奔尼撒战争史》; 柏拉图:《柏拉图对话集》; 亚里士多德:《伦理学》,《政治学》; 埃斯库罗斯:《俄瑞斯忒斯》; 索福克勒斯:《俄狄浦斯王》,《俄狄浦斯在科洛诺斯》,《安提戈涅》; 欧里庇得斯:《阿尔刻斯忒斯》,《美狄亚》,《希波吕托斯》,《特洛伊妇女》,《厄勒克特拉》,《巴凯伊》; 鲁克雷提阿斯:《论万象的本质》; 维吉尔:《埃涅阿斯纪》。

中世纪:

奥古斯丁:《忏悔录》;但丁:《神曲》;乔叟:《坎特伯雷故事集》。

戏剧:

莎士比亚:《全集》;莫里哀:《戏剧选集》;歌德:《浮士德》;易卜生:《戏剧选》;萧伯纳:《戏剧选与序文》。

小说:

班扬:《天路历程》;笛福:《鲁滨孙漂流记》;斯威夫特:《格列佛游记》,《贫民救济法案》;斯特恩:《特里斯川·项狄传》;菲尔丁:《汤姆·琼斯》;简·奥斯丁:《傲慢与偏见》,《爱玛》;艾米丽·勃朗特:《呼啸山庄》;狄更斯:《匹克威克外传》,《大卫·科波菲尔》,《荒凉山庄》,《远大前程》,《艰难时世》,《我们共同的朋友》,《小杜丽》中的一部或一部以上;萨克雷:《名利场》;乔治·爱略特:《弗洛斯河上的磨坊》;卡洛尔:《阿丽思漫游奇境记》,《镜子背后》;托马斯·哈代:《卡斯特桥市长》;康拉德:《诺斯特罗莫》;戴维·赫伯特·劳伦斯:《儿子与情人》;詹姆斯·乔伊斯:《尤利西斯》;托马斯·曼:《魔山》;拉伯雷:《巨人传》;伏尔泰:《查第格》及其他;司汤达:《红与黑》;巴尔扎克:《高老头》,《欧也妮·葛朗台》;福楼拜:《包法利夫人》;普鲁斯特:《追忆逝水年华》;爱伦·坡:短篇小说及其他;霍桑:《红字》,《短篇小说集》;麦尔维尔:《白鲸》;马克·吐温:《汤姆·索亚历险记》;亨利·詹姆斯:《专使》;塞万提斯:《堂吉诃德》;果戈理:《死魂灵》;屠格涅夫:《父与子》;陀思妥耶夫斯基:《罪与罚》,《卡拉马佐夫兄弟》;托尔斯泰:《战争与和平》。

诗：

弥尔顿：《失乐园》，《列西达斯》，《复乐园》，《十四行诗》，《论出版自由》；威廉·布雷克：《选集》；华兹华斯：《序曲》，《抒情歌谣集》，《短诗选集》；柯勒律治：《老水手之歌》，《克里斯特贝尔》，《忽必烈汗》，《文学传记》，《关于莎士比亚的札记和讲演》；叶芝：《诗全集》，《戏剧集》，《自传》；惠特曼：《诗集》，《民主远景》，《草叶集》初版（1855）序，《回顾旅程》。

历史·传记·自传：

托雷维利安：《英国史》；卢梭：《忏悔录》；包斯威尔：《约翰生传》；亨利·亚当斯：《亨利·亚当斯的教育》。

现代作家：

弗罗斯特：《诗全集》；福克纳：《喧嚣和骚动》，《我弥留之际》；海明威：《短篇小说集》；毛姆：《人类枷锁》；福斯特：《诗全集》，《诗剧》；奥尔德·赫胥黎：《美妙的新世界》，《评论集》。

明眼人一看便会发现，这份书单并不是很全面的，由于费迪曼对东方文化缺乏深入了解，以及其他一些因素的影响，使东方国家的许多名著未能列入。关于这一点，费迪曼本人也作了说明。他本人也承认："但大致说来，这张书单或许已显示了西方思想与想象力主流的大概情形。"这也正好说明，该书单仍是以西方文化为中心的，所以仍有许多局限性。

当然，关于该书目的讨论，可以出几本讨论的专集，我们不想在此处多费精力，也不是我们所要论述的主题，我们只是出于一些人对此书单可能产生的兴趣，才作了引录，同时对于我们了解费迪曼的读书兴趣和选择,也有一定的好处。我们想着重论述的,是费迪曼的读书经验和方法,而书目可以作为一个参考。包括他在介绍每一本书时与作者所进行的简短的对话。

费迪曼的读书方法和经验,概括起来,大约有四点。

第一,读书是人生的大事,人的一生最好能有一个读书计划。

费迪曼承认,他开列了这么一份书单,如果有人遵照书单去读,一定会占去不少时间,甚至会使有些人耗去不少赚钱的机会,但他认为值得,因为他开的这些书也许对一个人的一生会有用处。他说:

> 不论你现在几岁,读这些书一定要花费你一生中的重要部分。书单中大多数书籍都远比当前的畅销书有趣。不过,并不是因为有趣才去读它,读书有如恋爱结婚、生儿育女、就职养家等等经验,是一生中的大事,也可能成为自己内在精神不断成长的泉源。

当然,他所开的100多种书,有些人也许需要几十年的时间才能读完,但有些人,也许在较短的时间内就能读完。所以,必须因人而异,各人根据各人的具体情况来加以设计,但有计划地读一些书,总是会有好处的。

第二,读书不仅仅是读文字,而要重在实践。

费迪曼虽然开了这么一份书单,建议人们去读,但他希望人们不要仅限于读文字,而应该重实践。他说:

> 如果你只是读,那就未免浪费时间与金钱了。当然,其中含有相当丰富的知识,众多的名人与数百个判断。但,此书的意图不在教育,而在实践。要你付诸行动,是本书的目的所在。

有趣的是,费迪曼所说的付诸行动和“实践”,和我们中国人近50

年来所说的实践有所不同,他只需要你在读了这些书之后,能有所触动,“只要跟原作发生心灵上的交流,其他的著作就会跟它汇流在一起,而增加它的流量”。哪怕你在读了一些书以后,能把脚步迈向书店或图书馆,也就是一种行动,一种成功。

第三,好书可以重复读。

费迪曼认为,他所开列的书,和目前社会上流行的畅销书是有所不同的,对有些好书和经典以及名家名作,不能只读一遍了事,而应再读一遍,或许更有益处。他诚恳地忠告读者:

但是,千万别忘记:这些著作不能只读一次;应该一读再读。它和畅销小说不同,它是无尽的宝藏。25岁时读柏拉图,跟45岁时读柏拉图,感受是不相同的。……因为《哈姆雷特》会随你的年纪的增长,人生体验的深刻丰富,而变成另外一个《哈姆雷特》。

也就是说,同样一本书,在不同的年龄段上来加以阅读,所得的印象和效果是不同的。虽然许多人都说到过好书重读的意义和重要性,但都没能像费迪曼那样明确过年龄的因素,因为年龄代表着一个人的阅历和人生体验,对一本书的理解自然会产生诸多差别。所以费迪曼才强调了这一点。

第四,对于不同的书,可以采用不同的态度加以阅读。

世界上的书千差万别,人的心情有时也千变万化。根据这些情况,费迪曼认为对于不同的书,可以采用不同的态度来加以阅读。他再次忠告读者:

但,千万别忘记,从这些著作获取的乐趣,端视你接近书本的态度如何而定。希罗多德可以舒畅的心情来享受;塔西佗则须先正襟危坐才可获益。再者,这些著作不能全以同样的速度去读。跟遇曲道需降低速度一样,读亚里士多德的时候,无论如何也要降低速度。《戆第德》可以花一个晚上去享受,叶慈《拜占庭的起航》这首诗也值得花同样长的时间。总之,不必急,还有漫长的一生。

应该说,费迪曼关于读书方面的方法和经验,还是很有参考意义的,特别是他所说的第一和第二点。因为过去人们都把读书视为小事,是消遣,是工作之余的事,但他却认为读书"是一生中的大事",这种见解是很了不起的。因为在他看来,一本好的书能够"使人伟大","读书可以让我们意识到自己究竟认知了什么?它既是自我提升的工具,也是自我发现的工具"。

除此之外,费迪曼也谈到了自己开列那份书单的目的。他说:"这份书单的目的很单纯,只是希望能帮助我们避免精神破产,并让西欧传统中最伟大作家所思、所感、所想的,逐渐充实我们的心灵。"当然,他并没有强调这些书而排斥另一些书,也没有像学校中的教材那样要人必读,用他的话来说:"是计划,而非课程",因为除了这些书,还有许多东西应该去学。

总之,费迪曼关于读书方面的态度是很开明的,也很接近于我们当代人对读书的种种观点。最后,我想用他的一句话来作为本文的结束:

除了读无聊的文章与新闻,阅读并非是被动的,而应该是最有力的生活方式之一。